唯有时间能证明伟大

极 客 之 王 特 斯 拉 传

［美］约翰·奥尼尔　著

林雨　译

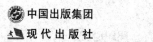

中国出版集团

现代出版社

图书在版编目（CIP）数据

唯有时间能证明伟大：极客之王特斯拉传 /（美）
奥尼尔著；林雨译 . — 北京：现代出版社，2015.3
ISBN 978-7-5143-3240-7

Ⅰ.①唯… Ⅱ.①奥… ②林… Ⅲ.①特斯拉，N.（
1856 ~ 1943）—传记 Ⅳ.① K837.126.1

中国版本图书馆 CIP 数据核字 (2014) 第 299622 号

唯有时间能证明伟大：极客之王特斯拉传

著　　者　[美]约翰·奥尼尔
译　　者　林雨
责任编辑　杨学庆
出版发行　现代出版社
通讯地址　北京市安定门外安华里 504 号
邮政编码　100011
电　　话　010-64267325　64245264（传真）
网　　址　www.1980xd.com
电子邮箱　xiandai@cnpitc.com.cn
印　　刷　三河市南阳印刷有限公司
开　　本　787mm×1092mm　1/16
印　　张　20
版　　次　2015 年 3 月第 1 版　2020 年 7 月第 2 次印刷
书　　号　ISBN 978-7-5143-3240-7
定　　价　42.00 元

目 录
CONTENTS

" 第三部分
内心的挣扎

如果特斯拉能忍受职业经理人，愿意把他的专利交给一位商人，也许早在1896年，他就能开创船对岸无线服务，甚至跨洋无线服务。这项服务将使他获得无线领域的垄断。

/ **141**

" 第四部分
自我成就的超人

他对我吐露心声："奥尼尔，你比世界上任何人都更了解我。"我之所以提到这一点，是因为想证明我的观点是正确的：特斯拉是多面的，但他只想把超人的那一面展现给大众。

/ **173**

> **第五部分**
>
> # 落日的余晖
>
> "我认为作家和音乐家应该结婚。他们能从中获得灵感，取得更大成就。但发明家的工作强度很大，需要投入狂野和激情。如果一位发明家结婚了，他会放弃一切，无法专注于他选择的领域。遗憾的是，我们有时也会感到孤独。"
>
> **/199**

1879 年，特斯拉 23 岁肖像照

1885 年，特斯拉 29 岁，刚到美国

1894 年，38 岁的尼克拉·特斯拉声名远扬

1894年，马克·吐温和乔瑟夫·杰佛森在特斯拉的实验室里，两人中间那个模糊的人影就是特斯拉

这是历史上第一张由磷光拍摄的照片。照片中的脸是特斯拉，而灯光的来源则是他的磷光灯泡。曝光时间是八分钟。照片拍摄于1894年1月份

1895 年，罗伯特·安德伍德·约翰逊手上拿着一个带有白炽灯的线圈。特斯拉在他身后，站在开关旁边

1895 年 4 月，马克·吐温抓着线圈。特斯拉在他身后的开关旁边（此照片使用了闪光灯）

1896 年，纽约南休斯顿圣 46 号，尼克拉·特斯拉手捧着罗杰·博斯科维奇的《自然哲学理论》一书，坐在高平变压器的螺旋形线圈前

1898 年，特斯拉手上拿着他在十九世纪九十年代发明的充气磷涂层无线灯泡，这种灯泡比荧光灯早了半个世纪问世。此照片是 1919 年《电学实验》的封面图

1898 年，这是特斯拉最为知名的实验之一。一个以每秒八百万次速率振荡而产生电流的圆环，传递出无线电流，通过一盏无灯丝灯泡而产生光亮

1898 年，特斯拉拿着个充气的电子管，在做实验

1898 年，特斯拉在实验室中进行了电流实验，用高频电流点亮了两个不相连接的真空灯泡。照片是由灯泡照明拍摄的，曝光时间约两秒

1898 年，特斯拉和他的感应电动机

1899 年 3 月，特斯拉在他位于休斯顿大街上的实验室里展示"无线"电力传输系统

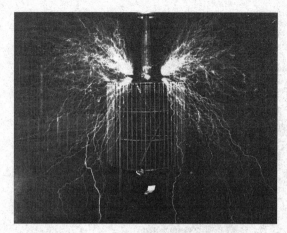

1899 年，特斯拉坐在振荡器前面

1899 年 5 月 5 日，特斯拉在做实验

这张照片 1899 年拍摄于科罗拉多斯普林斯，是一张双重曝光照。特斯拉在给他的"放大发射器"摆造型。照片上的题词是写给威廉·克鲁克斯爵士的：送给我杰出的朋友威廉·克鲁克斯爵士，我一直会想念他，他的信我永远都无法回答。1901 年 6 月 17 日，尼古拉·特斯拉

1899 年初夏，特斯拉从科罗拉多斯普林斯实验室的大门走出来

1900 年，特斯拉和一位身份未知的女人在一起

1904 年 5 月 8 日，尼克拉·特斯拉肖像照

1910年2月，特斯拉出席总统宴会。右边第二个是特斯拉

1915年，特斯拉五十九岁

1920年，六十四岁的尼古拉·特斯拉的

1933年10月13日，特斯拉肖像照

1915年4月24日，纽约无线电工程师学会第二次宴会，无线电专家云集。尼克拉·特斯拉站在后面，右数第七个

1916 年，特斯拉指着一张 1899 年的照片

1934 年 7 月，特斯拉在他 78 岁生日时，接受媒体采访，宣布他的新光束武器

1934 年，特斯拉在酒店房间里。出了意外事故之后，他走路要借助手杖

1934年7月23日，尼克拉·特斯拉——世界的意见并不会影响到他

1916年，特斯拉在位于西八区四十大街上的办公室里工作

1934 年，特斯拉生日新闻发布会

1935 年，特斯拉在接受记者采访

1935 年 7 月 10 日，特斯拉 79 岁生日，在纽约大酒店新闻发布会上的照片

1937 年 7 月 11 日，特斯拉获得捷克斯洛伐克政府颁发的"白狮勋章"

　　1938年5月10日，特斯拉在西屋电气专利律师维克多·比姆办公室里。这次访问的主题是关于1895年在特斯拉实验室发生火灾时幸免于难的一台交流发电机。西屋电气之前借走了这台交流发电机，但是火灾之后，特斯拉太过专注于重建他的实验室，以至于把交流发电机给忘得一干二净

1938年5月10日，特斯拉检验交流发电机

1938 年 5 月 10 日，约翰·T·莫瑞斯、维克多·比姆和特斯拉正在摆弄这台刚被发现的交流发电机

1939 年，特斯拉在他的"生日派对"新闻发布会之后，正在与一位记者进行交流

1940 年，特斯拉在纽约客大酒店的房间里

　　1941 年 1 月 17 日，特斯拉宴请拳击手弗里茨，四人在纽约客酒店特斯拉的套间里共进午餐。特斯拉赞助了弗里茨并参加了他在麦迪逊花园广场的拳击比赛

1942 年 7 月 15 日，特斯拉会见南斯拉夫皮特二世国王。特斯拉的外甥在左边第三个

照片摄于 1943 年，这大概是特斯拉
去世前最后一张照片

前言｜在广场上喂鸽子才是正经事

1908 年 6 月 30 日早晨 7 时 17 分，俄国西伯利亚森林的通古斯河畔，突然爆发出一声巨响，巨大的蘑菇云腾空而起，天空出现了刺目的白光，2000 平方公里的森林被夷为平地。欧洲许多国家的人们在夜空中看到了白昼般的闪光，甚至远在大洋彼岸的美国，也感觉到了大地的抖动……这就是知名的通古斯大爆炸。通古斯大爆炸的能量，相当于日本广岛原子弹的 1000 倍。

是什么导致的？陨石降落？球形闪电？彗星撞击？反物质爆炸？外星飞船坠毁？科学家们众说纷纭。不少人认为，有一个人要对通古斯大爆炸负责。这个人是一名科学家，被称为人类有史以来最伟大的天才和发明巨匠，他的名字叫尼古拉·特斯拉。

1856 年 7 月 9 日，特斯拉出生于克罗地亚（当时属于奥匈帝国）。值得一提的是，特斯拉的母亲是打蛋器的发明者。1875 年，特斯拉在奥地利格拉茨技术大学修读电机工程。1878 年，他离开格拉茨，前往斯洛文尼亚马里博尔，成为一名助理工程师。1883 年，特斯拉进入斯特拉斯堡的爱迪生大陆公司，实现了成为工程师的愿望，并成功设计出第一台感应电机模型。1884 年，特斯拉来到美国纽约，在爱迪生实验室工作。除了前上司查尔斯·巴彻勒写给发明家托马斯·爱迪生的推荐函外，一无所有。信中说："我知道有两个伟大的人，你是其中之一，另一个就是这个年轻人。" 一开始，特斯拉做一些简单的电机设计，但很快就可以解决一些难题了。后来，特斯拉负责爱迪生公司直流电机的重新设计。

1885年，特斯拉告诉老板托马斯·爱迪生，自己可以改进汽车和发电机。爱迪生给出了5万美元的承诺。结果，特斯拉做到了，爱迪生却认为是特斯拉不懂美式幽默。特斯拉愤而辞职，组建了自己的公司：特斯拉电灯与电气制造公司。但是不久后，他就与投资者因为公司发展方向出现分歧而出局。之后的一年，特斯拉被迫挖沟谋生。1900年，特斯拉说服摩根大通给另一家公司投资15万美元，但这些钱在1901年就用完了。特斯拉余生一直在给摩根大通写信，请求更多资金支持，但他再也没有拿到过一分钱。

特斯拉的梦想是为世界提供用之不竭的能源。他发明了交流发电机，而爱迪生为了推广自己发明的直流发电机，极力打压特斯拉。1912年，因为在电力方面的突出贡献，特斯拉和爱迪生获得了诺贝尔物理学奖，但是两人都拒绝领奖，理由是无法忍受和对方一起分享这个荣誉。

特斯拉的感觉特别敏锐。在童年时期，特斯拉有好几次夜里被燃烧声惊醒，从而将邻居从遭受火灾的房屋里救了出来。他能隔着三个房间听见表的嘀嗒声；一只苍蝇落到桌面上，能在他的耳朵里引起一阵轰鸣；马车在几英里之外驶过，能使他全身感受到震感；为了得到安宁，他需要在床底下垫上橡皮垫子。

特斯拉声称，只要他人以特定的方式伤害到亲友，他就产生一种感觉，他称之为"宇宙疼痛"。特斯拉认为："一个极其灵敏和体察入微的人，具有高度发达和完整无缺的机体，能快速顺应周围环境的变化。"他具有一种先验的感觉，能够避开那些过于微妙而不能直接感知的危难。在特斯拉的一生中，提前感知的情况出现了不止一次。

特斯拉的姐姐安格琳娜病重时，特斯拉有所感应，从纽约发去电报："我眼前浮现出安格琳娜，后来又消失了。我觉得情况不妙。"特斯拉的母亲去世时，他也有感应。

十九世纪九十年代，特斯拉举办了一次盛大的宴会。宴会结束后，有的客人准备乘一趟开往费城的火车回家。此时，特斯拉产生了一种强烈的不祥预感。他坚持要留下客人过夜，不让他们乘坐这趟火车。结果这趟火车发生重大事故，不少乘客不幸遇难。

1912 年，特斯拉劝告富豪皮尔庞特·摩根，不要乘坐豪华游轮泰坦尼克号出游。摩根信任特斯拉的敏锐直觉，退掉了船票。特斯拉的另外一名好友则没有听从他的建议，最终葬身大海。

特斯拉预见到第一次世界大战将持续四年，并会在 1918 年 12 月结束，与实际时间仅差数天。他还预见到两次世界大战之间，将有持续二十年的和平。随后，第二次世界大战爆发。

特斯拉是一名严重的强迫症患者。他极度厌恶珍珠和别人的头发，对樟脑和桃子严重过敏，不喜欢握手，对数字 3 有着特别的偏爱。他常常在进入一栋建筑物前，要绕街区走 3 圈。他每次都要 18 张餐巾（3 的倍数）来擦餐具。如果他读了某个作家的某一本书，就必须读这个作家的所有著作……他一生没有谈过恋爱，终身未娶，经常一天只睡两个小时。他用自己的整个生命，创立了下个新千年文明的基础。

特斯拉有一个众所周知的特殊嗜好——在公共场合喂鸽子。不管多忙，他每天都会出现在第 42 大街公共图书馆的广场上和第 50 大街的圣帕特里克大教堂前。他轻轻吹一声口哨，鸽子从四面八方飞来，停落在他面前，一些鸽子甚至落在他身上。如果实在没时间喂鸽子，他会付给别人跑路费，代替自己去喂鸽子。

特斯拉最喜欢的是一只纯白色的雌鸽："多年来，我一直坚持喂鸽子，上千只鸽子，没人可以辨别它们。但有一只鸽子与众不同，她十分漂亮。她是一只雌鸽。不论她在哪儿，我都能发现她。不论我在哪儿，那只鸽子也能找到我；当我需要她时，我只需轻轻呼唤一声，她就会飞到我的身边。她理解我，我理解她。我爱那只鸽子，就像男人爱慕女人，她也爱我。我能感受到她生病了，她来到我的房间里，我陪着她待了好几天。我看护着她，直到她恢复健康。那只鸽子是我生命中的快乐之源。如果她需要我，其他任何事情都不再重要。只要我拥有她，我的人生就充满意义。"

尼古拉·特斯拉是一名难得一见的天才。他不但是发明家、物理学家、机械工程师和电机工程师，也是诗人、哲学家、音乐鉴赏家、养鸽专家、语言学家、吠陀专家。他精通八种语言，至少能阅读十一种文字，至少可以使用六种语言进行复杂的专业沟通。科学界有一个普遍的共识：人类历史上曾经存在过两个公认的旷世天才——莱昂纳多·达·芬奇和尼古拉·特斯拉，他们取得了同样伟大的业绩和惊人的成就。但是，特斯拉对自己的评价却极为谦虚："我只是个平凡的人，没有什么特殊能力。宇宙中的任何一小部分都包含着整个宇宙的所有信息，在其中藏着的某个神秘数据库又保存着宇宙的总体信息，我只是很幸运地可以进入这个数据库去获取信息而已。"特斯拉对名利也没有任何兴趣，美国政府给他颁发的所有证书、嘉奖令和奖章，都被他锁在柜子里。

1935年，特斯拉在实验室打了一口深井，然后将井口堵上，并向井内输入不同频率的振动。奇妙的是，在特定的频率时，地面就会突然发生强烈的振动，并造成了周围房屋的倒塌。当时的媒体评论说："特斯拉利用一次人工诱发的地震，几乎将纽约夷为了平地。"这就是著名的特斯拉实验。这种小输入强输出的超级传输效应称为特斯拉效应，是地球物理武器的关键，所以特斯拉也是超距武器的奠基人。

他的一生取得了近1000项重大发明专利，被誉为交流电之父、无线电之父。他的发明和发现超越了当时的科学技术几个时代，当今的世界科技，仍然在实践他100多年前就已经提出的理念，有些理论当今最先进的科技也无法完美解答。特斯拉死后，美国FBI没收了他所有的设计图纸与实验作品，美国军方对他的论文研究至今也没有停止。

虽然特斯拉一生致力不断研究，但他并不是为了一己之利。而同时代的企业家利用了这位天才科学家的才华，骗取了他的研究成果，因他的发明而腰缠万贯。但特斯拉却穷困潦倒，临终时已经债台高筑。如果特斯拉不是放弃了交流电的专利权供世人免费使用（每马力 2.53 美元），那他会是世界上最富有的人。

1943 年 1 月 7 日，特斯拉孤独地躺在纽约客酒店的房间里，这是一家位于曼哈顿大街上的 33 层酒店。突然，特斯拉胸部剧痛，随后心脏停止了跳动。一天之后，女佣冒着惹恼特斯拉的风险，无视特斯拉房间门口"请勿打扰"的标牌，打开了房间，发现了他的尸体。

特斯拉去世后的第二年，特斯拉的好友、《纽约先驱导报》记者约翰·约瑟夫·奥尼尔撰写了关于这位发明家的传记。在传记中，奥尼尔总结："在他生命的最后三十年，见到过他的数千人当中，知道他的很可能不超过十个人。即便媒体每隔一年就会头条报道特斯拉和他最新的科学预测，但没有人将这些报道与这个高高瘦瘦、衣着过时、每天喂鸽子的人联系起来。他就是那种怪人之一，能够以不同的方式，令城市里的人们生活更好。"

特斯拉和爱迪生同是伟大的发明家和科学家。众人皆知爱迪生，却很少有人知道特斯拉。特斯拉是一个被世界遗忘的伟人和天才。七十多年来，我们一直享受着他留给我们的丰厚遗产，却欠他一份迟来的尊重。所幸，仍然有人为特斯拉的伟大所触动，视其为技术天才和偶像，继承他的遗志，致力于创造更美好的生活。

四十一年后，也就是 1985 年，一个 12 岁的密歇根男孩阅读了特斯拉的传记之后哭了。他就是谷歌的创始人拉里·佩奇。2003 年，为了纪念偶像特斯拉，埃隆·马斯克以他的名字创立了特斯拉汽车……特斯拉的极客精神，必将代代相传，永不停息。

第一部分

光与能

评价尼古拉·特斯拉一生与众不同的实验，用"奇特"一词来形容略显平淡。从他的经历中产生的成果就像火箭爆发，用"惊奇"一词则有失偏颇。这是一位才华横溢的超人的故事，他创造了新世界。故事谴责女人为枷锁，认为女人会阻碍男人事业发展。然而，自相矛盾的是，它恰恰又证明了，哪怕是功成名就之士，若没有女人环绕，成功就显得不圆满。

特斯拉的伟大成就，对世界影响深远，即使崇拜者以丰富的想象力造就的神，也难以与特斯拉匹敌。他的希望、梦想、成就，使他犹如奥林匹亚山的神灵，备受尊敬。所谓"务实的人"整天埋首于盈亏报表，他们不懂得他，认为他很奇怪，也就不足为奇了。

人类进步之光并不是黯淡的微光，随着时间的推移才逐渐明亮。人类的智力成就瞬间爆发出智慧的光辉，它点亮了人类演变的全景图，发出的光束使我们能瞥见遥远的未来。因此，今天的我们才可以更正确地迈出摇摆的步伐。特斯拉令人惊奇的发现与创造，慷慨地造福了全世界，他就像灿烂的光辉，为人类前进的卷轴增添更多光亮。

特斯拉创造了现代纪元。毫无疑问，他是世界上最伟大的天才之一，但他却没有子嗣，后继无人。如果有，也许他的子嗣可以帮助管理这个世界。他为许多人创造了财富，自己却死于贫穷。他不屑于从自己的发现中获得钱财。即使行走于上百万熙熙攘攘的纽约人中，他也是一个寓言般的存在。他属于遥远的未来，或来自神的秘密王国。他就像朱庇特（罗马神话中的主神）与托尔（北欧神话中负责掌管战争与农业的神）的混合物，用力投掷闪电之箭；他就像阿亚克斯（希腊神话中的巨人），蔑视朱庇特的闪电；他就像普罗米修斯（希腊神话中最具智慧的神明之一），把能量转换成电力并传遍整个地球；他就像欧若拉（古罗马神话中掌管北极光的黎明女神），把天空点亮，使之犹如地球上的电灯一般；他就像马自达（波斯神话中至高之神），在试管中创造了一个太阳；他就像大力神赫拉克勒斯（希腊神话中的神），用机械振动器撼动了地球；他就像墨丘利（罗马神话中的神），用无线电波架起了空间领域之桥；他就像赫尔墨斯（古希腊神话中的神），孕育了地球上的电之魂，使之从一极向另一极脉动。

他是一位具有罕见创造力的天才。他好似知识的炽热火花，在十九世纪后期如流星般落入人类社会中，一直影响着我们的生活。他的名字成为了学术界、科学界、工程界、社会界奇迹的代名词。作为一名发明家及发现者，人们承认他的伟大无与伦比。他使得电流成为他的奴隶。在电被看作是一种神秘力量的时期，人们敬畏电，他却深入探索电的神秘，与电共举盛宴。对世界而言，他是一位魔术大师，能用令人惊奇的科学戏法上演无限节目，使得同时代发明家的成就相形见绌。

特斯拉是发明家，但他不仅仅是新设备的制造者——他是新原理的发现者，开启了众多知识宝库，直至今天，这些知识宝库也是人们探索领域的一部分。他开辟了电力纪元，奠定了世界工业体系的基础；他造就了大规模生产体系，若不是他发明了电动机与电流，这个体系就不会存在；他创造了机器人，这些电动机械人正在取代人类进行劳作；他发现了现代无线电设备的本质；他发明了雷达，比第二次世界大战中雷达的使用早40年；他创造了现代化的霓虹灯以及其他形式的气体管照明设备；他使我们享受荧光灯的便利；他给予我们高频电流，这种电流在工业界及医药界施展着电子的奇迹；他发明了远程无线电遥控；他加速了第二次世界大战的爆发，但这并不是他的意愿——人们误用他的超级电力网及机器人控制技术，这使得政客们能够获得大量的能源、生产设施、劳动力和材料，沉溺于具有毁灭性的战争之中。这些发现仅仅是特斯拉发明中最常用的一部分，他的许多发明仍然尚未得到使用。

特斯拉致力于为世界带来和平。他的一生都贡献于为人类减轻负担，为人类带来和平、富足、幸福的新纪元。当他意识到即将爆发的第二次世界大战起源于他的发现，他极力阻止战争的发生。他想向世界提供他持有的一种设备，这种设备能使任何国家（哪怕是小国）国泰民安，可是却遭到了拒绝。

然而，到目前为止，相比特斯拉惊人的重要电学发现而言，更为重要的是超级发明——超人尼古拉·特拉斯——他推动着世界的加速跃进，就好像飞机从弹射器中冲向天空。科学家及发明家特斯拉本身就是一项发明，就如同他的交流电体系一样，这一体系使得世界拥有超级电力基础。

特斯拉是位超人，生来就是为了创造奇迹。他制造奇迹的能力远远超过世界吸收奇迹的能力。他以工程原理作为自己生活的依据，这能确保他像机器人一样以最大的效率工作，利用自然力量的发现和应用造福人类。为了这个目的，他牺牲了爱情与乐趣，只从工作成果中获得满足感，全身心投入于技术创造之中。

现代社会追求劳动分工，以利用工业机器获得劳动效率。在这种情况下，人们不愿意想象这样的未来：特斯拉的发明可能被运用于整个人类，每个人自出生时就有专门化的分工。

特斯拉是一位科学巨匠。他的发明是为了人类的和平、幸福及安全，但这些发明却被用于创造匮乏、忧愁及毁灭性战争。如果发明落入发动战争的政客手中，情况会如何？特斯拉也预测到这种可能性，他说，除非个人及社区生活井然有序、个人自由得以保护，否则，如蜜蜂般的社区生活将对社会结构具有威胁作用。

对特斯拉而言，超人是一个卓越的发明；在世人看来，他状况良好，令人满意。他舍弃了爱情，从不为女性花费心思。他超越了柏拉图，柏拉图认为男女可成为纯粹的精神伴侣，而特斯拉甚至连精神伴侣都可以舍弃。他与世隔离，任何人也无法进入他的世界；他独自一人，却也逍遥自在；这位天才的一生，就像是一台只会思考、只会工作的机器。

特斯拉创造的超人，是一个伟大的发明，就科学方法而言，他认为他已经成功地舍弃了爱情。他不同寻常的人生激发了哲学家和心理学家的思考，因为他并没有成功地舍弃爱情。尽管他有意识地压抑自己，爱情却悄无声息地浮现，不可思议地展现着浪漫，这在人类历史上独一无二。

特斯拉的一生不同寻常，他似乎是一位来自奥林匹亚世界的神话人物。一位记者把他的发明、发现写成故事，然后总结道："他的成就好像是一位喝醉了的神做的梦。"正是特斯拉的多相交流电系统使得尼亚加拉瀑布可以用来发电，它也开启了现代电力超级大国时代：在这个时代，电能可以传输上百英里，带动成千上万家工厂的大规模生产。地球上遍布的高耸电线杆，把电能传输到远方城市的电线，以及每一座发电站、每一台发电机和电动机，都是为特斯拉树立的丰碑。

特斯拉不断超越自己，他发现了以无线方式把电能传输到地球最远端的秘密，并且展示了这个系统。在这一系统中，只需建立与地面的连接，就可以从地球上任何地方获得能量。他能使整个地球与发电机一起形成电振动，发电机放射出的闪电可与天堂的熊熊烈火媲美。这个发现也开启了现代无线电体系。40年前，大家认为无线传输只能发出用来拯救船只的点线消息，但那时特斯拉却设想出现代的广播系统。

特斯拉制造的电灯比现如今普遍使用的电灯更明亮、更节约电能。他发明了管形灯、荧光灯、无线灯，这些在我们看来可与最新的发明媲美。他尝试着用电流使整个地球的大气层发光，把地球变成一个陆地灯，让夜空如白昼般明亮。

如果其他一流的发明家代表着进步的火炬，那么特斯拉就是熊熊烈火。烈火骄阳般洒下明亮炽热的光束，照亮这个并未准备好迎接光明的世界，而特斯拉就是光束的指引。特斯拉如此声名显耀，却过着离群索居的生活，这一点儿也不足为奇。怎样称赞他对社会的贡献都不过分。现在，我们可以稍稍分析一下特斯拉的性格特点。他是合成的天才，自制的超人，从古至今最伟大的发明家。但是，如果我们把特斯拉看作一个人，除了富有魅力的社交礼仪，他的世界完全被聪明才智占据，我们很难想象到这一点。

当大自然做了实验并且获得发展，这种发展必须不因个人的逝去而消失，而是应该传承万代。对人类来说，这需要使用人们的社会价值，也需要个人与他人的合作。只有这样，自然的发展才能不断传递下去，成为大家共有的遗产。特斯拉有意把爱情和女人排除在自己的生活之外，虽然他获得了极高的科学成就，但是却没有以子嗣或学徒的方式使这些成就永垂不朽。超人特斯拉没有强大到既可以享受爱情，又可以维持超人的状态。他压抑着自己的爱情，并且认为它只与女人有关，但正是这种感情以不同的方式将全人类联系起来。

为了全力压抑自己，特斯拉放下一切牵绊，否则他的信徒或许有办法使这位浪子天才不朽。因此，科学超人的创造性发明虽然很多，却仅有一小部分为世人熟知。

超人特斯拉是人类进化过程中一次伟大的实验，这位科学巨匠名副其实，但这次实验并没有达到自然的标准；这样的实验得重复许多次，我们才能创造出一批像特斯拉那样的科学天才，挖掘自然知识的宝藏，同时却汲取爱的无尽力量，因为爱比人类前进路上的任何事物都更加强劲有力。

1856年7月9日深夜至10日凌晨，雷夫·米卢廷·特斯拉的妻子杜佳卡产下一子，当时没有任何证据表明这是位天才。他的家位于一个叫史密里安的小村庄，在奥匈边境的利卡省，现在是南斯拉夫（指的是作者写作本书时）的一部分。这位新生儿的父亲是当地的一名牧师，曾在一所军官培训学校学习，后不满军队生活的约束，转而成为一名牧师，因为牧师可以更自由地表达自我。他的母亲虽然不会读写，却是个极聪明的女子，很有教养。

父母为儿子留下了宝贵的文化传统。父母两家族祖上历代都是社区领导人。父亲家族人才辈出，神职人员和从军的人数不相上下。母亲来自曼德奇家族，该家族的男子历代都是塞尔维亚东正教的牧师，几乎没有例外；该家族的女子都嫁给牧师为妻。

尼古拉·特斯拉的母亲杜佳卡（她的名字用英语翻译后应该是乔治娜）是家里的长女，她还有六个兄弟姐妹。杜佳卡的父亲也是塞尔维亚东正教的一名牧师，就如她丈夫那样。杜佳卡的母亲先是视力不好，第七个孩子出生后不久完全失明，因此杜佳卡年幼时就不得不替母亲分忧解难。这影响了她的学习，做家务完全占用了她的时间，她甚至没有时间在家学习，以获得基本的读写技能。作为一个书香门第，这是一个奇怪的现象。然而，特斯拉却经常赞扬他没有受过教育的母亲，而不是他博学的父亲。他认为母亲是自己的创造力的源泉。她设计了一些省力的家用工具。除此之外，她也非常务实，她满腹学识的丈夫把所有事务（包括教堂事务和家庭事务）都交由她处理，这点是十分明智的。

她的记忆力非同凡响，弥补了读写能力的不足。由于在一个书香门第中长大，她耳濡目染，汲取了社区的文化精髓。她能准确无误地背诵民族诗歌——《塞尔维亚人的传奇故事》，并且能背诵《圣经》中的大段文章。她能根据记忆讲述整首哲学诗《戈尔斯基·伐那克》，这首诗的作者是主教彼得洛维奇·涅戈什。她多才多艺，心灵手巧，尤其是针线活做得特别漂亮，美名远扬。据特斯拉说，她如此灵巧敏捷，以至于60多岁时，仅用手指就可以给眼睫毛打三个结。

尽管没有接受正式教育，这位聪慧女子的非凡才能却遗传给了5个孩子。长子戴恩·特斯拉比尼古拉年长 7 岁，是家里最受宠爱的一个，因为他从小就聪明伶俐，前途不可限量。特斯拉的弟弟身上也闪耀着聪明伶俐的光芒，那是伟大成就的前奏。

特斯拉的父亲最初在部队任职。作为一名军官的儿子，他也自然而然地成为了一名军人，但他并不像他父亲那样喜欢军队生活。因为未能保持铜纽扣闪闪发亮，他受到批评，被迫离开军校。相对于军人而言，他更倾向于成为诗人、哲学家。他写诗，并在现代报纸上发表。他撰写评论时事的文章，并以笔名斯尔滨·普维西奇发表。这个笔名在塞尔维亚语中意味着"正义的人"。他掌握了塞尔维亚克罗地亚语、德语、意大利语的说、读、写。他对诗歌和哲学颇有兴趣，也许这一点使他对杜佳卡·曼德奇一见倾心。她当年 25 岁，他比她大两岁。他们于 1847 年结婚。她是牧师的女儿，也许这影响了他之后的职业生涯：他进入神职部门，成为一名牧师。

他被任命为塞尼地区一座教堂的牧师，塞尼是一个重要的港口城市，文化氛围良好。他为此心满意足，并得到了教区居民的认可，这要归功于他性格和蔼，擅长调解问题，而不是依靠卖弄神学知识。

在他掌管这片教区几年之后，新上任的大主教希望做个调查，检测该主教地区各位牧师的能力，并对他正式访问时的最佳布道给予奖励。当时，雷夫·特斯拉正颇有兴味地谈论劳动力问题，认为劳动力是社会问题及经济问题中的重要因素。从方便实用的角度看，在布道中谈论这一话题显然不切实际。然而，从没有人谴责过雷夫不切实际，不切实际正是他的行事风格。他选择自己最感兴趣的话题，大主教到来后，听了一场关于"劳动力"的布道。

令人意想不到的是，数月后大主教又来到塞尼，宣布雷夫·特斯拉的布道出类拔萃，奖励给他一个红肩带，并允许他在任何场合佩戴。不久之后，他被任命到史密里安做牧师，负责教区内的 40 个家庭。随后，他又被调往邻城戈斯皮奇一个更大的教区。他的前三个孩子米尔卡、戴恩、安吉丽娜出生于塞尼，尼古拉和妹妹马里卡出生于史密里安。

特斯拉幼年时生活在一个农业社区，位于韦莱比特山中的亚得里亚海东岸的高原上。韦莱比特山是阿尔卑斯山脉的一部分，该山脉从瑞士一直延伸到希腊。特斯拉直到十多岁才第一次看见蒸汽机车，因此他在机械方面的天赋并不是受环境影响的。

特斯拉家族及曼德奇家族来自于塞尔维亚的西部地区，与黑山共和国毗邻。特斯拉的出生地史密里安位于利卡省，斯特拉出生时，利卡省属于克罗地亚及斯洛文尼亚的一部分，是奥匈帝国的一个附属省。

特斯拉的姓氏可以追溯到二百五十多年前。在此之前，其姓氏是德拉格阿尼奇，特斯拉仅仅具有字面含义，就像史密斯、弗拉利特、卡彭特之类的名字。作为一个普通名词，它描述的是一种做木工活的工具，在英语中称之为"扁斧"。这种斧头的宽刀片与手柄成直角，而不是常见的平行状。它可以将大块树根砍成方块状木材。在塞尔维亚克罗地亚语中，这种工具的名字就叫作特斯拉。在德拉格阿尼奇家族中，有一支系的昵称为"特斯拉"，因为他们几乎都具有这样的遗传特点：门牙宽大而突出，与扁斧的三角形刀片极为相似。

德拉加阿尼奇和它的衍生名经常出现在特斯拉家族的其他支系中。作为名字，它经常被译为"夏洛特"；但作为通用术语，它的含义是"亲爱的"；作为姓氏，它被译为"达令"。

根据记载来看，特斯拉家族中大多数祖先是他们那个时代的长寿者。特斯拉声称一位祖先曾活到140岁，对此还没有找到确切的记载（他的父亲享年59岁，母亲71岁）。

尽管特斯拉家族许多祖先的眼睛是深色的，他的眼睛却是蓝灰色的。他说自己眼睛的颜色本来更深一点，但由于用脑过度，眼睛的颜色改变了。可是，他母亲的眼睛是灰色的，他的一些侄子也是如此。因此，他灰色的眼睛很可能是因为遗传，而不是用脑过度。

特斯拉长得又高又瘦——个子高是家族特征，也是民族特性。他成年时，身高达 1.88 米（6 英尺 2.25 英寸）。尽管他身材纤细，比例却很匀称。但他的手，尤其是大拇指，显得特别长。

尼古拉的哥哥戴恩天资聪颖，父母一直引以为荣。当 12 岁的哥哥意外去世时，尼古拉才五岁，所以，将兄弟俩进行比较似乎不太公平。失去长子对父母来说是个沉重的打击，他们悲痛不已，常常美化戴恩的才能，猜想他本可能取得伟大的成就。这对年幼的尼古拉来说是个挑战。

超人特斯拉由超级男孩尼古拉进化而来。为了完成已逝哥哥的未竟成就，他被迫努力超群，希望自己取得的成就可以超越哥哥。为此，他毫无意识地汲取了内心奇怪的动力。如果尼古拉没有发现为自己而活的必要性，那么这种动力也许一生都不会被察觉，因为这符合个体的发展规律。

特斯拉年少时就意识到，自己的思想、兴趣、爱好与其他男孩不同。其他男孩能做的事他也能做，而他能做的很多事情，其他人却做不到。正是这些事最使他感兴趣，他却找不到志趣相投的伙伴。这造成了他和同龄人之间的隔阂，也使他意识到，即使一生没有功成名就，他也注定非同一般。年幼的他不断探索那个时代尚未达到的领域，他的造诣也经常可以和成年人相媲美。

当然，当特斯拉年幼时，他也有一些独特的经历。据特斯拉回忆，自己曾不慎落入一个热牛奶缸中。当地人把牛奶加热到沸腾，以此来杀菌消毒，这是现代消毒工艺的前身。

之后不久，他又意外被困于一个偏远的山区教堂中，人们时隔很久才会来这儿一次。在人们发现他失踪并确定他可能的位置之前，他在小教堂里待了一整晚。

生活在大自然的怀抱中，他经常观察令人羡慕的飞鸟，他做了和其他男孩一样的尝试，获得了相同的结果。一把伞，再加上想象力，这正是他解决飞行问题的办法。谷仓的屋顶是他的发射台。伞面面积很大，但因使用多年，残破不堪；在起飞前，伞内侧翻了出来。特斯拉并没有伤筋动骨，但也受到了严重惊吓，卧床休养了六个星期。但是，也许他有充分的理由进行这次尝试。他说，在他的一生中，深呼吸都会使他有特别的体验。当他深呼吸时，他感觉全身十分轻盈，就好像身体失去了重量。他总结说，只要自己想飞，就能通过意志力飞起来。在他的少年时代，他并没有发现自己在这方面的与众不同。

特斯拉五岁时的一天，一位好朋友收到了一份钓鱼线作为礼物，然后男孩子们打算去钓鱼。那一天，他也和朋友们一起出游，原因记不十分清楚了。但是，他却被告知不能加入他们，甚至不能近距离地观看钓鱼。他瞥了一眼，大概弄明白钓鱼线是什么：一根绳子末端再加上一个钩子。很快，他形成了自己对鱼钩的认识。当他自己去钓鱼时，他既没有使用改进过的弯钩，也不知道使用鱼饵。没有鱼饵的鱼钩一条鱼也没钓到，但悬在空中的钩子却捕获了一只青蛙，这令特斯拉既惊讶不已，又倍感满足。他回家时，袋子里装了二十多只青蛙。这天特斯拉一条鱼也没钓到，朋友虽然使用的是新鱼钩、新鱼线，却毫无收获。特斯拉获得了完全胜利。在他展示了自己的新技巧后，邻居家的男孩都模仿他制造的鱼钩，模仿他的垂钓方法。不久以后，该地区青蛙的数量大幅减少。

鸟窝总是能激起特斯拉的好奇心。他很少捣鼓鸟窝。但是有一次，他爬上了峭壁，来到了老鹰的窝边，取走了幼鹰，并把它圈养在谷仓里。飞鸟是他的投射目标，他在这方面技艺娴熟。

有一次，他从附近的一个藤条上切下了一个空心管，对此十分着迷。他爱不释手，把它改造成一把吹枪。后来，他制造了活塞，并在空心管一端塞入一团潮湿的大麻，把它制成了玩具气枪。之后，他开始着手制造更大的玩具气枪。他设计了一种枪：活塞一端顶在枪膛上，枪管尽量向身体牵引。他全身心地投入到为朋友制枪的过程中，就好像是一位五岁的商人。结果，枪中的大麻不小心把窗户玻璃打碎，不但损毁了气枪，还招来了父母的训诫，从而抑制了他在这方面的创造力。

　　特斯拉五岁之前，在史密里安的乡村小学接受正式教育。几年后，由于他的父亲被任命为邻城戈斯皮奇一座教堂的牧师，他们全家就搬到那里。这让小特斯拉闷闷不乐。他的生活一直亲近大自然，在开阔的乡村和高山度过此前所有时光，他热爱这个地方。突然转到熙攘的大城市，这对他来说是个不小的打击。他与新环境格格不入。

　　特斯拉七岁时来到戈斯皮奇，刚开始诸事不顺。作为镇里的新牧师，他的父亲急于把一切安排得井井有条。特斯拉必须穿上自己最好的衣服，参加周日礼拜。他惧怕这项活动，却很高兴能被分配敲钟的任务。敲钟的目的是召集人们来做礼拜和宣布仪式结束。当教区居民及其子女进进出出时，他能以敲钟为借口躲在钟塔中。

　　第一次周日礼拜结束后，特斯拉觉得自己等的时间够久了，教堂里的人应该都离开了，于是疾步走下楼梯。一位富有的女性礼拜者穿着拖地长裙，举止优雅，带着一群仆人——她想和新到任的牧师聊聊，所以走在其他礼拜者之后。正当她准备离开时，特斯拉跳下楼梯时落在了她的裙裾上，撕裂了她高贵的裙装。她非常气愤，特斯拉的父亲也怒气冲冲。在外面闲逛的礼拜者迅速返回，想一睹究竟。因为特斯拉惹怒了在社区中盛气凌人的贵妇，所以没人敢对他表现出善意。他一直被教区居民排斥，直到一次惊人之举后，他的形象才得以改善。

　　因为特斯拉忽视了城市中为人处世的方式，所以他感觉自己很挫败。他极力避免这样的状况再次发生。他不想走出家门。同龄的男孩们每天穿戴整齐，但他们是纨绔子弟，和他不是一类人。即使在儿童时期，特斯拉也十分注意穿着。最初，他会在正式场合穿的衣服外面披上一件工作服，或在森林里漫步，或是投身机械工作。如果穿戴整齐地进行某项活动，他会感觉受到束缚，无法享受生活。但特斯拉聪明灵巧，任何情况都能轻松应对。他也深知自然之道。比起那些城市男孩，特斯拉显得出类拔萃。

搬到戈斯皮奇大约一年后，一家新的消防公司开张了。它将配备一台抽水机，取代实用却效率不足的人力传水方式。新公司向员工发放了色彩鲜艳的制服，为游行检阅进行演练。终于，新抽水机姗姗而来。它是一台人力抽水机，需要 16 个人操作。这家公司安排了游行检阅和新设备的展示活动。几乎所有戈斯皮奇人都参加了这次活动，大家来到河边观看抽水机如何工作。特斯拉也没有错过这次机会。他并没有仔细倾听演讲，他的目光聚焦在色彩鲜艳的设备上。他不知道抽水机的工作原理，想把它拆开仔细研究一番。

展示的时刻终于到来了，最后一位发言人结束献词，发出命令，让抽水机向天空喷射水柱。抽水机两边各站了八个人，他们交替抬起或降下抽水机的活塞，动作十分协调流畅。然而，任何现象也没发生，喷嘴处一滴水也没有！

消防公司的领导慌忙进行调整，16 名消防员上上下下扳动着抽水机的手柄，却都是徒劳。抽水机与喷嘴之间的软管被反复整理，软管从抽水机上卸下又装上。但是软管的一端始终没有水出现，消防员们汗流浃背，却白忙一场。

特斯拉属于好奇的看客，在这种场合会设法挤到人群的最前面。他从最佳角度清清楚楚看到了发生的一切。人们的围观无疑使消防公司领导变得烦躁，因为他们的尝试一次又一次失败，本就一肚子恼火。一位领导为了排遣内心的沮丧，多次疏导看客们远离操作现场。第十次尝试时，特斯拉抓住了他的手臂："先生，我知道该怎么办，你们继续抽水。"

特斯拉冲到河边，迅速脱掉衣服，潜入水中。他游到本应该从河中吸水的软管那儿。他发现软管打结了，因此河水无法进入，而且软管由于吸力产生的真空而变得扁平。当他理顺扭结的软管时，河水就流入管道中。喷水工一直坚守岗位，每次调整时，都被告知要保持警惕。然而，每次都没有什么事情发生，所以他们放松了注意力，没注意到喷嘴的指向。当水柱喷洒出来时，河水淋到了聚集在一起的领导人和其他市民身上。这一场景出人意料，水管边上的人群兴奋不已，欢呼雀跃，他们举起尚未穿戴整齐的特斯拉，放在几位消防员的肩膀上，开始在小镇内游行。七岁的特斯拉成为了当天的英雄。

之后，特斯拉在解释这件事时，他说自己根本不知道抽水机如何工作，但当他看到人们调试抽水机时，灵光一闪，直觉告诉他应该检查河中的软管。回顾这次事件，特斯拉认为，阿基米德发现漂浮固体排水定理后，赤裸着在锡拉库扎的大街上边跑边喊："找到了！"他能理解这种感受。

七岁时，特斯拉因为天资聪颖而尝到了被人们喝彩的甜头。而且，他做的一些事情，城市里他的同龄人都无法做到，甚至他们的父辈也做不到。他重新认识了自己。如今，他是一位英雄，人们终于可以忘掉他曾经踩坏了一位贵妇的裙裾。

特斯拉喜欢散步，绝不会错过任何在附近山中漫步的机会。漫步时，他可以再次感受到小时候亲近大自然的快乐。他常常会想，史密里安家附近的山间小溪上的那个简陋水车还在使用吗？水车是他五岁之前自己制作安装的。

水车装有一个并不平滑的圆木板，是在伐木过程中从一个树干上砍下的。他在圆木板中间戳了个小洞，把一节笔直的树枝穿过去，树枝的一端与两根木棍相连，并用叉形架把木棍固定在小溪两岸的岩石上。这种设计使圆木板底部能浸入水中，在水流的动力下转动。在小特斯拉看来，制作水车这种古老的工具也充满创造力。水车有些摇晃，在他眼中却是伟大的杰作。看着水车从小溪中汲水，他喜悦无比。

这次实验无疑对他的可塑性思维产生了深远影响：自然资源经常被人类消耗浪费，但这次实验赋予了他从自然资源中获取力量的欲望，这种欲望在他以后的工作中也是十分强烈的。

平板水车为他之后发明涡轮机提供了启示。后来，他发现所有水车都有桨叶——但是他发明的小水车却没有桨叶。

特斯拉九岁时，第一次用独创的方法进行了电力生产的实验。这次实验虽然很小，但至少能证明他心灵手巧，富有创造力。这是一台由 16 只小虫驱动的发电机。他把两个厚度如牙签的薄木片（长度是牙签的好几倍）钉在一起，呈十字架形，就像风车的手臂一样。两个薄木片的交叉点被粘到另一个薄木片做成的轴上。他将一个直径如豌豆大小的小滑轮安装在这个轴上。一根线绕过这个小滑轮，同时也绕过轴上另一个面积更大、质量更轻的滑轮，使这根线起到传动带的作用。该机器的动力来自于 16 只五月虫（在美国叫作六月虫）。五月虫是当地的一种害虫，他收集了满满一小瓶。特斯拉用了一点胶水，把四只小虫固定在风车的手臂上，指向相同。如果扇动着翅膀的小虫没有被固定的话，能以高速飞行。但是，由于它们被粘在薄木片上，只能快速扇动翅膀乱动。它们与绕在大滑轮上的线相连，这使得滑轮能低速转动。据特斯拉说，它的扭转力却大得惊人。

这些小虫数个小时一直在挣扎飞行，所以这个发动机没有停止运转。特斯拉为自己的虫力发动机感到自豪，他叫来邻居家的男孩观看，希望能获得称赞。这个邻家男孩是一位军官的儿子，他享受着虫力发动机带来的乐趣，直到他发现瓶子里还有没用的五月虫。他毫不犹豫地打开瓶子，掏出五月虫，把它们吃掉了。这让特斯拉感觉十分恶心，他把男孩赶出了家门，销毁了虫力发电机。多年以后，即使这种场景不会再现，特斯拉也不愿意再看五月虫一眼。

这件事使特斯拉极为恼怒，他原本打算再添一些轴，再粘更多的小飞虫，直到把它改造成有 100 只小虫带动的虫力发动机。

在特斯拉的学生生涯中，他课外参与的活动比他课上学到的内容更为重要。十岁时，他完成了在师范院校接受的初等教育，进入戈斯皮奇的一所学院，名为真实文法中学。他的年龄并不算小，因为这所学院类似于我们的初中，而不是大学。

这所学院要求必修徒手画，并且四年内的大多数课堂时间都被用于徒手画。特斯拉十分讨厌这一科目，甚至到了公开反抗的地步，因此他的分数也相应较低，但这并不是完全因为他缺乏这方面的才能。

特斯拉小时候是个左撇子，但后来他能灵活自如地使用左右手。在学习徒手画的过程中，左撇子显然是个缺陷，但如果不是为他人着想，他本来可以画得更好，获得更高的分数。一位画画不如他的同学十分努力，渴望获取奖学金，但如果徒手画成绩垫底的话，就与奖学金无缘了。特斯拉故意使自己成为班级中徒手画分数最低的人，以帮助同学完成心愿。

数学是他最喜爱的学科，他在这方面的学习能力也很出众。然而，突出的数学能力却并不能弥补他对徒手画的兴趣不足。特斯拉自幼就具有过人的数学天赋，却一心想摆脱它，因为它似乎不受他的控制。

如果他思考着某种物体，这种物体就会以实实在在的形态出现在眼前。他思维中的物体所具有的属性与实物非常相近，这导致他很难分清想象与现实。这种特殊的能力在他学习数学的过程中发挥着重要作用。

当特斯拉被问及算术或代数问题时，不论他是在黑板上演算，还是在座位上不动，都能轻而易举地解决问题。他特殊的天赋能使他假想出一块写着问题的黑板，解决问题所需的演算过程和符号都写在了这块假想的黑板上。在这种情况下，演算的每一步骤都非常迅速。因此，当提问者说完问题时，他基本上就能给出答案。

起初，老师们怀疑他不诚实，认为他要了些小聪明才得出正确答案。后来，他们的疑虑才慢慢消散，不得不承认他在心算方面的天赋。特斯拉不想向任何人展示这一才能，只愿意与母亲讨论这个话题。在他想摆脱这项天赋时，母亲曾鼓励过他。如今，这项才能显示出用武之地，他也不再焦急地想摆脱它，而是完全掌控它。

相比学业而言，特斯拉对课外活动更感兴趣。他阅读速度很快，记忆力也很好，可以说是过目不忘。在他看来，学习外语很容易。除了母语塞尔维亚－克罗地亚语之外，他还精通德语、法语和意大利语。语言的优势为他打开了更为广阔的知识大门，使他在其他同学没机会接触的知识世界里徜徉。但显然，这些知识对他的学业并没有太大帮助。他对机械感兴趣，但学校却不开设手工课。这难不倒他，他自创工具、自创方法，成为了加工制造木材、金属的能手。

在真实文法中学高年级的一个教室里，正在展出水车模型。这些并不是工作模型，却激发了特斯拉的热情。他回想起自己在史密里安山中建造的简陋水车。他曾见过雄伟的尼亚加拉瀑布的图片，认为瀑布具有巨大的发电潜力，对水车模型充满好奇，所以满腔热情地想完成一项伟大成就。他信心满满地告诉父亲："有一天我将到美国，用尼亚加拉瀑布发电。"三十年后，他的这一梦想变成了现实。

特斯拉父亲的书房中存有许多书籍。比起在学校学到的知识，这些书籍中的知识更让他感兴趣，他经常在夜晚阅读这些书籍。由于读书过度，父亲不允许他继续读这些书，担心微弱的烛光会伤害他的视力。特斯拉就把蜡烛带到自己的房间，在上床睡觉后起来继续阅读，试图以这种方法来应对父亲的命令。但这件事情很快就被发现了，家人把蜡烛都藏了起来。之后，他用罐头盒和蜡烛制成了蜡烛灯具。把锁眼和门缝塞上以后，他整晚都沉浸在阅读父亲的书架上偷来的书中。他经常彻夜不眠，却没有因为睡眠不足而昏昏沉沉。然而，他深夜读书再次被发现后，父母对精力旺盛的他进行了严加管束。那时，他大约 11 岁。

与那个时代其他男孩子一样，特斯拉也玩弓箭。他制作了更大的弓、更好更笔直的箭，射击水平也很出色。对此，他并不满足，开始制作强弩（可以把强弩比喻为弓箭式的枪支）。强弩的弓安置在一个框架上，弦后拉挂在桩上，由扳机发射。箭被放置在弓的中间，箭尾抵着紧绷的弦。他的弓是水平置于框架上的，而通常情况下弓是与框架垂直的。因此，这个工具有时也被称为十字弩。在准备发射时，要把横梁抵着腹部，用尽全力向后拉弓。长此以往，特斯拉的皮肤长出了厚茧，就像鳄鱼皮一样。因为射程太远，射出的箭超出了视野范围，无法找回。近距离射击时，它能穿透一英寸厚的松木板。

特斯拉从射箭中体会的兴奋感是别的男孩不能理解的。在他的想象中，他已经骑在这些射出的箭上，驶向遥远的蔚蓝色苍穹。当他深呼吸时，愉快的感觉让他觉得身体轻盈。他觉得在这种状态下，如果能设计出一种可以发射他的机械，并克服自身的一点儿重量，那么他或许就能飞翔。小时候从谷仓屋顶跳下的失败经历并没有使他的想象幻灭。他的结论完全来自于感觉，而感觉有时候具有欺骗性，或者说我们在解读感觉的时候会自我欺骗，他没有发现这一点。但对于一个独自探索困难领域的 12 岁男孩来说，我们不能因此就严厉斥责他。

深呼吸时，特斯拉感觉身心舒畅，排出了好似化学"灰尘"的惰性气体二氧化碳，吸入了惰性气体氮气和活跃气体氧气的混合物。其中，氧气的比例更多，这打乱了身体的化学平衡，大脑的反应就如同醉酒一般。一些狂热的人用这种方法来体验"神秘"的感觉。一位年仅 12 岁的男孩如何明白这一切？他知道鸟善于飞翔，他想发明一种机器，能够使自己离开地面，飞向空中。

有关容器真空的知识使特斯拉产生这一远大理想。所有与空气接触的物体都承受着每平方英寸 14 磅的压力，但真空中的物体却没有这样的压力。他计算出，14 磅的压力能使气缸高速运转。只要把气缸的一半置于真空中，另一半暴露在空气中，他就可以利用空气的压力差。他精心地制作了一个木盒。木盒的一端与气缸衔接得完美无缺，以确保密闭性；气缸的一侧与木盒边缘呈直角，另一侧与木盒边缘相切。之所以这样设计，是因为他希望气缸表面能受到切向气压——在这种情况下，气缸就能转动。如果此举能够成功，他只需在气缸的轴上加上螺旋桨，把木盒绑在身上，就能从真空盒中获得持续动力，翱翔天空。当然，他的理论是一种谬误，但当时他却不可能明白这一点。

对于一个自学成才的 12 岁少年来说,制作这样一个木盒具有相当的难度。他制作的真空泵是一个普通的抽气泵,阀门倒置。他觉得木盒密闭性很好,于是抽出里面的空气,并专注观察着气缸的运动。多次泵冲程没有产生任何结果,倒是让他腰酸背痛,因为他必须向上拉动泵柄,才可能产生"动力最强"的真空管。他休息了一会儿,尽力深呼吸,体验到一种愉悦、晕眩、轻如空气的感觉,这为他的实验营造出一种令人满意的精神状态。

突然,气缸开始缓慢运转!他的实验成功了!他的真空动力盒奏效了!他可以飞翔了!

特斯拉狂喜不已,进入了一种忘我的状态。没有人可以分享他的喜悦,因为他不信任任何人。这是他的秘密,他只能独自享受喜悦。气缸继续缓慢运转着。这不是幻觉,而是事实。然而,令人失望的是,它没有加速运动。特斯拉曾想象过它以极快的速度运转,但实际上它的运转速度很慢。特斯拉认为,至少自己的思路是正确的。如果工艺精良一些,气缸的转速或许会更快。他出神地望着气缸以蜗速转动。不到半分钟后,气缸就停止运动了。精神飞行的状态也随之结束了。

特斯拉开始寻找问题的根源,并很快确定了问题所在。从理论上来说,既然真空是动力的来源,如果动力停止,那一定是因为真空消失了。他确信泵漏气了。他毫不费力就能抬起手柄,这意味着盒内的真空状态已经消失。他再次抽出空气,达到接近真空状态时,气缸又开始缓慢运动,过程持续了不到一分钟。当它停止时,他又继续抽气以使泵达到真空状态,气缸又再次运动。他持续不停地操控着泵,气缸也持续不停地运动。只要他使泵保持真空状态,气缸就能一直运动下去。

在特斯拉看来,他的理论没有任何错误。他仔细地检查泵,做了一些改进,以达到更加接近真空的状态。为了更好地保持盒内的真空,他也认真研究了阀门。他花了几周的时间,却没有任何收获,气缸的运转仍然十分缓慢。

最后，他灵光一闪——木盒内之所以不是真空状态，是因为空气从平板与气缸相切的一面渗入。空气的流入使气缸缓慢转动。当空气停止流入，气缸就停止转动。他意识到自己的理论是错误的。他之前甚至假设，只要能保持真空状态，空气不渗入，那么气缸就会受到空气的切向压力，这种压力会带动气缸同向运动，因为气缸表面受力会促使它转动。然而，他后来才发现，气缸表面所有点均受到垂直压力，道理和车轮的辐条一样。因此，用这种方法不可能实现他的计划。

然而，尽管这次实验使特斯拉灰心丧气，却不算是完全的失败。空气渗入能导致气缸缓慢转动，他一直铭记这点经验。多年后，这促使他发明了"特斯拉涡轮机"，打破了每磅重量产生的马力数的世界纪录——他把这种涡轮机称之为"帽子中的发电站"。

大自然似乎在不断地向小特斯拉展示它的奇妙，向他透露一个秘密——自己具有无穷力量。

一个冬日，特斯拉和小伙伴们在山中玩耍。之前，这里发生过一场暴风雪，雪花湿润且具有黏性，小雪球很快就能黏附更多雪花，变成一个难以移动的大雪球。男孩们不想在平地上堆雪人、雪房子，便开始在山的斜坡上扔雪球，打雪仗。一些雪球滚动了一段距离，体积变大后慢慢停下。可是，有一个雪球没有碰到什么阻碍，越滚越大，一路卷起周围的雪花，就好像卷起了巨大的地毯那样，最后突然崩塌了。很快，一个大雪球沿着陡峭的山坡向下滚来，夹杂着树木、土壤以及它所能夹带的一切东西。最后，硕大的雪球掉进了山涧，声音响彻山谷。男孩们开始害怕，因为山上的雪很可能松动下滑，引发雪崩埋葬他们。

这次事件深深印刻在特斯拉的记忆中，对他后半生的思维产生了很大影响。他曾见过一个几盎司的小雪球越滚越大，慢慢积聚了上千吨的重量，带来毁灭性的后果。这使他确信，大自然隐藏了巨大的力量，在一些小事件的激发下，这些力量会被释放，为人类带来利益或者损害。

即使在少年时代，特斯拉也是一位具有创造力的思考者，他愿意以最大的广度思索事情，以探索宇宙的奥秘。这点在另一件事中也有所体现：那个冬日之后的夏天，特斯拉独自一人在山中漫步，突然乌云密布。闪电之后，大雨迅速倾盆而下。

当时，一个想法在这位13岁男孩的心中扎根，并几乎伴随了他一生。他看见大雨在闪电之后倾盆而下，因此推测是闪电带来了滂沱大雨。电流控制下雨，他对这一想法深信不疑。如果人们能根据意愿制造闪电，那么天气就可以被控制，不会再有农作物因干旱而死，沙漠可以变为绿洲，世界粮食的产量也将大大提升，全球不会再出现食物短缺的情况。那么，他能不能制造闪电呢？

小特斯拉对这个现象的所感所得不够深入，需要进一步的成熟思考——只有成熟的天才才有可能掌控全球天气。然而，特斯拉的观察是有纰漏的。他看到的是闪电在前、下雨在后，而事实是——在高空中它们的顺序是颠倒过来的。在云层中，雨水先出现，闪电后出现。闪电之所以先被看到，是因为它整个过程用时不到1/10万秒，而雨水却需要几秒钟才能落到地面。

这次，一个计划在特斯拉心中萌发，并在三十年后开花结果：在科罗拉多山中，他成功制造了闪电，还打算用闪电进行人工降雨。但他从没有说服过美国专利局，让他们相信人工降雨是可能的。

特斯拉年少时，他的思想如同宇宙般广阔无垠。他的知识王国足够丰富，为他更加成熟的思想提供了空间，让其自由驰骋，不受阻碍。

1870年，特斯拉完成了在戈斯皮奇真实文法中学的学业。然而，在一年级时，数学教授给他的成绩是不及格。特斯拉感觉自己受到了不公正待遇，他找到了教务主任，要求参加一次最难的数学考试。当着数学教授和教务主任的面，特斯拉近乎完美地完成了这次考试。

他在学校成绩优秀，镇上的居民都认可他，认为他掌握的知识比小镇中任何一位年轻人都渊博。因此，公共图书馆的委托人请求他帮忙分类书籍、整理目录。他几乎读完了父亲书房中的所有书籍，自然乐于有机会接近更多书，便以巨大的热情接下了这个任务。不幸的是，他还没来得及开始这项工作，就断断续续地病了很长时间。他因病情而沮丧不已，根本无法去图书馆。在此期间，他借了很多书回家，躺在病床上阅读。他的病情愈发严重，医生甚至放弃了拯救他的希望。

特斯拉的父亲知道他身体比较虚弱，再加上已感受过失去长子之痛，所以父亲想尽一切办法爱护这个儿子。他对儿子的表现十分满意，但他也觉得高强度的学习和工作会威胁尼古拉的健康。尼古拉喜爱工程设计，在父亲看来这具有危险的倾向，工程方面的工作将会给儿子带来压力。如果儿子进入神职部门，真实文法中学的学历就足够了，不需要继续深造。为此，父亲希望他能在教堂谋职。

疾病使一切希望渺茫。在病情最严重的阶段，特斯拉手无缚鸡之力，而且对生活失去热情。正是在这一时期，他无精打采地翻阅着从图书馆借的一本书，作者是马克·吐温。这本书激发了他的兴趣，激起了他对生活的热情，帮助他渡过了难关。在此期间，他的健康渐渐恢复。特斯拉感激马克·吐温的书挽救了他的生命。几年之后，他结识了吐温，并与他成为亲密的朋友。

1870 年，15 岁的特斯拉在真实文法高级中学继续深造。这所学校相当于我们的大学，位于克罗地亚的卡尔洛瓦茨。他之所以能进入这所学校，是因为父亲的表姐与其丈夫布兰科维奇上校住在卡尔洛瓦茨。布兰科维奇上校是一名退休军官。他们邀请特斯拉来卡尔洛瓦茨上学，和他们住在一起。特斯拉一到这个地方就因为蚊虫叮咬而染上疟疾，在此后的几年中，一直没能痊愈。

特斯拉事后回忆说，他在卡尔洛瓦茨的三年从未吃饱过。姑妈家食物充足，家里的饮食也堪称美味可口，但是姑妈认为，特斯拉身体虚弱，不应该过量饮食。姑父性格粗犷，吃饭的时候，有时会夹一大块肉放在特斯拉的盘子里。但这位上校是个"妻管严"，姑妈会迅速把肉夹回去，切成如纸一般的薄片，并警告丈夫："尼古拉身体虚弱，我们必须小心呵护，不能让他的肠胃负担过重。"

在卡尔洛瓦茨的学习生活使特斯拉兴趣盎然，他用三年就学完了四年的课程，用近乎疯狂的热情进行学习。特斯拉在卡尔洛瓦茨的优异表现给物理学教授留下了深刻印象。这位教授是一名聪明、富有创造力的学者，他用实验器材完成了一些精彩"表演"，使特斯拉大饱眼福。特斯拉觉得这门课怎么学都不够，希望将余生都贡献于电学实验。他非常清楚，自己不会在其他领域获得满足感。他下定决心，选择了职业。

毕业后不久，父亲就写信给他，告诉他结课后不要回家，先去体验打猎生活。然而，特斯拉却急于回家——他提前一年从真实文法高级中学毕业，想给父母一个惊喜。他想向他们宣布，自己已选择电力作为职业方向。父母竭尽所能地保护特斯拉的身体健康，本就忧心忡忡的他们变得更加忧愁。首先，特斯拉不听从劝告，执意要回戈斯皮奇。他们之所以劝他不要回来，是因为当时霍乱肆虐，而他们并没有告诉他这一点。其次，他们担心特斯拉选择的职业会使他虚弱的身体不堪重负。回到家乡后，特斯拉发现自己的计划遭到父母的强烈反对。这使他很不开心。除此之外，他很快就得面临另一个困境——三年的义务兵役，这比进入教堂工作更令他讨厌。这两点因素对他不利，压制了他的炽热情怀。他希望立即揭开电的神秘面纱，从而利用电能的巨大动力。

特斯拉觉得没有什么事比自己面临的窘境更困难的了。这个想法是错误的，因为他很快就必须面对一个更严重的问题。他刚到家的那一天，就染上了霍乱。因为限制饮食，以及高强度的学习，他的身体已经严重营养不良。而且，他的疟疾还没有痊愈，却又染上了霍乱。如今，首要问题是维持生命，其他问题都是次要的。他的身体状况很糟，医生对挽救他的生命失去了信心。然而，他渡过了这次危机，身体变得更加虚弱。他卧床九个月，身体羸弱，健康每况愈下，经常昏迷，一次比一次更难以苏醒。

生活对他来说已经没有了意义。如果他活下来，他就必须参军；如果他侥幸逃脱比当奴隶更痛苦的服役生活，就必须进入神职部门。是生是死，他已不在乎。若由他自己选择，他不会愿意从昏迷中清醒过来，但这不是他能掌控的。不论他愿意与否，一种比他自己的意志更为强大的力量帮他渡过了难关。令人惊讶的是，他的昏迷呈现出规律性，并且每次都变得更加严重。他能从上一次昏迷中苏醒，似乎已经是个奇迹。气若游丝的他再次昏迷，迅速失去意识。父亲进入他的房间，尽其所能唤醒他，激励他以更加积极乐观的态度面对生活。积极乐观的态度比医生的作用更大，他必须依靠自己的力量挺过来。但是，父亲的劝说毫无效果。

这位卧床不起的年轻人以几乎听不清的声音低语："如果你——允许我——学电气工程，我会——恢复的。"他所剩的力气几乎都不足以说出这句话。说完以后，他似乎又游离在生死的边缘。父亲低着头专注地听他说话，因为害怕他会离开，突然抓住了他。

父亲以命令的口吻说："尼古拉，你不能离开。你必须留下。你将成为一名工程师。听见了吗？你将去世界上最好的工程学校，成为一名伟大的工程师。尼古拉，你必须回来，成为一名伟大的工程师。"

这位卧床不起的病人眼睛缓缓睁开了。如今他的眼神中有一丝光亮，不再是一片死寂。他的面部稍稍动了一下，似乎想要微笑。尽管神态仍然十分虚弱，他的确微笑了。虽然他在硬撑，却一直保持着睁眼的状态。

父亲说道："谢天谢地，你听到了，尼古拉。你会去最好的工程学校，成为一名伟大的工程师。你明白我的意思吗？"

尼古拉没有力气答话，但他的笑容却更加明显。

这次危机又过去了，特斯拉差点儿就死掉了。他的康复似乎是一种奇迹。特斯拉后来回忆说，他似乎立刻从周围的亲人中吸取了生死攸关的力量，这使他摆脱了病魔。

特斯拉又能够低声自语了。他虚弱地说："我会康复的。"他深深吸了几口氧气，似乎呼吸就耗尽了全身的力气。以前氧气总是能带给他兴奋感。这是他患病后的九个月内第一次深呼吸。每呼吸一口氧气，他好像就好转了一些。一分钟后，他似乎强壮多了。

不久之后，特斯拉开始吃营养品。几周之后，他可以坐起来了。又过了几天，他能站起来了。生活一片光明。他将成为一名电气工程师，梦想成真。随着时间的流逝，他的体力迅速地恢复，胃口也大增。当时正值初夏，他在为工程学校秋季的入学做准备。

在特斯拉病重期间，他和家人显然忘了一件事。但很快，他和家人意识到了这个问题。他面临三年的军队生活。随着入学日期的临近，服役这件事似乎更令人厌恶，他神奇的康复会不会毁于这场灾难？不按命令参军就会被判刑，刑满之后还得继续服役。他怎样解决这个问题？

至于发生了什么，没有任何记录。父亲认为他应该花一年时间狩猎，以恢复健康。特斯拉以此作为掩盖问题的借口。不论如何，特斯拉消失了。他离开时，带着一套狩猎设备、一些书和纸。没人知道他在哪儿度过了这一年——也许他躲在深山之中。在此期间，他是军队通缉的逃犯。

对任何普通人来说，这样的情况都是十分严重的。对特斯拉而言，事情更加复杂，因为父亲的家族是一个传统的军人家族，许多成员都在军中身居高位，还有一些人服务于奥匈帝国。如果这样的家族成员与"逃兵役者"、"拒服兵役者"画上等号，对家族声望无疑是沉重一击。如果流传开来，将会变成丑闻。特斯拉父亲利用这一点，以及特斯拉身体虚弱的事实，试图劝说军中的亲属，希望利用他们的影响力帮助儿子免服兵役，并且免于刑罚。在这方面他十分成功，但显然，这需要很长时间进行安排。

特斯拉必须在山中消磨一年时间，因此他能专心设计一些大项目的奇妙方案。其中一项就是海底管道的建设。管道连接欧洲和美国，通过管道传送邮件。他在早期的计算中发现，需要很大力量才可以克服水对管道面的压力，因此这个方案不现实。然而，他设计这些方案的目的只是为了娱乐自己，所以他在计算中忽略了压力，设计出了一个非常有趣的洲际邮件高速通道体系。水对管道面的压力是使方案不切实际的因素，特斯拉在之后发明新式蒸汽涡轮机时，正是利用了这一因素。

他另一项自娱自乐的设计规模更大、想象力更丰富。他构想，可以在地球赤道上方建造一个圆环，使其结构类似于土星的圆环。然而，土星圆环是由粉尘组成的，而地球上的这道圆环将具有结实的构造。

特斯拉喜欢数学，这项设计方案恰巧给予他使用数学技巧的机会。特斯拉设计的这道圆环是刚性结构，坐落于遍布全球的巨型脚手架上。一旦圆环建成，就可以将脚手架移除，圆环就会悬浮在空中，以和地球相同的速率转动。

特斯拉说，在地球转速为1000英里每小时的情况下，只要有人能找到方法，提供圆环与地球保持相对静止的反作用力，这项设计就还是有些用处的。它将为交通运输提供一个高速的"移动"平台系统，使人们只需花一天时间就能绕行地球。

特斯拉承认，在这项设计中，他与阿基米德遇到了同样的问题，阿基米德曾说："给我一个支点和足够长的杠杆，我就能撬动地球。"特斯拉说："支点和杠杆都难以获得，使环绕地球的假想圆环停止旋转的反作用力也无法获得。"他觉得，还有其他一些因素在设计中也必须忽略，这样一来他的数学计算和宇宙工程方案才不会受到干扰。

后来，特斯拉的身体康复了，军方的惩罚也消除了，他回到了戈斯皮奇，一小段时间后又来到了格劳姆茨——父亲曾允诺他可以在这儿学习电气工程。这是他生命中的转折点。梦想和玩耍的少年时代已经过去，他准备开始严肃的工作。他犹如天神一样，开始盘算着改造地球的计划。他一生的成就和他少年时代的梦想一样奇妙无比。

成年后的特斯拉知识丰富，一种无名的力量正为他塑造神秘的未来。对此，他只能感知，无法名状。他并不知道自己的目标，也辨别不出通往目标的道路。他非常确信自己的余生将致力于电气领域。在自然法则的作用下，他决定将此生当作一个工程项目，以效率最大化为原则。这一次，他的计划并没有面面俱到，但他的直觉告诉他，有一些因素是必须排除的，所以他避免一切使生活复杂化的活动和兴趣。他的生活目的单一，所有时间都沉浸在科学世界中，没有为玩乐和浪漫留下空间。

心怀这些生活哲学，1875 年，19 岁的特斯拉来到的奥地利的格劳姆茨，在理工学院学习电气工程。他决定把所有精力都用于掌握电的奥秘，并用电为人类造福。

尽管这些原则十分奏效，却差点导致灾难。特斯拉完全没有任何消遣活动，只是孜孜不倦地学习，每天只休息四个小时，而这四个小时还不全是用在睡眠上。他晚上 11 点上床，然后看书看到睡着为止。深夜，他又起床继续学习。

在如此严密的计划下，第一学期结束时，他通过了九个科目的考试——这是学校要求科目数的两倍左右。他的勤奋好学给老师留下了深刻的印象。工学院的院长在写给特斯拉的父亲的信中说："您的儿子才学一流。"然而，紧张的学习却影响了他的健康。特斯拉希望以实实在在的成绩表达对父亲允许自己学习工程学的感激。学期结束后，他带着全科通过的最好成绩回家，希望父亲会高兴地赞扬自己。可是，父母只稍稍表达了喜悦之情，便开始批评他在九死一生后还不爱惜身体。相比学业，他们更关心的是特斯拉的健康状况。直到几年之后，特斯拉才知道，因为自己过度学习，危及生命，这个学期之初，学校的教授曾写信给父亲，要求他把特斯拉从学校带走。

第二年回到学校后，特斯拉决定只学物理、机械学和数学。这样，他就有更多时间解决之后学习中出现的问题。这也加速了他第一项发明的出现，那项发明也许是他最伟大的发明。

第二年年初，学校从巴黎运来一件电气设备，叫作格拉姆机器，既可以当作发电机，也可以用作发动机。在机械力的作用下，它可以发电；在电力的作用下，它可以产生机械能。这部机器在直流电下工作。

珀施尔教授展示这一机器时，特斯拉对其演示十分满意，美中不足的就是整流器经常有火花产生。特斯拉对这一缺陷提出了异议。

珀施尔教授回答道："这是机器的固有属性，也许可以大幅度减少这个缺陷，但只要我们使用整流器，它就不可避免。只要电流单方向流动，只要磁铁两极对电流具有相反的作用力，我们就必须在适当的时候，用整流器改变旋转电枢中的电流方向。"

特斯拉反驳道："显而易见，因为使用直流电，机器受到了限制。用交流电代替直流电，我们完全可以去掉整流器。"

在收到这件机器之前，特斯拉一直在学习发电机和发动机的理论，并确信整个体系可以用某种方式简化。然而，问题的解决办法却超出了他的能力范围，他也不确信是否能找到解决办法——直到珀施尔教授做了展示。他灵光一闪，提出了解决办法。

电池是最早的电源，可以产生少量的稳定电流。当人们用机械能发电时，也想尝试制造出类似电池产生的电流：单方向流动的稳定电流。发电机的线圈在磁场中转动时，产生的不是这种电流——它先向一个方向流动，然后向另一个方向流动。因此人们发明了整流器，以解决这种人造电流的缺陷，使其单方向流动。

特斯拉闪现的想法是，让发电机产生交流电，就不需要整流器；再把交流电作为发动机电源，也不需要整流器。在特斯拉之前，许多科学家有过这样的想法，但这个想法对特斯拉极具启发意义，所以他确信会有正确的、切实的解决办法。在虚构的视觉化图景中，特斯拉看到在没有整流器的情况下，发电机和发动机能够高效地工作。他并没有看到极其重要的细节，可他坚信一定能解决这个问题。于是，他满怀信心地向珀施尔教授提出了关于格拉姆机器的质疑。但他不曾想到的是，这引来了批评的风暴。

珀施尔教授没有进行既定的课程，而是将时间都用来解释特斯拉的质疑。他有条不紊地否决了特斯拉的建议，一一证明特斯拉的看法不切实际，使特斯拉哑口无言。下课时，他说了一句话："特斯拉的想法很伟大，却不可能把它变为现实，就犹如把稳定的牵引力变成转向力那样不切实际。这是个永动机的想法，空想而已。"

尽管特斯拉无言以对，却没有心悦诚服。教授把讲课的时间都用来解决他的质疑，这对他是一种鼓励。与此同时，他的看法也被打击得一败涂地。然而，特斯拉相信这位教授的权威，他对之前认为正确的看法不再坚定不移。那图景如此清晰明确，就像他做数学题时产生的图景一样。但也许，他这次陷入了自以为是的幻觉中。珀施尔教授教的其他内容都是以演示事实为基础的，也许教授这次的说法也是正确的。

然而，在特斯拉的内心深处，他仍然相信自己的想法是正确的。它只是暂时被批评打消，却不停地在脑海中起伏。他逐渐使自己确信，珀施尔教授的分析过程与自己不同，教授仅仅展示了他不知道如何完成一个既定结果，这缺点是人们的通病。因此，在这个问题上教授不具有权威性。除此之外，特斯拉推测，教授论证观点的最后那句话（这就犹如把稳定的牵引力变成转向力那样不切实际。这是个永动机的想法，空想而已），从本质来说是相互矛盾的。正是重力这种稳定牵引力使月球围绕地球转，地球围绕太阳转，难道不是吗？

特斯拉说："我那个时候还无法展示自己的看法的正确性，仅仅是直觉而已（不知道把它称为什么更好，就叫直觉吧）。但直觉超越知识。毫无疑问，我们的大脑中有一些精细的纤维，能使我们感知真理，而逻辑演绎或有目的的思考却起不到作用。"

他重燃了内心的热忱与自信，再次满腔热情地解决问题。他童年时代厌恶的视觉化能力——将头脑中构想的物体以实物般呈现在眼前的能力——对他如今解决这个问题有很大助益。他已经从思想打击中回过神来，开始以系统化的方法解决问题。

在他的思想中，他创造了一个又一个机器，将它们视觉化呈现在眼前，用手指勾勒出电枢及励磁线圈中的电流，并跟踪电流的快速变化。但不论如何，他也没有得到满意的旋转。他几乎将这一学期所剩的时间都用在这个问题上。第一学期他已经通过了很多考试，因此第二学期有充足的时间解决这一问题。

然而，这个计划似乎注定是个失败，接近期末时他仍毫无进展。他的自信心受挫，开始自我防卫。他并不知道，他的思想失败及实验失败其实在为以后做铺垫，另一个视觉化的图景正是在这些失败的基础上产生的。

在格劳姆茨，特斯拉的生活方式发生了巨大的变化。第一年，他就像知识的"贪吃者"，思想负担过重，几乎摧毁了身体健康。第二年，他用更多时间消化咀嚼精神食粮，也参加更多的消遣活动。这次，特斯拉把打牌当作放松的方式。他敏锐的思维过程和良好的演绎能力使他在打牌时胜算更大。他从来不将打牌赢的钱据为己有，而是在游戏结束时还给输家。可是，他输牌时，别人却不会像他一样不收钱。他也喜爱打台球、下象棋，并且十分精通这两项活动。

在格劳姆茨养成喜爱打牌的习惯，有一次使特斯拉陷入窘境。学期期末的时候，父亲寄给他一些钱，作为到布拉格的旅费和大学的费用。特斯拉没有直接去布拉格，而是先回了一趟戈斯皮奇看望家人。在与城市中一些年轻人打牌时，特斯拉牌运奇差，将大学的费用输光了。他坦诚地将这件事告诉了母亲。但母亲并没有斥责他。她想，也许命运用这种方法避免他过度工作、危害身体健康，他需要休息、放松。相对于变糟的健康状况，输钱就好应付多了。她从朋友那借了一些钱，递给特斯拉，告诉他："随你怎么用。"特斯拉又打了一次牌，运气极好，把之前输掉的钱都赚了回来。他并没有像以前那样将钱还给输者。他回到家，将母亲之前给他的钱还给母亲，并声称自己再也不会沉溺于打牌了。

特斯拉并没有按照计划去布拉格大学学习，他接受了一家技术公司报酬丰厚的工作。这家公司坐落于格劳姆茨附近的马里博尔。他每月有 60 弗洛林的收入，还有单独的分红，相比于当时的普遍工资水平，这算是高薪了。这一年中，特斯拉十分节俭，省吃俭用。

特斯拉在马里博尔节省下的钱够他在布拉格大学一年的花费，他在那儿深造物理和数学。交流电、直流电的问题一直萦绕在他的心间，他决心继续做实验解决这一挑战。特斯拉用了许多方法，却没有成功。尽管这印证了珀施尔教授说他不可能成功的话，他却不愿意放弃自己的理论。他仍然对自己的解决方案具有信心。他知道，电学是一门年轻的、发展中的科学。他内心深处坚信，他能实现这一伟大的发现，让这门年轻的科学在未来具有巨大影响力。

特斯拉愿意继续深造，但是他必须自谋生计。他从布拉格大学毕业后，父亲逝世，这使得他必须养活自己。现在，他需要一份工作。亚历山大·格拉汉姆·贝尔在美国发明了电话，欧洲人对此很感兴趣。特斯拉听说布达佩斯将建一个电话总站，公司的老板是特斯拉家族的朋友。特斯拉的前途一片光明。

在尚未明确布达佩斯的情况之前，朝气蓬勃、自信满满的特斯拉就去了那个城市，期望能在新项目中获得一个工程师的职位。他到达以后，却迅速发现，并没有这样的职位开放，也没有人会为他设置这样的职位，因为项目仍然处在商讨阶段。

然而，因为经济原因，特斯拉必须迅速找到一份工作。他能找到的最好工作，比他预期的差远了。虽然这份工作足够使他免于饥饿之苦，但工资微薄，以至于他从不愿提起。他成了匈牙利政府中央电报办公室的一名绘图员，有机会接近辖区内最新发明的电话。

不久之后，特斯拉的杰出才能吸引了总督察的注意。很快，特斯拉被委以更重要的职位，负责与电话装置有关的设计、计算、估算工作。1881年，布达佩斯最终建成电话中心，他受命管理这一中心。

特斯拉在新职位上心情舒畅，意气风发。毕竟，25岁就全权管理着一家工程企业，已属难得。他全身心地施展自己的创造才能，对电话中心站的设备做出了许多改进。在这儿，他完成了自己的第一项发明，称之为"电话中继器"或"扩音器"，但如今把它叫作"扬声器"更为准确——它是家用收音机中扬声器的前身。这项发明没有申请专利，也没有公开申明知识产权归属。但特斯拉后来回忆，它的设计、演示、制作和他之后更著名的一些发明一样，受到了广泛的称赞。然而，他的主要兴趣仍然是交流电、直流电发动机问题，他尚未找到解决办法。

特斯拉孜孜不倦地工作，把一点一滴的精力全部投入其中，不断与时间赛跑。因为时间太匆匆，每天、每分、每秒都短暂易逝。他每天只休息五个小时，其中只有两个小时用于睡眠。持续不断的工作使他的体力消耗殆尽，最终他不得不顾及身体健康，被迫中止工作。

医生判断不出特斯拉究竟患了什么疾病。在医生看来，他正在死神旁边徘徊。他奇怪的病症吸引了一位著名医生前来就诊，这位医生却宣称医学对他不起任何作用。他的病症之一，就是所有感官都过于敏锐。他向来感觉敏锐，但这次敏锐程度之异常，对特斯拉来说已经是一种折磨。在他听来，三个房间之外的钟表嘀嗒声就像锤子敲击铁砧的声音。他坐在椅子或长凳上，能感受到城市中正常的交通震动，犹如地动山摇那般强烈。普通的讲话声好似轰轰雷鸣。轻柔的抚摸也像重重一击。照射在他身上的一束阳光能带来内部爆炸的效果。在黑暗中，他惊人的感官能察觉到几十英尺之外的物体。他经常浑身颤抖、抽搐。他说，他的脉搏毫无规律，有时一分钟脉动几次，有时一分钟脉动150多次。

患病期间，特斯拉意志坚决地与疾病作斗争，希望尽快恢复健康。他还有一项未完成的任务——他必须解决交流电发动机的问题。在他饱受折磨的数月间，他的直觉告诉他，问题就快解决了，他必须活下去。在这段时间，他无法专心于任何问题。

渡过这次危机之后，特斯拉的病情有所好转，身体迅速恢复，再次拥有解决问题的紧迫感。他无法放弃这个大问题，他和问题已相互融合。是否坚持不懈解决问题，这件事由不得他选择。他知道，不论是停止解决问题，还是无法解决问题，他都将消亡。他陷于一张无形的网中，这张网将他包裹得越来越紧。他感觉问题的答案很快就会出现，好像就在他触手可及的范围内。这让他既忧虑，又开心。他担心，问题一旦解决，自己的生活就会变得索然无味。

尽管他十分乐观，问题仍然悬而未决。

特斯拉异常敏锐的感官变得正常之后，他又可以继续工作了。1882年2月一个傍晚，他和曾经的一位同学西盖蒂在布达佩斯的城市公园里散步。那时，夕阳西下，天空镶嵌着鲜艳的晚霞，特斯拉开始朗诵诗歌，这是他最喜欢的爱好之一。年轻时，他曾背诵过很多诗歌，虽然经历了恐怖的疾病，但他的记忆力并没有因此受到影响。他能完整背诵一些诗歌，其中一首就是歌德的《浮士德》。

西沉的夕阳将天空染得五光十色，这使他想起歌德写的一些优美诗句：

> 晚霞退去，一天的辛苦工作结束了
> 它如此匆匆，开始探索新的生命领域
> 啊，风无法将我从土地上吹起
> 跟随它的轨迹，展翅飞翔

特斯拉瘦高憔悴，但他的眼神中的火花宛若天上的火烧云。他朗诵这首感情充沛的诗时，挥舞双手，摇晃身体。他面对着天边的缤纷晚霞，好像在和火红的太阳对话，而太阳将无形的色彩、色调、色度洒满苍穹。

突然，特斯拉停止摆动，保持着一动不动的姿势，神情恍惚。西盖蒂对他说话，但他没有回答。西盖蒂的话又被忽略了。正当他准备抓住一动不动的特斯特，将他摇晃清醒，特斯拉突然开口说话了。

"看我！"特斯拉脱口而出，就像小孩子兴奋地嚷嚷，"看我倒置它。"他仍然盯着太阳，好像这炽热的火球将他催眠了一般。

西盖蒂回想起特斯拉背诵的那首歌德的诗，"晚霞退去……它如此匆匆，开始探索新的生命领域"，这是一首描写太阳的诗歌。西盖蒂又回忆起他接下来的话，"看我！看我倒置它"。特斯拉指的是太阳吗？他是说，他能使太阳停止下沉，颠覆它的运动，使太阳重新升起于天际？

西盖蒂说："我们坐下来歇一会儿。"他向长凳走去，但特斯拉仍然纹丝不动。

"你没看见吗？"特斯拉兴奋地叫道，"它的运转是多么顺畅？现在我旋转开关——将它倒置。看！它顺畅地做反方向运动。看！我停止了它，又开启了它。没有火花，上面没有任何火花。"

西盖蒂说："我什么也没看见。太阳没有冒火花。你病了吗？"

"你不明白，"特斯拉高兴地说，"我说的是交流电发动机。我解决了问题。你没看见它就在我面前，安静地运转吗？是旋转的磁场发挥了作用。你没看见磁场如何运转、如何牵引电枢吗？美好吧？崇高吧？简单吧？我解决了问题。现在我可以开心地死去了。但是我必须活着，继续工作，将这台发动机制造出来，将它赠予世界。没有人再将是繁重工作的奴隶。我的发动机将解放他们，造福世界。"

西盖蒂现在明白了。特斯拉之前曾告诉过他，说自己在尝试解决交流电发动机的问题。然而，特斯拉从未对他说过，自己具有将头脑中的物体视觉化的能力，因此特斯拉不得不向他解释视觉化的图景。正是在他们欣赏夕阳的时候，特斯拉想到了这个解决办法。

特斯拉现在稍微镇静了一些，但他仍然漂浮于空中，状态狂热。他兴奋地进行了深呼吸，身心舒展，高兴得不能自已。

他捡起一根小树枝，在泥土小路的表面画了一幅图。当他向西盖蒂解释这个发现的技术原理时，西盖蒂迅速明白了这个原理的奇妙。他们讨论着这个问题，一直谈到深夜。

旋转磁场的原理十分奥妙。它为科学世界引入一条新的至高原则，它简单实用，开启了实用世界的大门。正是运用这个原理，特斯拉实现了教授所说的不可能实现的想法。

因此，交流电发动机为看似无解的问题提供了解决办法，因为由交流电产生的磁场和电流同速改变。它们没有产生旋转力，而是引起无效震动。

在此之前，制造交流电发动机的人都选择单个电路和直流电。因此，发动机就像单气缸蒸汽机一样，在冲程的最高点或最低点停止运动。

特斯拉使用了两个电路，其交流电的频率相同，但电流波并不同步。这就相当于为发动机又添置了一个气缸。两个气缸中的活塞与轴相连，因此它们的曲柄互成角度，不会同时到达冲程的最高点或最低点。也就是说，不会同时到达死点。如果一个处于死点，那么另一个一定不在死点，以动力冲程带动发动机运转。

这个比喻简化了实际情况，特斯拉的发现当然意义更加深远、更具基础性。特斯拉发现了创造旋转磁场的方式，旋转磁场就像是空间中的一阵磁场旋风，具有全新的奇妙特点。它是一个崭新的概念。在直流电发动机中，固定磁场在机械设备作用下带动电枢转动，方法是将圆柱形电枢周围的线圈通过整流器相继连接。特斯拉创造了在空中高速转动的力场，并将不需要导电连接的电枢置于其中。通过力线，转动的力场可以以无线方式将能量传递给绝缘电枢上的简单闭合回路线圈，而该线圈又能将自己产生的磁场充斥于励磁线圈的旋转磁场旋风中。完全不需要整流器了。

如今，这个最困难的科学问题已经得到了完美解答，特斯拉的麻烦却没完，它们只是刚刚开始而已。但是接下来的两个月，特斯拉沉浸在新发现的喜悦之中。他不需要建造铜铁模型——因为他已在思想中构建出了各种各样的模型。他说，这些想法来之匆匆，他无法运用或记录下来。在这短短的时期内，他改进了后来与他相关的每一种发动机。

特斯拉设计出发电机、发动机、变压器以及其他交流电系统所需的设备。他同时操作三个甚至更多交流电，以增加双相系统的效率。这就是他著名的多相电力系统。

他一丝不苟地建造着思想中的模型，考虑模型的大小、力量、设计和材料等方方面面；他对这些模型进行测试，使这些模型工作数周——然后全面检查磨损的迹象。这真不可思议。只要他构建了一个"思想模型"，他之后就能记住所有细节，哪怕是最细微之处。

然而，特斯拉无比快乐的状态很快就结束了。他家族的朋友普斯卡斯管理着电话中心站，后来却将电话中心站出售了。普斯卡斯到达巴黎后，把特斯拉推荐到与他有关的一家巴黎公司。特斯拉欣然接受。特斯拉认为，巴黎将是一块绝佳的跳板，有利于将自己的发明推向世界。

此时的特斯拉是一位尚未成形的超人，他带着轻便的行李去了巴黎，头脑中却满是旋转磁场这一奇妙发现。如果他是一名典型的发明家，他就会对自己的发明完全保密。但特斯拉的态度完全相反，他想向全世界展示这项技术的细节。他从来不精明，也学不会精明。他的生命计划是不朽的。他不屑于从过去的成就中得到好处，因为他着眼于长远的目标。他希望将自己的新发现——交流电多相系统——赠予人类，造福人类。他知道自己的发明能带来利益，却不知道如何获得这份利益。他知道，还有更高层面的补偿法则在发挥作用，他未来一定会从这项发明中获益良多。他感兴趣的并不是如何获益良多，而是大家有必要听取这奇妙发明的细节。

特斯拉身高 1.88 米，身材纤瘦，举止安静，穿戴整洁，自信满满，他的神情似乎在说："你认为有电学问题能难倒我，我真不屑。"这种态度与他 25 年的经历相符，也与他的才能相匹配。

在普斯卡斯的推荐信的帮助下，特斯拉在大陆爱迪生公司获得了一份工作。这是一家法国公司，以爱迪生的名义制造发电机、发动机，安装电灯系统。

特斯拉的住处在圣马塞尔大道，但只要工资还有剩余，他傍晚就会去最好的咖啡馆里就餐。他与电气企业中的一些美国人保持来往。只要理解电气问题的人们能够耐心倾听，他就会不厌其烦地讲起自己的交流电发电机与发动机系统。

会有人窃取特斯拉的发明吗？一点儿可能也没有。他甚至无法向别人讲解他的想法。没有人有一丁点儿兴趣。唯一例外的一次，就是特斯拉的工厂领班，一位叫坎宁汉的美国人，建议他组建一个股份公司。

特斯拉的脑海中每时每刻都充满了他的交流电系统，他希望以某种方式将其变为现实，因此整天和直流电机器打交道让他苦不堪言。如今，他的身体十分强健。他早上五点多起床，漫步到塞纳河边，游半个小时的泳，然后走回伊夫里。伊夫里位于巴黎附近，他在那里工作。这个行程需要步行一个小时。此时，时间已经是七点半了。接下来的一个小时，他会享用一顿丰富的早餐，以免中午之前饥饿影响工作。

他在大陆爱迪生公司被分配的是一些杂活，大体相当于一位初级工程师的工作。很快，他被任命为"故障检修员"，经常要去法国、德国各地的电气安装现场。特斯拉并不喜欢"故障检修"的任务，但他十分认真地检查了他所到的每一处发电站的问题。不久，他就能为改进公司制造的发电机提供确切方案。他向公司提供建议，并获准在一些机器上试验。检测证明，他的方案相当成功。然后，他被委以设计自动调节器的工作，因为当时这种机器需求量很大。在这方面，他也做得很成功。

在当时隶属于德国的阿尔萨斯地区，斯特拉斯堡火车站发生了一起意外事故。那儿已经建造了一座发电站，并且装有电灯设备，因此特斯拉的公司收到了牵连，处境十分糟糕。当时，德国皇帝威廉一世出席开幕式，结果因为电线短路导致爆炸，炸毁了一堵墙。德国政府要求停止项目。1883 年，特斯拉被派往那里解决问题，他的任务就是使项目恢复正常运作。技术问题对他来说小菜一碟，但特斯拉发现，他必须运用策略和良好的判断力才能应付德国政府的繁文缛节。德国政府之所以如此谨慎，是为了避免意外的再次发生。

这项工作顺利进行以后，特斯拉花了一些时间制造双相交流电发动机，这种发动机承载着他发现的旋转磁场的思想。在布达佩斯度过那难忘的一天以后，他在头脑中构建了无数台这样的发动机。他从巴黎带了一些材料，在斯特拉斯堡火车站附近找到了一家机器商店，进行发动机的研制工作。他并没有像预期那样拥有很多可用时间，尽管他是位聪明的机械师，但这项工作总得花些时间。他非常繁忙，准确拼接每块材料，力求与构想中的精确度的误差小于千分之一英寸，然后认真打磨。

最终，斯特拉斯堡机器商店为他集齐了零部件。特斯拉不用工作草图，就能把这些部件拼凑起来。特斯拉的眼前投射了一幅图景，清楚地显示机器每一部分的细节。图景比蓝图更加形象鲜明，特斯拉早已在头脑中计算出了每一部件的规格，并能准确记住。他不需要通过组装来测试各部件是否合适。他知道每个部件一定刚刚好。

特斯拉迅速用这些部件组装了一台发电机，用以产生操作发动机的双相交流电。最终，他也制造出了感应发动机。这台发动机与他曾经视觉化中的发动机一模一样。视觉化中的发动机如此真实，就好似具有坚固的外形。因此，对他而言，在机器商店制造出的这台发动机不再新颖，和他一年前视觉化中的形象如出一辙。在布达佩斯欣赏夕阳那天的之后几个月内，他曾在头脑中无数次演示这台发动机及其他类似的发动机。

组装完成以后，他开始试验这台发动机。真正检验他的理论正确与否的时刻到了。他将打开开关，如果发动机运转，那么他的理论就是正确的。如果什么也没发生，电枢只是震动，却不运转，那么他的理论就是错误的，他的想法就只是幻觉，而不符合事实。

他打开了开关，电枢立刻运转，迅速达到全速，而且几乎没有噪音。他关闭了反向开关，电枢立刻停止运转，之后又迅速反向运转。这证明了他的理论完全是正确的。

在这次实验中，他只测试了双相系统。但即使不做实验，他也确信三相系统的工作状况将更好，可以用来发电、传输电力。而且，他相信单相系统也能良好运转。他可以用这个工作模型向别人展示自己长期以来的视觉化图景。

这次实验对特斯拉而言，不仅仅意味着一项发明的成功，它也意味着特斯拉发现新真理的方法的成功：在实物制造出来以前，特斯拉运用视觉化这种特殊方法就可以构想出模型。因此，特斯拉变得更加自信，他能达到自己设定的任何目标。

特斯拉有足够的理由保持自信。他才 27 岁。他因声称自己能用交流电操作发动机而遭到珀施尔教授批评，这似乎是昨天发生的事情。如今，他的确完成了学识渊博的教授所说的不可能的事。

特斯拉如今拥有了一套全新的电气系统，它使用交流电，比直流电系统更加灵活、高效。但是，他能用这套电气系统做什么呢？大陆爱迪生公司的总经理们从来没有倾听过他交流电发动机的理论。他感觉，他们不会对交流电发动机的工作模型产生兴趣。他在斯特拉斯堡期间结交了很多朋友，鲍因市长就是其中一位。他和鲍因市长都热切地希望将这个新系统商业化，期望能建立起一个新行业，为斯特拉斯堡带来名誉和繁荣。

市长召集了斯特拉斯堡一些富人。特斯拉和市长分别为他们演示了发动机的操作过程，讲解了这个新系统及其可能的用处。从技术角度来说，这场展示十分成功；但从其他方面来说，它却完全失败了。没有一个人感兴趣。特斯拉很沮丧。他不能理解，这项伟大的电气发明具有无限商业潜能，为什么会被完全拒绝？

鲍因安慰他说，他的发明在巴黎一定能获得更加令人满意的结果。尽管斯特拉斯堡火车站的安装项目已经完成，官方一直拖延验收，因此直到1884 年春天，特斯拉才返回巴黎。在此期间，特斯拉满怀期待地等待着返回巴黎的时刻。他曾经得到承诺，如果成功完成斯特拉斯堡的任务，就会获得一大笔奖金。而且，他改进了发动机、发电机的设计，为发电机制造了自动调节器，这些也会为他带来可观的报酬。这笔资金或许足够为他的多相交流电系统建造一个全尺寸的展示装置。在展示过程中，这一系统的优势将显而易见。那么，他筹集资金就不会再有困难了。

　　他回到位于巴黎的办公室以后，要求结算斯特拉斯堡任务和制造自动调节器等的报偿。然而，用现代语言来说，他遭遇了"踢皮球"。特斯拉叙述说，任务是总经理史密斯（各经理名均为化名）授予他的，现在史密斯却说他无权掌管财务，具有财务权的是总经理布朗。布朗解释说，虽然他管理财务，但不经过董事长琼斯的同意，他不能设立项目或支出费用。琼斯却说，此类问题是各部门经理的责任，他不会干涉，因此特斯拉必须找技术部经理史密斯。如此循环了几次，却毫无结果，特斯拉最终以厌恶的心情放弃了。他决定不再继续提供交流电系统，也不进行发动机的操作展示，并且迅速辞职了。

　　毫无疑问，特斯拉在斯特拉斯堡的工作以及自动调节器的发明应该获得多于 25000 美元的报酬。如果经理们略有常识，或比较坦诚，他们至少应该给特斯拉 5000 美元奖励。当时缺乏资金的特斯拉一定会毫不犹豫地接受，尽管他会觉得自己在很大程度上受到了欺骗。

　　这样一笔小额报偿就会把特斯拉留在公司，使公司拥有世界上最伟大的发明家，而且那时特斯拉已经证明了自己的不菲价值。

　　因为这样微不足道的一笔报酬，他们不仅失去了每年能为他们节省数倍资金的人，也失去了掌控世界上最伟大、最有利可图的电气发明的机会。

　　公司的经理查尔斯·巴彻勒之前曾是托马斯·A·爱迪生的助手，也是爱迪生的亲密伙伴，他建议特斯拉来美国和爱迪生一起工作。如果特斯拉过来，那么他就有机会改进爱迪生的发动机和发电机。特斯拉决定接受巴彻勒的建议。除了一些准备带走的文章之外，特斯拉售卖了自己的书籍和其他个人用品。他把自己有限的财产集中起来，买了火车票和到纽约的跨洋船票。他用胳膊夹着行李：一小捆衣物，把其他物品塞在口袋中。

在登车前的最后一段时间里，特斯拉匆匆忙忙，在即将踏上准备离站的火车时，他发现自己的行李不见了。他迅速摸了摸钱包，惊恐地发现钱包也不见了。他的火车票、蒸汽船票，还有所有的钱都在钱包里。他口袋里还有一些零钱，但他不知道有多少，因为他现在没有时间细数。火车正在驶离站台。他和开动的火车一起向前，边跑边作决定。他腿长，开始时能不费力地与火车保持同步，但火车越开越快。他最后决定跳上车。他发现，身上的零钱足够火车票钱，尽管支付车票之后就所剩无几。

特斯拉对严格的蒸汽船管理员解释了自己的处境。在开船之前，没有人宣称自己预订了特斯拉的位置，所以特斯拉被允许登船。对挑剔的特斯拉来说，缺衣少食的长途蒸汽船旅程令人烦恼。当他只计划带少量的衣服时，他就预计旅程不会轻松。而这少量衣物也丢失以后，不轻松的旅程变得更加痛苦。此时，他又回想起前一段时间的经历，心情愤愤不平。

船上没有什么使特斯拉感兴趣。他在船上仔细地转了一圈，在此过程中接触了一些船员。船员情绪不安，特斯拉也是如此。听闻船员们所受的不公正待遇，特斯拉对他们深表同情。船员的不安情绪在发酵，达到了一触即发的地步。当特斯拉身处甲板下的船员区时，这种情绪爆发了。船长和船舶公司的官员态度强硬，他们和一部分忠实的船员决定以武力解决问题，把系索栓当棍棒用。很快，情绪升级为一场大规模的战斗。特斯拉发现，自己身处这样的环境中：人们见人就打。

幸亏特斯拉年轻强健，身材高大，否则他的生命将于此画上句号。就1.88米的身高而言，他的手臂很长。在不利环境中，他的拳头能像棍棒一样打击到更广的范围；他的身高又确保他能俯视其他人，因而头部不会被轻易打到。他拼命反击，却总不清楚自己到底是和哪一边在战斗。冲突结束后，特斯拉仍然没有倒下，但十几位船员却已被打倒。船舶公司的官员们解决了所谓的"暴乱"，但他们自己也在战斗中负伤。在接下来的行程中，特斯拉当然不会被邀请到船长的桌旁。

在余下的旅程中，特斯拉把时间用于治疗瘀伤，或坐在船尾沉思，而船一直缓缓向纽约行进。他很快就能踏上"金色的希望之地"，与爱迪生碰面。他注定会知道，美国的确是"金色的希望之地"，但他也将发现，自己对希望的实现方式又有了新的认识。

1884 年夏，特斯拉走出曼哈顿城堡花园移民办公室时，他的财产仅剩4 美分，此外还有自己写的一本诗集和几篇技术文章。他带着巴彻勒写给爱迪生的推荐信，还有一位朋友的住址。在推荐信中，巴彻勒写道："我认识两位杰出人才，你是其中一位。另一位就是这位年轻人。"

由于没有交通工具，特斯拉不得不步行几公里去朋友家。为了辨别方向，特斯拉开口询问了一位性格粗犷的警察。在特斯拉看来，警察答话的方式就好像他愿意打上一架似的。尽管特斯拉的英语水平很好，他却听不懂警察到底说了什么，只明白了他警棍的指向就是自己该走的方向。

沿着他觉得正确的方向走着，特斯拉边走边考虑——如果找不到朋友，怎样用 4 美分解决食宿问题。这时，他经过了一家商店，店里有个人正在修理他熟悉的电气机器。他走进去时，恰巧那个人放弃了无法完成的修理工作。

特斯拉说："让我来吧，我可以的。"他三下五除二就解决了问题。尽管修理有些难度，但最终机器又可以正常工作了。

那个人说："我需要你这样的人才帮忙解决这些棘手的外国机器。你需要工作吗？"

特斯拉对他表示感谢，但解释说自己正在去找另一份工作的路上。那个人给了特斯拉 20 美元。特斯拉从没想过帮个小忙就应该获得好处，并且说出了自己的想法。但那个人坚持特斯拉应该接受回报，他心甘情愿向特斯拉支付这笔钱。对此，特斯拉感激不尽。而且，在那个人指明方向以后，特斯拉找到了朋友，在朋友家度过了一晚。第二天，他来到爱迪生公司所在的纽约总部，当时位于南第五大道（现在叫作西百老汇）。

巴彻勒的推荐信使特斯拉见到了爱迪生。当时，爱迪生正忙于连接他的新发电站和电灯系统——新发电站位于城区珍珠街，服务的地区范围比较小。

特斯拉对爱迪生的第一印象很好。爱迪生受教育程度不高，却能在电气这样的技术领域有如此造诣，着实让特斯拉感到惊讶。这引发了特斯拉的思考：自己以前在学校学习广泛的知识是否是浪费时间？如果自己像爱迪生那样提早开始工作，会不会收获更多？然而，很久之后，他确定接受教育是最明智的投资。

然而，爱迪生对特斯拉却没什么好印象。爱迪生是一位经过反复尝试而获得成果的发明家。特斯拉在头脑中构思一切，在动手实践以前解决问题。因此，他们的技术语言完全不同。此外，他们还有一个重要的差异：爱迪生属于直流电学派，而特斯拉属于交流电学派。在那个时代，电气学家们的确因为此类问题的分歧变得十分情绪化。他们的讨论成了热切的宗教争论或政治争论，并且双方都觉得相处不愉快是因为对方过于固执。对特斯拉而言，还有一件令他不开心的事：爱迪生的思维能力不太出色。特斯拉热情满满地描述自己的多相系统，告诉爱迪生他觉得交流电是电力和照明系统中唯一实用的电流，但爱迪生听完不屑地笑了。爱迪生在自己的系统中使用的是直流电。爱迪生直言不讳地说，自己对交流电不感兴趣，交流电没有未来，谁把心思花在交流电上谁就是在浪费时间；而且，交流电具有致命的危险，但直流电就很安全。在讨论中，特斯拉没有任何收获，也无法使爱迪生听进去自己对相电力系统的理解。就技术层面而言，特斯拉和爱迪生的观点有着天壤之别。

但是，由于巴彻勒在推荐信中提到，在欧洲时，特斯拉在爱迪生直流电机器方面的工作表现良好，尽管没有办理正式的手续，特斯拉还是成为了爱迪生公司的一员，做一些日常工作。几周之后，特斯拉展现自己能力的机会到了。爱迪生在俄勒冈汽船上安置了电灯工厂，它是当时速度最快、技术最先进的蒸汽客船。电灯工厂正常工作了几个月，后来两台发电机都出问题了。将发电机卸下来，再重新安装，显然不太可能，因此必须在船上修理损坏的发电机。修理工告诉爱迪生，除非把发电机带到维修店，否则他们无法在船上修理。汽船预定的出发日期已经过去了，机器故障导致汽船出发时间的一天天延误，对此爱迪生很窘困。

爱迪生问特斯拉能否到船上去看看，想想如何处理问题。当时是下午。特斯拉带上自己认为所需的工具，登上了俄勒冈号。他发现，短路造成电枢线圈被烧坏，而且机器其他部分还出现了开路的情况。

在船员的协助下，特斯拉工作了一整夜。凌晨 4 点，两台机器和刚安装时一样运转顺畅。凌晨 5 点，特斯拉回到了位于南第五大道的公司，在昏暗的晨光中，他遇见一群人正准备从公司出来。其中有爱迪生和巴彻勒，他们刚从巴黎赶回来；还有几位同事完成了一夜的工作，正准备回家。

爱迪生说："我们的巴黎员工工作了一整夜。"

特斯拉回答："我刚从俄勒冈号回来。两台机器都正常运转了。"

爱迪生惊讶地摇了摇头，一言不发转身离开。当爱迪生再次与人群汇合时，他对巴彻勒说："巴彻勒，这真是个不错的年轻人。"他的声音比较大，耳朵灵敏的特斯拉听得十分清楚。

此后，特斯拉的地位大为提升，他有机会进行设计和操作问题的工作了。特斯拉觉得工作很有趣，每天工作 18 个小时，从上午 10 点半持续到凌晨 5 点，甚至周末也不休息。爱迪生觉察到他的勤奋，对他说："我见过许多勤勉的助手，但你是最出色的。"特斯拉发现了许多改进发电机的方法，大大提高了发电机效率。他向爱迪生概述了方案，强调他建议的方案能增加产量、降低成本。爱迪生很快就确信它能提高效率，回答道："如果你成功完成这项任务，你将得到5万美元奖励。"

特斯拉设计了24种发电机，以更高效的短岩心场磁体代替了长岩心场磁体，增加了自动控制装置，并申请了专利。数月之后，任务完成，新机器被制造出来并通过了测试，达到了特斯拉之前承诺的标准。特斯拉要求爱迪生支付五万美元奖金，爱迪生回答说："特斯拉，你不明白我们美国人的幽默。"特斯拉十分震惊，他认为的承诺被置之不理，而原因是它仅仅是个玩笑。他的新设计、新发明没有获得一分钱的回报。尽管他长时间加班，也只能得到每周固定的少量薪水。他迅速辞职。那时是1885年春天。

在他和爱迪生一起工作的不到一年时间中，特斯拉在电气圈树立了良好的信誉。因此，当他辞职后，他能充分利用自己的自由。一些人建议以他的名义成立一家公司。这看起来似乎是推出他交流电系统的好机会，所以他迫不及待地加入到这个计划中。但当他阐述自己的交流电方案时，提议者告诉他：他们对交流电不感兴趣；他们希望他能研发出弧光灯，用以装饰街景和工厂照明。不到一年时间，特斯拉就设计出了这种灯，获得了几项专利。弧光灯的制造和使用也正在进行中。

从技术角度来说，这个企业很成功，但特斯拉却又遭遇了一次痛苦的经济危机。在研发期间，他的工资非常微薄。根据协议，他的主要报酬将以公司的股份价值来获得。他拿到了一份制作精美的股份凭证，然后他就稀里糊涂地被踢出公司，并且自己工程师和发明家的身份也受到质疑。当他试图把股份证书换成现金时，他发现新公司的股份所能带来的分红价值十分有限。在他心目中，旧世界和新世界商人的形象顿时都大打折扣。

之后，特斯拉经历了他一生中最痛苦的时间。他没有收入来源，从1886年春至1887年春，他被迫成为了临时工。他说："我这一年的生活充满了无助的心碎和痛苦的泪水，再加上缺乏生活物质，状况更加糟糕。"

美国的经济状况也不景气。他不仅找不到人交流关于交流电的想法，而且找份临时工都得面对激烈竞争，甚至不体面、薪水低的工作也难以保住。他之后从不谈起这段生活，也许是因为太痛苦，他已经把这段记忆从头脑中消除了。他当时做过一些修理电气机器的工作，甚至还挖过沟渠。相对于这段时间的落魄，他更厌恶自己的能力完全被浪费。他说，他的高教育水平似乎是个笑话。

在 1887 年冬天挖沟渠的这段时间，特斯拉吸引了工头的注意。工头也是因环境所迫，不得不把自己的工作降级。工头对特斯拉的交流电发明很感兴趣，欣赏特斯拉为交流电系统坚持不懈的信念。这位工头把他介绍给西方联盟电报公司的 A·K·布朗先生。布朗先生自己投了一些资金，又鼓励另一位朋友和他一起加入特斯拉的交流电项目。

这两位绅士建立了特斯拉电气公司，并为之筹资。1887 年 4 月，在南 33-35 第五大道（现在的西百老汇）的布利克街附近，特斯拉成立了一个实验室，与爱迪生的公司距离很近。爱迪生曾经拒绝了特斯拉关于交流电的想法，如今特斯拉在他的实验室附近研发交流电项目。在实验室这一小块地方，一场电气行业备受争议的战役即将打响：到底是直流电获胜，还是交流电笑到最后？声名远扬的爱迪生全身心投入到直流电项目中，他已经在若干城市建立了发电站。而且，他有著名投资者摩根财团的资助。然而，特斯拉却默默无闻，获得的资金支持也极其有限。从技术方面来说，直流电更简单，交流电更复杂。但是特斯拉知道，交流电尽管复杂了一些，却具有无限的使用潜能。

特斯拉最黑暗的时期已经过去了。但他很快就会发现，人们接受交流电与否，关键不在于技术事实，而在于经济考量、情感反应以及偏见。人类本性比科学事实更具决定作用。然而，在短时期内，特斯拉一些最伟大的梦想即将实现，成功在很大程度上回报了他的努力。

一旦特斯拉获得了继续实验的公平机会，他的才能就宛如一颗冉冉升起的星辰，点亮了电气圈的夜空。特斯拉电气公司成立实验室之初，他就开始制造各式各样的发电机。他不需要进行任何计算，也不需要设计蓝图。在他脑海中，即使是关于设备每一部分的细节，他都记得十分清楚。因此，他很快就制造出了多相交流电系统所需的零部件。在斯特拉斯堡制造的那个感应电动机模型向他提供了事实证明：他余下的计算都是正确的。

他在实验室中制造出的设备与当初在布达佩斯时的构想一模一样。他说，自己没有做一点儿改动。制造出来的机器都如他预期的那样正常运转。从他的设计想法产生开始，到现在已经过去五年了。在此期间，他从未用纸笔记录下一字一句——但是他却清清楚楚记得所有细节。

特斯拉尽快制造了三个体系完备的交流电机器——分别使用单相、双相、三相电流，并尝试了四相、六相电流。在三个主要体系中，他制造了产生电力的发电机、产生动力的发动机和升降电压的变压器，以及其他能控制设备的自动装置。他不仅制造了三个交流电系统，也提供了使各系统相互联系的方法，还改进了各系统的使用方法。在实验室创办的几个月内，他把自己的双相交流电发动机送给了康奈尔大学的 A·安东尼教授。安东尼教授的报告声称，交流电发动机和最好的直流电发动机一样高效。

如今，特斯拉不仅制造出了他视觉化中的机器，而且想出了适用于所有设备的数学理论。这一理论非常基础，因此它不仅适用于以每秒 60 圈频率操作的机器（这一频率是现在的使用标准），也适用于低频电流和高频电流。爱迪生的直流电无法在 220 伏以上电压的配电系统中工作；但交流电可以在上千伏的配电系统中产生、传输，因此更为经济，而且交流电还可以在客户使用端降至低压。

特斯拉希望申请一个涵盖整个体系的专利，包括发电机、变压器、配电系统以及发动机。他的专利律师是来自柯蒂斯 & 佩吉的邓肯，邓肯在 1887 年 10 月 12 日为他提出了专利的申请。这是特斯拉建立实验室六个月、制造出旋转磁场体五年半之后的事情。

然而，专利办公室拒绝这样"综合式"的申请，坚持要把它拆解为单独发明的申请。11 月 30 日和 12 月 23 日，邓肯分别提出了两批单独发明物的申请。这些发明具有高度的独创性，覆盖电气领域中的以前未涉及的部分，因此申请过程几乎没遇到什么困难，六个月之后申请就发布了（专利号分别是 381968；381969；381970；382279；382280；382281 和 382282）。它们包括单相及多相发动机，配电系统，多相变压器。第二年 4 月份，他申请的 5 项专利又获准通过，包括 4-3 电线三相系统（专利号分别是 390413；390414；390415；390721；以及 390820）。同年，他的八项专利申请又获准通过（专利号分别是 401520；405858；405859；416191；416192；416193；416194；416195；418248；424036；433700；433701；433702；433703；445207；445067；459772 以及 464666）。

随着专利办公室颁发一系列基础性专利，这位默默无名的发明家备受电气工程行业的瞩目。人们很快就意识到特斯拉的发明具有划时代的意义，并邀请他于 1888 年 5 月 16 日在美国电气工程家研究院演讲。这一邀请证明了特斯拉"做到了"。特斯拉接受了邀请，尽心尽力准备演讲。他觉得在这场演讲中，他可以向电气界展示交流电的神奇，以及它比直流电更突出的优点。

这场演讲成为电气工程领域的经典之作。演讲中，特斯拉展示了他的理论及交流电的实际应用。在电路、机器、操作和理论方面，特斯拉的发明和专利为之后全国的电气系统奠定了基础，而且这一电气系统至今仍在使用当中。时至今日，电气工程领域没有什么新发明能与之媲美。

特斯拉的这场演讲，以及其中的发明与发现，使得特斯拉成为交流电力系统的鼻祖，也使他成为电气领域的杰出发明家。

在实验室建造后的几个月内，特斯拉为电气领域带来突飞猛进的发展，实在难以想象。他创造的前进浪潮使电气界进入全新的电力时代——尽管这些发明的商业应用花费了几年时间，这是很正常的事情。特斯拉的实验室产出了一系列的新发明，整个电气工程界都为之震惊，并对这位骤然闪耀的天才巨星赞叹不已。

特斯拉的电力系统使用高压传输，打破了直流电发电站的范围局限，甚至能在半径一公里的范围内发挥作用。他的交流电发动机可以传输上千公里的电流，并且电耗较少。特斯拉还为传输线提供了双相及三相系统。

我们只要考虑一下当时爱迪生直流电发电站的缺陷，就可以明白特斯拉的交流电发明为电气行业带来了多么巨大的变革。发电站中，小型的发电机产生电力，之后电流通过街道底下管道中的铜导体传到消费者那里。有些电力并没有以电流形式到达目的地，而是在传输过程中因导体阻力变为热量损耗。

电能与两个因素有关：电流，即电力数量；电压，即电流传输时所受的压力。不论电压大小，电流一定会有损耗。不论电压是 100 伏、1000 伏、还是 100 万伏，1 安培的电流因阻力而产生的损耗是固定的。如果电流值保持不变，则每段电线中流经的电量随电压改变而改变。例如，电流值为 1 安培不变，10 万电压下的电量是 1 伏电压下的电量的 10 万倍。

如果电线中电量变为二倍，热损耗将增至四倍；如果电量变为三倍，热损耗将增至九倍；如果电量变为四倍，热损耗将增至十六倍。这限制了导体能承载的电流量。

此外，电压也会相应降低。若导体大小固定并保持恒定正常电流，半公里长的导体将产生 30 伏的降压。在一定程度上，为了弥补电压的降低，直流电发电机一般产生 120 伏的电压，而不是电灯所适用的 110 伏标准电压。在发电站附近，消费者将获得过多电压；半公里以外，消费者获得的电压又不足，仅为 90 伏。爱迪生早期发明的电灯在 110 伏时并不明亮，在 90 伏时效果更不理想。

因此，直流电的发电和传输只能是局域化的操作。爱迪生的发电站仅仅只能在方圆 1 平方公里发挥作用。如果为大城市提供电力服务，并希望提供的电流令大家都满意，那么不到 1 平方公里就得建一座发电站。在大城市之外，情况更加困难。如果电力成为全球性的动力源，这将是一个严重的缺陷。

爱迪生曾经态度坚决地拒绝特斯拉的交流电系统，但是这一系统却解决了直流电的局域性缺陷问题。交流电发动机不仅比直流电发动机更简单灵活、而且更加高效，这是因为它使用变压器（变压器由缠绕在铁芯上的两个线圈组成）提升电压，同时成比例减少电流，反之亦然。然而在此过程中，电量却几乎不变。

以公里数计量的铜导线需要大量资金投入。导线的直径大小限制了它能承载的电流量。爱迪生的直流电系统无法改变电流。电压只能维持在固定值，电流的增量无法超过电线的承载能力。

在电流无法超出电线承载力的情况下，特斯拉系统通过大幅提升电压来增加电线传输的电量。在特斯拉多相交流电系统中，电线传输的电量是爱迪生直流电系统的上千倍。

特斯拉的交流电系统使得远距离传输电能变得比较经济。只要人们愿意，就可以在矿口燃烧煤炭以产生电能，并将电能以廉价的方式传输到远方的城市；或者以水力发电，并将其传输到遥远的地方。

特斯拉使电能摆脱对发电站的依赖，赋予它扩展到更广阔空间的自由，使它充分发挥神奇魔力。特斯拉为现代超级电力系统做了铺垫。如此伟大的发明必然引起轰动，就好似点燃的导火线必然会爆发。

特斯拉在位于纽约的美国电气工程家研究院进行了非凡的演讲，这场演讲使全世界电气界的目光都集中到他的成果上。毫无疑问，大多数电气工程家都认为，特斯拉的发明开创了电气行业的新时代。但是，这些发明可以用来做什么？这个问题当时没有多少人能给出答案。特斯拉的发明处于这样一个窘境中：人们不会质疑一个 10 磅重的钻石的价值，但谁有能力购买或使用它？

特斯拉此时并没有将发明商业化的具体想法。他正在进行一些尚未做完的实验项目，希望在进行其他活动之前将项目完成。他觉得，自己必须得建立生产发电机、发动机和变压器的公司，除此之外别无选择。这一过程将使他无法专心于实验，而他对实验很感兴趣，不想就此中断。因此，只要实验还拥有资金支持，他就会延迟发明商业化。

威斯汀豪斯电气公司（西屋电气）位于匹兹堡，其创始人乔治·威斯汀豪斯具有远见卓识。他因发明了许多电气设备（特别是火车气闸）而声名远扬，并在发明的开发利用中获利颇丰。他意识到，特斯拉的发明具有巨大的商业潜能，交流电系统比直流电系统更先进。他是位务实的商人，并不会固执地选择某一个系统。

与之相反，爱迪生通用电气公司的创始人爱迪生却不能随意改变选择。爱迪生发明了白炽灯。在开发了白炽灯项目之后，他必须找到使其商业化的途径。为了向大众出售白炽灯，他首先得提供可以点亮白炽灯的电力。这就意味着需要构建发电站和配电系统。当时，另一种电灯也出现了——弧光灯，但爱迪生对弧光灯不感兴趣。在爱迪生系统下，发电站以低压直流电为标准。那时，人们已经开始使用直流电发动机，并且大多数技术人员认为交流电发动机根本不会问世。因此，在爱迪生看来，直流电系统具有实用的优点。

威斯汀豪斯没有白炽灯等偏好型项目，不会对直流电的缺陷视而不见，因此他能以更加公正的态度看待特斯拉的交流电发明。在特斯拉发表演讲一个月以后，威斯汀豪斯作出了决定。他给特斯拉寄了一张便条，约定在特斯拉的实验室中见面。

这两位发明家之前没有见过面，但是了解彼此的工作。威斯汀豪斯出生于 1846 年，比特斯拉大 10 岁。他身材矮小、体格强健、蓄着胡须，让人印象深刻。他的做事方式直截了当，几乎到了简单粗暴的地步。特斯拉

32 岁，身材高大、皮肤较黑、英俊潇洒、性格温和。他们并肩而站时，形象对比鲜明，但他们有三个共同之处：都是发明家，都是工程师，都热爱电气。特斯拉的实验室中有发电机、变压器和发动机，他可以用这些设备进行实物操作，展示自己的发现和模型。威斯汀豪斯感觉轻松自在，很快就对这位发明家和他的发明产生了浓厚兴趣。

威斯汀豪斯觉得这是个绝佳机会，决定当机立断采取行动。下面这段对话是特斯拉告诉作者的。

"我出一百万美元购买你的交流电专利，再加上抽成。"威斯汀豪斯的直言快语让特斯拉震惊。然而，身材高大、性格温和的特斯拉却没表现出丝毫惊讶的痕迹。

特斯拉回答："如果你能支付每马力一美元的抽成，我就接受。"

威斯汀豪斯重复道："一百万美元，每马力一美元的抽成。"

特斯拉说道："可以接受。"

威斯汀豪斯说："成交。你将在几天之内收到一张支票和一份合同。"

这两位伟大人物具有远见卓识，他们彼此信任，做了一笔不拘小节的大额交易。

毫无疑问，就那时的发明而言，这一巨大数额创下了历史纪录。尽管特斯拉把自己的多相系统看成一项完整的发明，但他却出售了二十多项专利的发明，以及二十多项即将获得专利的发明。这次交易涉及 40 项专利，每一项的本质都很基础，因此特斯拉每项专利的价值大约为 25000 美元。威斯汀豪斯"批量"式购买专利，交易数额达到历史之最。

威斯汀豪斯希望以"高薪"聘请特斯拉来匹兹堡待一年，在发明的商业化运用中提供咨询服务。这位匹兹堡的富豪在购买特斯拉专利的过程中十分慷慨，这使特斯拉不需要花费大量时间凭借自己公司的力量将发明商业化。因此，他可以抽出一年时间待在匹兹堡。

特斯拉在实验室中向威斯汀豪斯展示的设备运转良好，它的工作电流是60赫兹。特斯拉的研究表明，60赫兹时该设备能达到最高效率。频率更高时，可以节省铁的用量，但是会导致效率降低，设计也更加复杂，不是最佳选择；频率更低时，铁的用量增加，设备体积也会大幅增加，虽然提高了效率，却不合算。

特斯拉来到匹兹堡，希望在一年之内解决所有问题。在匹兹堡，他遇到一些制造发电机的工程师，他们在发电机的设计方面面临以下问题：第一，如何确保顺利、可靠的操作；第二，如何确保操作的经济性；第三，如何确保材料使用的经济性；第四，如何简化制造。特斯拉想到过这些问题，但是他不像工程师那样急切。特斯拉确信60赫兹频率是交流电的最佳选择，而工程师们之前操作的频率是133赫兹，所以他们不太肯定60赫兹是否最适合交流电发动机。在制造小型单相电流发动机时，他们也遇到了一些明显的问题。在这种发电机的设计中，必须使用一些技巧，使它具有双相电流发动机的特点。

特斯拉对这种状况很反感。他认为自己提出的建议没有被采纳，因此打算离开匹兹堡。威斯汀豪斯确信情况会有所好转。特斯拉多年后回忆——为了留住他，威斯汀豪斯承诺将向他支付24000美元作为这一年的报酬，这是威斯汀豪斯的公司和特斯拉的实验室净收入之和的三分之一。然而，如今的特斯拉已经不再是穷小子了，他急于继续自己的原创性研究，所以拒绝了这项提议。

特斯拉离开以后，研制工作还在继续。很快，各种型号发电机和发动机开始投入生产。特斯拉曾经强调过，60赫兹才是小型机器的最佳频率。之前，这个观点曾受到工程师们的质疑，如今，他们已把60赫兹定为标准频率。对此，特斯拉感到十分欣慰。

特斯拉回到位于纽约的实验室后，声称自己在匹兹堡的这一年没有对电气科学作出任何贡献。他解释说："我在匹兹堡没有自由。我不能独立地工作。我必须完全自由，才有创造力。当我脱离那种状况后，我头脑中冒出很多想法和发明，就像尼亚加拉瀑布那样源源不断。"在接下来的4年中，他的大部分时间都用于进一步研究多相电力系统，申请并获准了45项专利。如果加上在外国申请的专利，这一数字应该增加好几倍。

爱迪生和特斯拉是发明家中的两位巨人，他们的思想发生了正面的碰撞。他们的实验室都位于纽约南第五大道，这两个实验室里产生了震撼世界的发明。

爱迪生固执地支持直流电，他和交流电支持者之间发生过很多摩擦。在特斯拉系统得到开发之前，托马斯休斯敦公司和威斯汀豪斯电气公司已经研制出一系列电灯或弧光灯。爱迪生对竞争者喋喋不休，抨击交流电的安全性，认为它使用的电压过高。特斯拉系统的到来更是使情况火上加油。

特斯拉相信，当纽约州立监狱选择高压交流电用以对罪犯进行电刑时，爱迪生的所作所为就是为了贬低交流电的声誉。毫无疑问，州立监狱的选择"印证"了直流电支持者的观点，但监狱选择交流电的原因是：交流电电压很容易升高，但直流电无法提供所需的高电压。当电压和电流强度相同时，直流电和交流电一样致命。然而，在这场"电流之战"中，人们的感性占了上风，简单的事实并没有什么影响力。

乔治·威斯汀豪斯购买特斯拉的专利，是为了使电力系统成为美国的能源基础。这一目标不仅需要出色的工程人才，还需要大量资金。威斯汀豪斯电气公司的业务范围进行了大规模扩张，但此时美国正在经历商业萧条和金融萧条，所以威斯汀豪斯很快就发现自己处于困境之中。

当时，大型财团之间竞争激烈，它们都希望通过控制资本来掌控国家的工业结构。这是一个兼并的时代，人们会合并相关领域的小型公司以提升规模。不管公司的所有者们是否愿意，他们的公司时常被迫兼并。

一项内部发起的兼并得到了托马斯休斯敦公司和爱迪生通用电气公司双方的同意，使这两家公司走到了一起，产生了如今的通用电气公司。它们本是威斯汀豪斯电气公司的最主要竞争对手。这对竞争激烈的金融界来说是个挑战。

在获得特斯拉的专利以后，威斯汀豪斯电气公司以极快的速度扩张业务。因为它的金融结构失去了一定程度的灵活性，就对资本操控者失去了抵御力，因此陷入了和其他机构合并的困境中。介入的财团要求威斯汀豪斯电气公司重组，为和美国电气公司、联合电灯公司的合并做准备，新公司将叫作威斯汀豪斯电气及制造公司。

在重组尚未完成之前，财务顾问从战略角度分析，坚持认为威斯汀豪斯应该放弃一些方案和项目，因为它们会起阻碍作用，新公司的资本基础无法变得更加健全。

要求之一，就是威斯汀豪斯终止和特斯拉的合同。合同规定，威斯汀豪斯支付给特斯拉每马力1美元的抽成，以购买获得专利的交流电发明（关于这份合同，没有确切的文件证明。作者找到了两种信息源。一种与此处的故事完全一致。另一种称，百万美元的付款是预付抽成。特斯拉就是这样说的，他宣称没有获得更多的抽成）。财务顾问指出，如果威斯汀豪斯希望利用特斯拉的专利把公司的业务发展到预计规模，那么依照这份合同，需要支付的数额将达到上百万美元。在公司重组时期，这一负担过于沉重，会危及新公司的稳定。

威斯汀豪斯坚决反对这一建议。他坚信，合同中的专利抽成付款与正常程序一致，不会成为公司的负担，因为它已经涵盖在生产成本之中，其承担者是消费者而不是公司。威斯汀豪斯自身是一位一流的发明家，在与其他发明家打交道的过程中也具有很强的正义感。

然而，财务顾问的观点无法忽略或反驳。他们让威斯汀豪斯十分为难，因为他们坚持认为，给特斯拉的百万美元付款超出了一项发明应该获得的报酬，会影响公司的资本结构，减少银行家的兴趣。他们争论说，继续保留抽成合同会损害公司重组，导致人们不再继续支持公司，公司就将面临破产的危险。

情况变成了常见的"是、否"选择。

威斯汀豪斯被迫和特斯拉协商。这对他而言，是一件非常尴尬的事情。然而，威斯汀豪斯是一位极为务实的人。他敢于直面事实，且态度直接。"我花100万美元购买你的交流电专利，再加上抽成。"当他从特斯拉那儿购买专利时，曾如此直截了当。现在，威斯汀豪斯面临着食言毁约的难题，他要收回那简洁有力的话语。有钱能使鬼推磨，当时钱掌握在他手中。现在是特斯拉占据主导地位，因为他手中有一份价值数百万美元的有效合同，他可以上法庭要求强制执行合同条款。爱迪生控告电灯专利的侵权者并取得案件的胜利，为很多侵犯他专利知识产权的公司带来灾难，促使整个工业世界都对专利权充满敬意。

威斯汀豪斯没有理由认为，特斯拉会有一点儿放弃合同的可能，或允许修改合同条款，同意减少抽成。他知道，在和匹兹堡工程师的分歧中，特斯拉的自尊心受到了伤害，现在他的心情应该已经缓和了。然而，威斯汀豪斯知道，自己成功地采纳了特斯拉的想法。最令他欣慰的是，自己是带着极大的诚意和特斯拉签订合同的，现在他也带着极大的诚意来解决问题。也许，他可以向特斯拉提供公司的一个高层职位，作为对合同的补偿。这是互利共赢的安排。

没有办法计算出特斯拉的这份合同到底值多少钱。他的专利涵盖了交流电电力系统的方方面面，抽成可以从发电站设备和发动机中征收。那时，电力工业刚刚起步，没有人可以预测未来它带来的巨大商机（最新的数据显示，1941年有1.62亿座发电站，几乎都是交流电发电站。假设1891年至1941年之间，发电站的增速保持不变，那么1905年特斯拉第一批专利到期时，发电站的数量将为200万。这个数字显然太大）。

T·康默福德·马丁所做的一项关于美国中心电站的统计显示，1902年，工作中的发电站为162万座，1907年增至690万座。以每年成比例增速计算，1905年特斯拉第一批专利到期时，发电站的数量应该为500万座。

在这段时期，原本使用蒸汽动力的制造商开始在工厂中装载发电机，开设独立的工厂。这些并不包括中心电站的数量，如果把它们也计算在内，那么发电站总数也许能达到 700 万座。若以每马力 1 美元收取抽成，特斯拉应该得到 700 万美元的报酬。除此之外，特斯拉的收益还包括以发电机电力带动的发动机。如果有三分之一电能用于发动机，那么这将为他带来额外的 500 万美元收益。两者相加，总计 1200 万美元。

即使非常精明的公司领导人，也难以说服他人放弃一份净赚数百万美元的合同，或劝说他接受减少数百万美元的条款。

在位于南第五大道的实验室中，威斯汀豪斯再次和特斯拉会面。威斯汀豪斯并没有寒暄或道歉，而是直接解释了情况。

这位匹兹堡富豪说："你的决定将关系到威斯汀豪斯公司的命运。"

特斯拉问道："假如我拒绝放弃合同，那你会怎么办？"

威斯汀豪斯回答："那样的话，你必须和银行家打交道，否则我就没有任何资金来源。"

特斯拉继续问道："如果我放弃合同，你就能挽救公司并保留控制权，也就可以继续把我的多相系统向全世界推广吗？"

威斯汀豪斯解释说："我相信你的多相系统是电力领域最伟大的发现。正是在我向世界推广它的过程中遇到了困难，但不论发生什么，我会坚持下去，继续原来的计划，建立全国性的交流电基础体系。"

特斯拉站直了身板，微笑着说道："威斯汀豪斯先生，你一直是我的朋友。你对我抱有信心，而其他人却不信任我；你毅然决定支付我一百万美元，而其他人却缺少这份勇气；甚至当你的工程师都不明白我们能理解的伟大事物时，你也支持我；你一直以朋友的身份和我并肩作战。我的多相系统能为人们带去的福利远比我获得报酬重要。威斯汀豪斯先生，你会挽救你的公司的，然后生产出我的发明。这一份是你的合同，这一份是我的合同。我将把它们撕成碎片，你不需要再担心抽成的问题。这样可以了吗？"

57

特斯拉一边说一边将合同撕碎，然后扔进垃圾桶。由于特斯拉的大度，使得威斯汀豪斯能够返回匹兹堡，使用重组后新公司（现在它叫威斯汀豪斯电气及制造公司）的设备，完成他对特斯拉的承诺：将交流电系统推广到全世界。

特斯拉为这份友谊作出了巨大牺牲，历史上再也不会有事件能和它匹敌：特斯拉慷慨地免除了威斯汀豪斯1200万美元的收益，尽管威斯汀豪斯并没有直接从中获益。

也许，特斯拉没能获得这些抽成收益，在某种程度上阻碍了人类科学进步和工业进步。几年之后，这位科学巨人仍未江郎才尽，喷涌出许多一流的新发明和新发现。这些新发明、新发现与他为世界带来的电力系统一样重要。那时，特斯拉却发现自己缺少研制新发明的资金，因此很多新发明、新发现都无法进行。

特斯拉为了友谊而放弃了财富，此后他见证了美国和全世界从自己的电气发明中获利。50年后，他收到移民福利研究院的荣誉嘉奖，并被要求做一次演讲。当时特斯拉已经80多岁了，无法亲自到场。此前，他度过了几十年的贫困生活：因为没有制造出自己声称已经完成的发明而遭到嘲笑，因为手头拮据从一家旅馆搬到另一家旅馆。尽管生活惨淡，他从没有因为1200万美元的利益而怨恨威斯汀豪斯。相反，他们一直保持着良好的友谊。1938年5月12日研究院将在比特摩尔酒店举行一场晚餐宴会，特斯拉为晚宴写了一份演讲词，演讲中的内容证实了他们的友谊："在我看来，威斯汀豪斯是当时唯一一位重视交流电系统的人，并且他战胜了偏见和金钱。他是一位身材魁梧的先锋，是世界上真正的崇高之人，美国应以他为傲，世人应对他心怀感激。"

1889年，特斯拉离开威斯汀豪斯位于匹兹堡的工厂时，他进入了一个新世界。他发明的多相交流电系统仅仅只是一小部分，还有更多的奇妙等待揭示。他迫不及待地开始探索新领域。

特斯拉接近的并不是一个全新的未知领域，他不需要在黑暗中摸索，以获得一些有价值的线索，尽管当时别人可能还在黑暗中举步维艰。1882年2月的一个下午，在布达佩斯，当旋转磁场出现在特斯拉的视觉化中时，他也看到了全宇宙展现的无数形态，就好像交流电组成的交响曲。对特斯拉而言，宇宙的和声是由电气震动组成的八度音阶。在低音阶段，音符是60赫兹的交流电；在高音阶段，是频率为数十亿赫兹的可见光。

特斯拉在头脑中构想了实验方向：在交流电及光波之间的区域探索电气震动。他可以在这一未知区域增加交流电的频率。如果低音阶段的音符能产生旋转磁场和多相系统之类的伟大发明，那么谁能想象高音阶段的音符会奏出何种美妙的旋律？而且，有上千个音阶尚待探索。他可以制造一台电风琴，拨动所有频率的琴弦，研究它们的特点。他希望，那时他就会明白弥漫全宇宙的电气震动的交响曲。

33岁的特斯拉十分富有。他向威斯汀豪斯公司出售的发明为他带来100万美元的报酬。当然，其中50万美元由A·K·布朗和他的助手所得，因为他们资助了特斯拉的实验。特斯拉自信满满，以为自己能创造出更伟大的发明，不会为钱发愁。当时，他认为自己能从交流电专利中获得上百万美元的收益。所以，他能随心所欲地花钱，揭露自然的秘密，把新发现用于造福人类。这么做是他的责任。他知道自己具有天赋，拥有别人所没有的想象力和才能，因此他应该从神秘的宇宙中获取科学知识，把它带来的无尽宝藏赠予世界。

他的态度是否超我？即使如此，他也不是为了一己私利。对他而言，只要他的想法具有客观性、能变成可展示的事实，他想什么并不重要。即使他认为自己比其他人伟大，那又如何？这种看法难道与事实不符吗？假设他的确认为自己主宰命运，他难道不能用事实证明这一点吗？在把想法变为事实之前，特斯拉不需要亲眼目睹事件。他年轻时声称自己能制造交流电发动机，虽然教授告诉他这是不可能实现的事情，他不是也"完成"

这个目标了吗？爱迪生是一位举世公认的天才，他修好了爱迪生的发电机并大幅改善了它的设计和操作。除此之外，他设计了更为优越的系统，用以生产、配送和使用电力，不是吗？对于上述所有疑问，就他的成就而言，多肯定的回答都不算不谦虚。

他的态度并不超我。那是对自己以及自己的视觉化能力具有高度信心的表现。对一位有才能的人来说，只要具有高度的自信心，再加上完成目标必需的资金，他未来能取得的成就将不可限量。1889年下半年，当特斯拉回到位于纽约南第五大道的实验室时，他的眼前就是这样一幅美好未来的图景。

特斯拉研究了一系列的交流电的频率，希望能选出使多相系统最具效率的频率。他的计算表明，电流频率增大时，其特点和效率会发生重大变化。之后在机器上进行的实验，证明了他的计算是正确的。他发现，随着电流频率增大，所需的铁芯的质量就越小。现在他希望尝试可能的最高频率，并且不使用磁路。

在布达佩斯，特斯拉萌发了旋转磁场的想法后，就开始考虑所有交流电频率的特点，范围从最低频率一直到光的频率，那时还没有人探索过光的频率。来自英格兰剑桥大学的詹姆斯·克拉克·麦克斯韦曾于9年前，也就是1887年，发表过光电磁理论。他的方程式表明，在可见光的频率上下仍然有许多电磁震动——是一些波长更长或更短的光波的震动。1887年，特斯拉专心于他的多相系统模型时，德国的海因里希·赫兹教授检测了麦克斯韦的理论，测试了几米长范围内的波。他通过感应线圈的火花放电来产生这样的波，在空间中把波吸收，并在距线圈一定距离的地方把它们变为小火花。

赫兹的理论支持了特斯拉的想法：在电流以及光之间的区域，所有震动音阶的音符都能带来有趣的发现。特斯拉确信，如果他能不断增加电气震动的频率，直到达到光的频率，那么他就能以直接有效的方法产生光，从而减少爱迪生的白炽灯发光过程中的极度浪费。因为，在白炽灯发光过程中，有用的光波仅仅是发出的热波的一小部分，而且只有百分之五的电能得到了有效利用。

为了研究的需要，特斯拉制造了旋转交流电发电机，它拥有384个磁极，能产生1万赫兹的电流。他发现，这一高频电流可能比他的60赫兹多相系统具有更多优点。因此，他同时研制两种变压器，既可以提升电流的电压，也可以降低电流的电压。

高频交流电发电机类似于特斯拉1890年设计的发电机，是由F·W·亚力山德森开发出来的，用于进行跨洋无线传输的大功率无线发射器。20多年以后，出于实用角度考虑，美国政府不允许外国政府获得跨洋无线传输的控制权，因此美国在无线领域占据世界主导地位。

特斯拉发明的高频变压器效果很好，不含一点儿铁芯。事实上，他发现铁芯会干扰变压器的运转。它们是空芯的变压器，由同轴的初级线圈和次级线圈组成。这些变压器被称之为特斯拉线圈，能产生极高的电压。在早期的实验中，设备产生的电压能在几英寸之外激起火花。很快，特斯拉就取得了较大进步，能使放电火花熊熊燃烧。在解决电压问题时，他遇到了如何使机器绝缘这个难题，于是他想出了一些在高压设备中通用的办法：把机器浸泡在油中，使线圈隔绝一切空气。这个办法具有巨大的商业意义。

然而，高频旋转发电机有一个局限——它不实用，因此特斯拉想开发出一种不同类型的发电机。他运用的基本理念没有改变。在旋转发电机中，循环移动线圈，使其经过连续的磁极，从而产生电能。让线圈在一个磁极前往复运动也能达到相同的效果。但是，没有人生产过实用的往复式发电机。特斯拉按照自己的设想制造了一台极为实用的往复式发电机，但它几乎派不上用场。后来，特斯拉觉得自己能更好地驱动它。它的驱动器是一个没有阀门的单气缸发动机，可以用压缩空气或蒸汽来操作。它有两个端口，就像二冲程船用发动机一样。穿过活塞的一根横杆延伸至气缸两端，横杆的每一端都系上了一个扁平线圈，活塞的往复运动带动横杆在电磁场中来回移动。磁场的缓冲作用充当了飞轮。

特斯拉获得了每分钟 2 万次的振动。为了保持这一高速率，他建议以同样的恒定速率操作 60 赫兹多相系统，并且使用同步电动机。只要同步电动机应调整到了合适的程度，只要有交流电可用，钟表就能显示正确时间。这一建议为现代电子钟表的产生奠定了基础。他没有申请专利，因此没有获得任何经济利益。他的其他许多实用的想法也都没有申请专利。

在操作多相系统时，特斯拉完全明白了电容和电感在交流电线圈中的作用。电容就像是弹簧，电感就像是储蓄罐。他的计算表明，当电流的频率足够高时，它和电容、电感的共振较小。共振就是用电力调整线圈。类似电力共振的机械效果就是钟摆呈弧形摆动，这是因为钟摆受到了少量定时间隔的动力。军人步调一致地通过大桥，导致大桥坍塌，也是这个道理。每一次小幅振动都加强了前一次的振动效果，直到效果足够明显为止。

在调谐电路中，电容器提供电容，线圈提供电感。电容器通常由两个平行的金属板组成，中间由绝缘体隔开。两个金属板都与电感线圈的一端相连。电容器和线圈的大小由电流的频率决定。线圈、电容器以及电流彼此调谐。可以这样描述：在电容器充满之前，电流一直流入电容器。接着，电流流入电感线圈中，线圈通过建立磁场而存储能量。当电流不再流入线圈时，磁场瓦解，把之前用来构建磁场的能量返还给线圈，因此导致电流流回电容器，直到电容器再次充满。电流在电容器以及线圈之间流入流出，在共振状态下，其周期与交流电的间歇逆转周期相同。每次共振，充电电流立刻流入，因此振动频率非常高。

几年之后，特斯拉在一次演讲中讨论了电路调谐的方案："第一个要回答的问题就是是否可产生纯粹的共振效果。理论和实验证明，这在本质上是不可能的，因为随着振动变强，振动体和周围介质的消耗就会迅速增加，从而抑制振动；否则振动会永远继续下去。幸运的是，我们不可能产生纯粹的共振。如果它变为事实，不知道无辜的实验者会遭遇怎样的危险。但从某种程度来说，共振是可实现的，只不过共振的程度受到介质不完美的传导性和弹性影响。或者，总结来说，它受到摩擦损失的影响。摩擦损失越小，产生的效果就越惊人。"

特斯拉把电调谐原则应用于他的线圈，发现能实现巨大的共振效果，产生极高的电压。他1890年发现的电协调原则是现代收音机的基础，也使得早期"无线"工艺成为可能。在其他声名卓越的发明家尚未学习这电力领域的第一课时，特斯拉就一直在运用、展示这些原则。

特斯拉希望能找到产生高频电流的方法，但是任何机械设备都无法产生他希望达到的高频率。1856年是特斯拉出生的年份，那一年英格兰人凯尔文爵士有一个新发现，但直到现在都没有被充分利用，特斯拉就利用了这一发现。在凯尔文爵士的发现之前，人们都认为电容器放电时，电流从一个金属板流到另一个金属板，就像水从杯子中流出，从而达到平衡。凯尔文指出，这一过程更为有趣、复杂，就像被拉伸的弹簧松掉了一样。电流从一个金属板流到另一个金属板，然后又流回，这一过程会一直持续下去，直到储存的能量都因摩擦损失而消耗掉。电流的流动以每秒千万次的高频率进行。

电容器放电与调谐电路的组合打开了电气科学的中的一个新领域，其重要性可与特斯拉的多相系统匹敌。他找到了用低压电流（直流电和交流电都可以）为电容器自动充电的简便方法，在用空芯变压器（或叫作特斯拉线圈）使电容器放电的过程中，电容器能产生高压高频电流。这种电流的特点与其他电流的特点并不相同。他再次探索了一个全新的领域，心怀无限可能。他在实验室中疯狂地工作，每天只有五个小时躺在床上休息，其中只有两个小时是用于睡眠的。在他休息时，他构想出了新实验。

1890年，特斯拉宣布高频电流对身体具有加热作用，建议把它用于医疗设备。在这一方面，他是一位先驱，但后来国内国外很多效仿他的人却声称自己是首创者。特斯拉并没有保护自己的发现，从未阻止别人盗用他的想法。35 年后，有人在实验室中把真空管振动器作为高频电流的来源，有了和特斯拉相同的发现，但却被称赞为是一个新发现，是现代的奇迹。但是，特斯拉的发现是近代电子设备的基础，这些设备运用高频电流为工业提供保障。

1891 年 5 月，特斯拉在哥伦比亚大学为美国电气工程师研究所进行了一次关于高频电流的演讲。那时，他能使人工闪电达到 5 英寸长，这意味着电压达到了 10 万伏左右。更重要的是，他展示了一些新现象，包括火花电工钢板和一些新的照明形式——此前人们对这类电灯闻所未闻，即使想象力最丰富的实验者也想不到。

这次演讲在工程界引起了轰动。他之前曾为美国电气工程师研究所进行过一次演讲，揭示了多相交流电系统的奥秘，因此在该领域一举成名。多相交流电系统的发现闪耀着智慧的光芒，因为具有重要的商业价值而引人注目。然而，高频高压电流的实验是特别的。高压火花的爆裂声、高压电工钢板火焰的闪光、电炉明亮的灯泡和灯管，他用高频高压电流产生了奇妙的物理效果，使在场的人目瞪口呆。

在短短两年之内，特斯拉在两个领域取得首创性成果，简直是个天才！他的新成果迅速名扬海内外，他的声誉也更加稳固。

当时，美名远扬对他来说是不幸的。如果特斯拉不因别人的溢美之词而沾沾自喜，他一定能成为真正的超人。五年之前，流落于纽约街头的他饱受饥饿、身无分文，与成千上万人竞争着重劳力的工作，然而头脑中却满是重要的发明——他急于把这些发明赠予世界。那时没有人会倾听他的想法，如今全国的知识分子中的精英都在称赞他是无与伦比的天才。

1891 年，特斯拉在纽约是一位耀眼的人物。他身材高大，皮肤黝黑，长相英俊，体形健壮，穿着体面，会说一口流利的英语，但保留了人们崇拜的欧洲文化的渊源。在大家看来，他品质优秀，安静寡言，举止谦逊，看起来十分害羞；在这样的表面之下，却隐藏着天才的头脑。他的电气发现点燃了所有人的想象力，超越了大多数人的理解范围。除此之外，特斯拉当时还没到 35 岁，仍然年轻，刚刚获得了 100 万美元的巨额财富，并且还是一位单身汉。

在1980到1900年这段时间的早期，作为一位拥有百万财产、文质彬彬、声名远扬的单身汉，特斯拉不可能不成为纽约一颗闪耀的新星。有待嫁女儿的精明夫人以羡妒的眼光打量这位令人称心如意的年轻人，社交名人把他看作沙龙的有趣装饰品，商界人士以认识他为荣，知识分子把他的伟大成就当作灵感的源泉。

除了正式就餐场合，特斯拉一直都是独自就餐，绝不会与女性一起进餐。不论一位女士如何滔滔不绝地谈论他或向他示好，他意志坚定，保持着不近人情的态度。华道夫饭店和德尔莫尼利饭店专门为他保留餐桌。餐桌的位置比较偏僻，因为只要他进入餐厅，就会成为众人瞩目的焦点，但他不喜欢这种感觉。

尽管耳边都是溢美之词，但特斯拉只有一个念头——继续进行自己的实验，不被外界打扰。在他看来，尚有许多知识王国尚未探索。他对工作充满着高度的热情，就像高压电一样。他不时闪现出现新的想法，犹如电流的频率那般迅速。

他清楚地勾勒出自己想涉足的三个领域，希望在这些领域设计出应用设备，这些领域包括：比自己的多相系统更优越的无线电传输系统，一种新型的照明设备，还有无线信息传输。他希望同时进行这些研发项目。这些领域并不是相互隔绝的，它们联系紧密，都与他钟爱的交流电有关，是宇宙中一个又一个振动音符。他不想像小提琴家那样，每次只奏响一个音符。他希望和钢琴家一样，同时奏响多个音符，谱出优美旋律。如果能成为交响乐乐队指挥，同时演奏多个乐器，就再好不过了。然而，他乐队中的乐器是与电流或环境调谐共振的电气设备。一想到无法完成自己的宏伟目标，承受着精神压力的特斯拉就疯狂地工作。体质一般的人都承受不住这样的高强度工作，身体会完全崩溃。

1891年2月，特斯拉在哥伦比亚大学为美国电气工程师研究所进行了有关高频高压电流的演讲和展示。这次和前一次一样，引发了轰动。两次演讲都开启了科学研究和实用发现的全新领域。两次演讲中的新发现，足以耗费一个人一生的精力，可带来长久不衰的美誉。在短暂的时间内完成这两项伟大的发现似乎是不可能的事——但特斯拉的职业生涯如此顺畅，他还将完成更多重要工作，这是十分罕见的。

美国及欧洲的学术机构要求他举办讲座，但是他希望能得到谅解，因为他的工作带给他很大的时间压力。然而，社会团体的态度十分坚决。他们想尽办法，以各种方式给特斯拉荣誉，并沾他的光。特斯拉不畏惧社会人士的纠缠，他们只是把他当作可攀附的火箭，但那些巴结他的人十分聪明，迅速发现了特斯拉的致命弱点——他对自己的成就很感兴趣，并且希望别人能倾听他的神奇梦想。

他们成功运用了这一技巧，特斯拉上钩了，很快成了他们的宠儿。特斯拉成为一系列重大宴会的贵宾。为了礼尚往来，特斯拉会在华道夫饭店宴请他们，然后在南第五大道举办展示会。特斯拉做事从来不会虎头蛇尾。他宴请时，从不会允许菜肴、服务、装饰出一点儿问题。他提供上好的鱼类、家禽、肉类，还有精致的红酒和白酒。他的宴会成为全城人民的谈资。能参加特斯拉的宴会是一种殊荣，它是已进入沃德·麦卡斯利"400"精英圈的标志。特斯拉对于自己举办的宴会一丝不苟，或者更确切地说，他就像旧世界的绝对君主，因为他会检查所有送到餐桌上的食物，几乎从没发生过撤回不适合宾客的调料或酒水的事。

每次用餐之后，特斯拉都会陪同客人到位于华盛顿广场南的实验室中，这儿的展示比晚餐更加引人注目。他有引人注目的天分，实验室中奇形怪状的设备形成了荒诞的背景，映衬着带有神秘力量的惊人发现：有一只无形的手在使物体转动，引起不同形状的球体和管体闪烁着陌生的色彩，好像遥远的太阳的一部分突然被移植到这个小黑屋中；怪物线圈产生噼啪的火花和咝咝的火焰，伴随着由放电导致的硫黄火焰。这些现象表明，这位魔术师的小屋与沸腾的地狱直接相连。即使特斯拉让数十万伏的电压通过自己的身体，用来点亮一盏灯或熔化电线，这些幻景也不会消失。

在实验室中测试之前，特斯拉就构想出了这一奇妙的视觉盛宴：让高频高压电流通过自己的身体，却不会带来伤害。特斯拉知道，用于家用电灯电路的低频交流电会让身体产生疼痛感。然而，对身体施加光波却不会有这样的体验。他推测，电流和光波的唯一区别就是频率不同，电流的频率为 60 赫兹，而光波每秒能振动数十亿次。

在这两个极端之间，电磁振动产生的疼痛感一定会消失。他推断，这一临界点应该比较接近低频电流。他把电击对身体造成的伤害分为两类：一是，随着电流流量的增加或减小，电流产生的热量也增加或减小，对身体组织造成伤害。二是，身体的疼痛感与电流更迭的次数有关，每次电流更迭都会产生刺激，神经感知后就会产生疼痛感。

特斯拉知道，神经最多对每秒 700 次的刺激产生反应，但对于速率更快的刺激，神经就无法传输冲动。从这一方面来说，它和耳朵、眼睛的原理类似。耳朵无法听到每秒 1.5 万次以上的空气振动，眼睛无法看到频率比紫光更高的色彩振动。

他制造的高频交流电发电机能产生频率高达每秒 2 万赫兹的电流，他用这样的高频电流测试了自己的理论。他把手指放在电路端口，神经已经感知不到电流振动。尽管没有疼痛感，这些机器产生的电流电量还是有些高，不能确保安全，因为电流具有破坏身体组织的作用。

电流通过他新发明的空芯变压器以后，电压可以被提升上万倍，因而电流就会成比例减小。因此，电流强度就降到了可能会对组织造成伤害的临界点以下。这种电流既不会造成疼痛感，也不会伤害身体组织。他小心翼翼地进行了测试，先是用两根手指，然后用手臂，再之后是从一个手臂到另一个手臂，最后从头到脚。如果身体产生电火花，接触点就会有针刺感，但这是可以避免的——若电流流经身体并未带来疼痛感，可以在可能产生电火花的地方放置一块金属板，就不会出现针刺感了。

电流的能量与电流和电压之积成比例，这种电流的能含量十分高，能产生一些令人惊奇的效果。比如说，电流流过人体后，它可以熔化金属棒，爆炸铅软片，点亮白炽灯或真空管灯。

欧洲的科学团体坚持要请特斯拉为他们演讲，特斯拉最终同意了。他为自己的演讲内容设置了高标准，每次都下功夫准备。所有的内容都必须是崭新的。他从来不会重复之前讲过的实验。每一个技术要点都必须测试20次以上，以确保万无一失。他的讲座会持续两个小时到三个小时，每一分钟都充满着他源源不断的新发现，很有启发性。他使用自己在实验室中制作的大量设备来印证自己的演讲。因此，特斯拉的演讲是科学界的一件盛事，给参加者留下了深刻印象。

按照安排，特斯拉将于1892年2月3日在伦敦为电气工程师研究所进行一场演讲，2月19日在巴黎为国际工程师协会进行一场演讲。在某种程度上，他决定到欧洲进行演讲，是因为能有机会回老家戈斯皮奇看看。因为最近的家书提到，特斯拉母亲的健康状况正每况愈下。

为电气工程师研究所发表的那次演讲很成功。尽管后来英国工程杂志不愿意承认特斯拉为发现旋转磁场所做的贡献，并且贬低多相交流电系统的实用性，但大多数工程师并非如此。他们毫不吝惜对特斯拉的赞扬，并且充满热情。英国科学家们也持有和工程师们一样的态度。

特斯拉到达伦敦后，受到许多名人的热情款待。英国科学研究所曾是科学家迈克尔·法拉第进行基础磁、电研究的地方。在这儿，詹姆斯·杜瓦先生以及一群其他同样著名的科学家劝特斯拉重复他的演讲。特斯拉一直固执坚持自己的方案，这次也不例外。詹姆斯·杜瓦，这位苏格兰科学家，和特斯拉同样固执。他陪伴特斯拉走到法拉第的椅子（这把椅子是英国科学的神圣遗物）旁边，让特斯拉坐在宝座上，然后拿出了另一件传家宝：一瓶威士忌。这瓶威士忌是法拉第留下的，已经封存了 25 年，没有被人动过。他慷慨地为特斯拉斟了半杯酒。詹姆斯赢了，特斯拉做出了让步，第二天晚上重复了演讲。

著名的英国物理学家雷利勋爵是英国科学研究所举办的这场会议的主持人，参与会议的还有其他科学界精英和不少英国贵族人士。特斯拉的实验演示对于门外汉来说精彩不已，对于科学家来说仍然颇具启发。在观看了实验演示后，雷利对特斯拉大加赞赏。

雷利称赞特斯拉具有发现基础科学原理的天赋，并敦促他把精力集中于某一个重大想法。

在会后的谈话中，特斯拉否认自己是一位伟大的发现者，但这仅仅只是谦虚而已，因为他知道自己具有独一无二的优势：能发现基础真理。然而，他的确认真考虑了雷利的建议。但是，雷利的建议是否正确，这还是个疑问。特斯拉思考的问题范围非常广，囊括宇宙万物，他在各个未知的领域都获得了突飞猛进的进展。雷利的建议更适合这样的探索者——他只具有探索某一未知领域的才能，只能为世人打开这个领域的大门，就像在荒地上开垦出家园。如此，获得的回报会更加确定。

两周之后，按照预定计划，特斯拉在巴黎为物理协会发表演讲，然后在国际电气工程师协会重复进行了一次讲座。这是 8 年前他离开大陆爱迪生公司以后第二次访问巴黎。1889 年秋天，他刚离开威斯汀豪斯公司时（那时，他已获得了美国公民身份），他到巴黎待了一小段时间，参加世界博览会。当时，他因为多相系统而在欧洲美名远扬，再加上他在高频电流方面的新贡献，使得他的名声更加显赫。他在巴黎受到了热烈的欢迎，不亚于在伦敦受到的热情款待。

猜想此时大陆爱迪生公司的领导人在想什么，这很有趣。他们因为自己的聪明伎俩而错失了 1883 年特斯拉的伟大发现，如今只能眼睁睁看着他出人头地。毫无疑问，相比于五年后威斯汀豪斯支付给特斯拉的一百万美元来说，他们当时本可能以更少的资金获得特斯拉的多相系统。

特斯拉的演讲充满了新奇的、引人入胜的电气知识。他以自己奇妙的原创性实验征服了听众。他的所有发明组成了星光璀璨的银河系，因此每一个发明都无法独占鳌头。

1892 年，特斯拉进行的演讲都命名为"高压高频交流电实验"。在这些演讲中，特斯拉描绘了自己的一些发现。有些发现直到今天才得以利用，被称之为现代发明，其中包括霓虹灯、充气灯和荧光灯；有些发现直至今天都尚未加以利用，比如说我们今后将会看到的碳或金属扣白炽灯，这种灯只需要单线连接；还有他后来发现的 X 射线发生器。

这些演讲的草稿多达 4 万字。在演讲中，他使用了几十种设备，在每种设备上进行了好几个实验。他描绘了"无线"电灯，这是一种不需要电线连接的发光玻璃管。他描绘了只需单个电线就可以操作的发动机，以及"无线"发动机。但也许敏感电子管才是他最重要的发现——敏感电子管是现代收音机和其他电子管的前身。他预测，这种设备可以接收跨越大西洋的无线电报消息。接下来，我们将陈述这些发现的细节。

特斯拉打算在没有演讲的空闲时间回戈斯皮奇看一看，但他不得不提前动身。在巴黎完成第二场演讲后，他回到酒店，却突然收到了母亲病危的消息。他匆匆赶往火车站，在列车即将离站时登上了车。为了缩短行程，他事先用电报预定了特殊的交通工具，及时赶到家，见到了母亲最后一面。他是下午到家的，母亲晚上就逝世了。

在从巴黎赶回戈斯皮奇的这段匆忙旅程中，特斯拉心急如焚，这导致他右侧一小撮头发一夜之间变白。一个月之内，头发又自然地恢复成了乌黑的颜色。

母亲逝世后不久，特斯拉就染上重病，几个星期无法行动。他恢复以后，到普拉斯基看望妹妹马里卡，并在那儿待了两个星期。之后，他于5月抵达塞尔维亚的首都贝尔格莱德，受到举国欢迎。

在不能活动的几周里，特斯拉对自己进行反思，十分不满自己的生活方式。当人们受到追捧时，只会产生愉快的反应。特斯拉过去的两年就是在大家的追捧中度过的。然而，特斯拉不想受到人性弱点的侵害，他想在体智方面远远超越普通人，并以这种生活智慧为傲。回顾过去，特斯拉发觉，只要自己坚持超人的生活方式，就能达到自己的目标：以超人的速率取得震惊世界的成果。然而，1891年他在纽约进行过第一次演讲之后，当他屈服于别人的奉承时，他感觉社交活动占用了自己大量的宝贵时间，阻碍了自己的创造性活动。他以"伟大的人"取代了"超人"，两年的宝贵时间基本都被浪费了。除此之外，他还在威斯汀豪斯的工厂里花费了一年时间。在身体快恢复时，他发誓再也不听从别人的诱劝，去参加那些无聊的社交活动。

对特斯拉而言，想要坚守自己的意愿并不容易，因为他的欧洲之行使他声名大振，人们已计划在他返回纽约后举行盛大庆祝。但是，特斯拉拒绝了一切邀请。他回到格拉克宾馆，过了一段清静的生活。由于长期没有进行繁重的工作，他积蓄了一些体力，以更大的精力投入到新项目当中，开启科学世界迷人的新领域。

第二部分

财富与声望

为了纪念发现美洲大陆 400 周年，1893 年芝加哥举行了世界博览会。在这次博览会上，特斯拉的多相交流电系统第一次得到应用。正是在这一次世界博览会上，电灯的使用第一次成为可能。设计师充分利用了这次机会，获得了良好的照明效果。在夜晚，地面及建筑的照明效果十分理想；白天时，室内的灯光效果也很不错。威斯汀豪斯电气公司和举办方签订了合同，接下安装博览会所有电力设备及电灯设备的任务。他们充分使用了特斯拉的系统，展示这种系统的多种用途，提供了所有照明及电力所需的电流。

芝加哥世界博览会是一座丰碑，树立了特斯拉的高大形象。此外，特斯拉还在此发布了一个个人展览，展示他最近的新发明。其中有一样展品是金属材质的旋转蛋，放在一块由天鹅绒覆盖的线圈平台上。特斯拉关闭开关时，蛋竖立起来高速旋转，就像魔术一样。这一奇妙场景吸引了大家的目光，但人们却几乎却不能理解其原理：多相交流电产生旋转磁场，进而产生这一现象。另一个展示是，悬在空中或特斯拉手中握的玻璃管能发光，这也是一个神奇的"魔法"。

但特斯拉最壮观的表演就是让 100 万伏电流通过自己的身体。他使用的电流是高频高压交流电。他已经找到产生这种电流的方法。爱迪生曾批评高压交流电是致命的，打压特斯拉的多相系统。如今，八年时间已经过去了，为世界博览会供电的是特斯拉的交流电系统，爱迪生的直流电系统已经被人们忽视了。特斯拉反驳爱迪生的最后一个胜利姿态，就是让高压电流通过自己的身体，并且保持通电一段时间，而不会表现出任何受到伤害的迹象。这一展示使得特斯拉获得大众喜爱，成为世界名人。不幸的是，这掩盖了他的多相交流电的重要性。

他的多相系统取得的下一个成就就是利用尼亚加拉瀑布发电（在此之前，甚至在芝加哥世博会之前，多相系统的实用性就已经在欧洲得到证实，但特斯拉没有亲自指导。在劳芬的一座水电站和法兰克福之间，进行了一次3万伏多相交流电的实际传输测试，这些电力被输往法兰克福的一场展会。1891年，人们安装了设备，传输的电流被用以点亮白炽灯、弧光灯，以及为特斯拉发动机提供电力）。1886年，利用尼亚加拉瀑布发电的项目获得批准。项目进展缓慢，由来自卡特拉克特建筑公司的一群纽约人负责。爱德华·迪安·亚当斯是这家公司的总裁，决定大力发展电力。这个瀑布能提供的总能量为400万马力到900万马力之间。为了最高效地利用瀑布的能量，亚当斯组建了国际尼亚加拉委员会，任命著名英国科学家凯尔文勋爵为委员会主席。他们还决定给提出最实用方案的人3000美元的奖励。

30多年前，特斯拉尚年少时，他就预言过自己会利用尼亚加拉瀑布产生能量。现在机会来了。在此期间，他为实现年少时的愿望做出了努力：他的一系列发明使瀑布的水能转化为电能。

然而，当威斯汀豪斯被要求提出建议时，他表现出对亚当斯奖励方案的不满。他回答说："这些人希望用三千美元换取价值十万美元的信息。等他们真正准备好谈生意时，我们就会提交方案。"威斯汀豪斯态度坚决，这阻碍了特斯拉交流电的运用。还有另一个困难，那就是凯尔文勋爵称自己更倾向于使用直流电。

委员会一共收到了20多个方案，但没有一份获得认可，因此也没有人获得奖励。最大的几家电气公司，威斯汀豪斯公司、爱迪生通用电气公司、托马斯休斯敦公司都没有提交方案。当时，时间是 1890 年。

瀑布的开发者希望使用水车为当地提供机械力，但显然，唯一可行的方案是，用水车驱动发电机发电，并把电能输送到该地区的每个角落。除此之外，布法罗也具有巨大的电力市场。它是一座大型工业城市，位于尼亚加拉瀑布 22 公里之外。人们还希望把电流输送到纽约，并为沿途区域提供服务。如果使用直流电，那么把电流传输到 22 公里之外的布法罗完全不切实际。然而，特斯拉的交流电系统却使它具有可行性，即使是向纽约传输电流也大有可能。

卡特拉克特建筑公司认为水电系统是唯一可行方案，要求威斯汀豪斯电气公司和通用电气公司提交的方案、竞标必须是三个发电机组构成的电力系统，每个机组能产生 5000 马力的电能。两家公司都提议安装特斯拉多相发电系统。通用电气公司是爱迪生电气公司的继任公司，在此期间获得了使用特斯拉专利的许可证。它提议安装三相系统，而威斯汀豪斯电气公司提议安装双相系统。第一份提议涉及发电站的建立，而第二份提议涉及尼亚加拉瀑布与布法罗之间的传输线，以及布法罗的配电系统。

竞标必须在 1893 年早期完成。同年 10 月，亚当斯宣布他们决定采用威斯汀豪斯关于发电站的方案，以及通用电气公司关于传输线的方案。在传输线的方案中，需要将发动机产生的双相电流转变为三相电流，以方便向布法罗传输。这一转变证明了特斯拉多相系统具有灵活性。

1895 年，威斯汀豪斯公司完成了发电站的建设，使它能够产生 1.5 万马力的电能，这是那时为止规模最宏大的电力工程。1896 年，通用电气公司完成了传输系统和配电系统。在不影响尼亚加拉瀑布景观的情况下，瀑布产生的电能途经布法罗被输送到各个行业。这个项目十分成功，所以威斯汀豪斯公司又安装了 7 个发电机组，使输出产能达到 5 万马力。之后，通用电气公司也建设了具有同等产能的发电机组，这些机组仍然使用交流电。如今，尼亚加拉瀑布的发电站直接与纽约的电力系统相连，并且使用的都是特斯拉发明的系统。

查尔斯·F·司各特博士是威尔大学电气工程系的退休荣誉教授，也是美国电气工程师研究所的前任主席。在威斯汀豪斯公司研发特斯拉系统时，他曾是威斯汀豪斯公司的一名工程师。在纪念特斯拉成就的一篇回顾文章中（发表于《电气工程》，1943 年 8 月刊，351~555 页），他描述了尼亚加拉项目的进展和结果：尼亚加拉项目的进展和特斯拉系统的发展纯属巧合。1890 年，还没有提供大量电力的有效办法，虽然水电渠道正在建设当中，使用多相设备与官方意见一致。官方是在 1893 年 5 月 6 日决定使用特斯拉系统的，那是特斯拉专利生效 5 年零 5 天之后。多相系统的使用为尼亚加拉项目带来成功，而尼亚加拉项目反之又使这个新电气系统一举成名。

1895 年 8 月，尼亚加拉项目的第一位顾客是匹兹堡冶金公司（现在叫作美国铝业公司），它用霍尔电解法冶炼铝。霍尔电解法是在 1886 年获得专利的，那一年科学界收获颇多。

1896 年，尼亚加拉瀑布到 22 公里之外的布法罗传输工程竣工。这一大型系统能将许多能源汇聚在一个超级大系统里，而此前提供电气服务的多种能源都属于迷你系统。正如亚当斯先生的巧妙解释："之前，不同的电灯和发动机需要不同种类的电流，那些电流都是在当地产生的。尼亚加拉－特斯拉系统只需产生一种电流，先把它传输到使用地，再改变成需要的种类。"

尼亚加拉项目证明了大型发电机产生的电流可以用于各种用途，这促进了纽约市内类似的电力系统的建立——这个系统发的电用于高架铁路、路面电车、地铁、蒸汽铁路电气化和爱迪生系统，既可以在变电站把交流电转变为直流电，也可以提供各种交流电服务。

1896 年是多相系统的巅峰年代，两个具有深远意义的发展扩展了多相系统：一个是商业发展，另一个是工程发展。通过交换专利权，通用电气公司获得了使用特斯拉专利的许可证。之后，经过多次法庭裁决，通用电气公司的这一权利得到确保。帕森斯带着他发明的涡轮机来到了美国，这种涡轮机为乔治·威斯汀豪斯提供了新方法，使他把自己的第一个专利"旋转蒸汽发动机"变为现实，成果颇丰。经过一个世纪的发展，威斯汀豪斯的发动机能驱动纽约的高架铁路和地铁内 5000 至 7500 千瓦的交流电发电机。但由于各种蒸汽涡轮机发展迅速，它注定被荒废。现在为大都市提供电力的是单一机组，因为单一机组的发电能力抵得上 20 个最大型的发电机。如今，一个发电站提供的电能比 1890 年上千个中心电站和独立工厂提供的电能还多。

司各特教授总结说："毫无疑问，从 1831 年法拉第的发现到 1896 年特斯拉多相系统的初步运用，电力进化是工程史上最重要的事件。"

凯尔文勋爵最初倾向于使用直流电，后来他做出了让步。但直到系统开始运作，交流电在配电系统中显示出特有的优势，他才说道："特斯拉为电气科学做出的巨大贡献无人能及。"

特斯拉的荣誉不应该受到质疑，因为他不仅发现了旋转磁场，还发明了实用的交流电发动机、多相交流电系统、能产生交流电的发电机、一系列把电流转化成动能的发动机、用以升降电压的多相变压器系统以及长途输送电力的廉价方法。然而，人们没有给予特斯拉公正的荣誉，并且又轻易地把它剥夺了。特斯拉成功地实现了自己的目标，但与此同时，由于未能捍卫荣誉，特斯拉的名声又遭到损害。迄今，电气工程行业、公共服务及大型电气产业再也没有给予特斯拉应得的荣誉。如果特斯拉被公平对待的话，那么他至少应和爱迪生、威斯汀豪斯齐名。

正如我们所知道的那样，特斯拉于 1882 年发现了旋转磁场，之后用两个月时间开发出整个电力系统。1883 年，他对大陆爱迪生公司的领导描述了自己的发现。1884 年，他向斯特拉斯堡市长和其他人展示了发动机。同年，他对爱迪生描述了自己的发明。1885 年，他希望特斯拉弧光灯公司的出资人能开发他的系统。1887 年，他获得资金支持，制造了一系列发电机、发动机，后来康奈尔大学的安东尼教授测试过这些发电机和发动机。1887年10月12日，他向专利办公室提交了涵盖自己基础发明的专利申请。1888年早期，这些专利申请陆续获得批准。1888年5月16日，他在纽约为美国电气工程师研究所展示并描述了自己的基础发明。

1888年3月，都灵大学物理学教授伽利略·费拉里斯向都灵研究院递交了一份关于电动旋转的报告，这时第一个难题产生了。那是在特斯拉新发现的6年之后，特斯拉展示发动机的5年之后，特斯拉为自己的系统申请专利的6个月之后。费拉里斯教授一直在进行光学领域的研究。他对偏振光尤为感兴趣。那段时期，人们认为必须通过机械模型展示科学理论。为平面偏振光建立模型并不困难，但圆偏振光则是个难题。

1885年，费拉里斯就这一问题进行了思考，但一直没有进展。直到1888年，他才想到用交流电解决问题。那时，人们错误地认为光是空气介质中的连续波。费拉里斯教授用连续交流电模拟平面偏振光。至于用什么模拟圆偏振光，他的想法是：使两条波呈90度，其中一条波以垂直矢向力作用于另一条旋转波。然而，特斯拉早在6年之前就提出过相似的想法。

在实验展示中，费拉里斯教授用线拴住一个铜气缸，把它悬挂在空中模拟光波，并且在其周围设置两个垂直磁场。当电流打开时，气缸会旋转，并且把牵引自己的线向上托起。这是旋转偏振光波的优秀模型。这个模型与发动机一点儿也不相似，至少这位都灵的科学家从没想过它和发动机有什么相似之处。这是个光学的实验展示，仅仅是使用了电学模拟而已。

在费拉里斯教授的第二个实验中，他把铜气缸放在一根轴上，把两个线圈都分为两半，每半分别置于铜气缸的两侧。设备达到了每分钟800转的高速——超过这一界限以后，动力迅速消失，完全停止转动。他也尝试用铁气缸做实验，但效果并不如铜气缸实验理想。费拉里斯教授并未猜想到它会成为动力来源，但认为它的运作原理可以用来测量电流。

在这一点上，费拉里斯远不如特斯拉。这位意大利科学发现磁场铁气缸会影响设备的工作。而特斯拉追随着正确的理论，在发动机磁场中使用了铁芯和铁电枢。特斯拉的第一台发动机获得了大约95%的效率，具有1/4马力。但费拉里斯的设备的效率不足25%。

费拉里斯教授认为，他进行了一次重要的科学实验，证明了无法用旋转磁场从交流电中获得机械能。他从未改变过这一想法，也没预料到特斯拉可以发现实用方法，利用旋转磁场产生能量。他知道自己的发现过程与特斯拉完全不同，因此没有提出是自己独自发明了交流电发动机。他甚至承认，特斯拉关于旋转磁场的发现并未受益于他。在自己的作品发表前，特斯拉是不可能有机会接触到这些想法的。

然而，1888年5月25日，费拉里斯教授的实验描述发表于《电气学家》上（86页），并伴有如下声明："对于费拉里斯教授制作的设备是否促进了交流电发动机的发现，我们在此不做讨论。但是，这一原理还有其他用武之地，特别是用以测量供电……"

在此之前一年，安东尼教授就已经测试了特斯拉发明的交流电发动机，并报告称它们与直流电发动机一样有效。而且，几个月之前，特斯特就在美国获得了专利。

显而易见，伦敦出版业的编辑对美国的发展情况不甚了解。

特斯拉迅速做出反应，告知编辑他们的疏忽，并向他们呈递了一篇文章，描述自己的发动机以及发动机试验的结果。

对此，《电气学家》的编辑态度漠然。他们只稍稍做了让步，发表了一份编者按：

"我们5月25日的刊物引用了伽利略·费拉里斯教授的论文摘要，描述了如何产生旋转磁场，方法是使一对线圈垂直、并对其施加交流电。我们得出的结论是，这一原理可以用于交流电发动机的制造。尼古拉·特斯拉的文章将发表在本周专栏，也描述了类似的发动机，其工作原理是一模一样的。"（20卷，165页，1888年6月15日）

他们并没有注意到，费拉里斯教授认为无法利用这一原理制造实用的发动机，但特斯拉确实制造了这样的发动机。

伦敦的工程刊物一直保持着这种态度。之后，《电气回顾》(伦敦: 28卷, 291页, 1891年3月6日)发表了一篇社论，它是这样开头的:

"费拉里斯教授的研究已经过去几年了，后来特斯拉、波诺斯基等人也效仿他，如今我们时不时听到——交流电发动机的问题已经解决了。"

当时，美国的威斯汀豪斯公司已经开始将实用的特斯拉多相系统商业化。但是，伦敦的工程刊物对特斯拉的成就却只字未提。

1891年3月17日，特斯拉写了一封抗议信，几周之后也发表在了《电气回顾》上。信中部分内容如下:

"在所有文明国家，只有发明的创新性丝毫不受质疑，申请者才可能获得专利。我提交专利申请之后的六七个月，阐述费拉里斯教授实验的文章才在意大利发表……但是，你们3月6日刊却称: '费拉里斯教授的研究已经过去几年了，后来特斯拉、波诺斯基等人也效仿他，如今我们时不时听到——交流电发动机的问题已经得到解决。'

"我并不否认费拉里斯教授的贡献，我希望对事实的陈述不会带来误解。即使费拉里斯教授的论文早于我申请专利的日期，所有公正的人都可以证明，我是第一个制造实用发动机的人。因为费拉里斯教授在论文中否认这项发明具有传输电力的价值……

"即使费拉里斯教授的论文是在多年前发表的，就这一系统的最基本特征而言——双相或三相发电机、三线圈系统、闭合电枢、场中直流电作用于发动机——我是独立完成的……

"就算英国人民不知道全部事实，也是了解大部分真相的。然而，据一些报刊称，一位著名的英国电气学家坚定认为，我是按照费拉里斯教授所指的方向走的，而且贵刊曾称我'效仿'费拉里斯教授。

"英国的公正一向世界闻名，现在我想问它在哪儿? 我是先驱，却被称为效仿。我并不是一位效仿者。我只做原创工作，根本不会效仿别人。"

这封信发表了，但是《电气回顾》既没有对自己的错误表示歉意，也没有进一步认可特斯拉。

通用电气公司的"电气奇才"查尔斯·普罗蒂厄斯·斯坦梅茨支持特斯拉。在递交给美国电气工程师研究所的一篇文章中，他说："费拉里斯仅仅制造了一个小玩意，据我所知，他的磁场线圈是在空中完成的，并不含有铁料，尽管这不会造成什么大区别。"（美国电气工程师研究所议事录，8卷，591页，1891年）

其他美国工程师也出面支持特斯拉。

之前提到过，1891年在德国法兰克福有一场工业展览。卡尔·郝琳是一位经常为技术刊物撰稿的电气工程师，美国海军派他去参加这场展览，并让他上报可以为海军所用的技术发明。不幸的是，在出国以前，郝琳并不知道特斯拉专利这回事。

法兰克福展览上最杰出的新发明就是特斯拉系统的第一次运用。展览之地灯火辉煌，这要归功于从遥远的劳芬水电站输送来的3万伏三相交流电。展出的还有一个以三相电流驱动的两马力发动机。

郝琳意识到这个新发明的重要性，在发回的报告中热情洋溢地将它描述为德国原创。他在《电气世界》发表了一篇文章，畅谈了多利沃·多勃罗沃尔斯基设计的三相发动机及其相关系统，称赞它为杰出的科学发明，认为它具有巨大商业价值。它给人留下的印象是——其他所有发明都没有切中要点，多勃罗沃尔斯基的伟大成就将定义未来的电力发展。这样认为的并不仅仅只有郝琳一个人。

美国电气工程师路德维格·古特曼是法兰克福电气代表大会的代表，他为该代表大会做了题为"旋转场系统的发明"的演讲，猛烈抨击了多勃罗沃尔斯基：

"在美国，我们已经使用特斯拉发动机好几年了，因此我必须反驳多勃罗沃尔斯基先生最近在法兰克福举办的电子技术协会会议上发表的声明。我相信我可以宣称大、小工程的发动机问题已经得到了解决。这个声明似乎有点儿过分。不论从理论来说，还是从供电来说，早在1889年这个问题就解决了。"（《电气世界》，纽约：1891年10月17日）

多勃罗沃尔斯基在《电气技术杂志》（149~150页）发表了一篇文章，收回了之前的声明，只是声称自己制造了第一个实用交流电发动机；他说特斯拉的双相交流电发动机存在40%的场脉冲，但自己的三相交流电发动机在法兰克福展出时，它的场脉冲却大大减小了。

即使多勃罗沃尔斯基稍有收敛，对他的批评之声仍然不绝于耳。他不仅受到美国、英国有关人士的谴责，也受到了自己参与的一个项目的总工程师的批评。

来自哥伦比亚大学工程系的迈克尔·I·普平博士分析了多勃罗沃尔斯基的观点（出处同上，1891年12月26日），认为他没有真正掌握特斯拉系统的基础原理，而且他声称自己发明的三相系统实际上是特斯拉的发明。

C·E·L·布朗是负责劳芬与法兰克福之间3万伏电力传输系统及三相系统的总工程师，他清楚地解决了这个系统的荣誉该归谁的问题。他向《电气世界》（1891年10月7日）写了一封信，信中总结道："在法兰克福运用的三相系统要归功于特斯拉先生，他已经获得了此方面的专利。"布朗先生还向其他技术刊物写了信，批评郝琳没有给予特斯拉应有的荣誉，而是把它给了多勃罗沃尔斯基。

这些批评最终得到了郝琳先生的回应，于1892年2月6日发表在《电气世界》上：

"在C·E·L·布朗先生写给《电气世界》及其他杂志的信中，他似乎坚持认为我忽略了特斯拉的旋转电流。我希望说明，我并不是有意忽略特斯拉先生的荣誉，我一直把他看作是多相系统的最初发明者，并且是第一个实际运用它的人，我相信我在文章中也是这样表述的。如果说我没有

83

给予他应有的荣誉，那是因为特斯拉先生过于谦逊（或者说非常谨慎），没有让世界知道他的成就。当争议发生时，我并不知晓特斯拉获得的专利。因此，我无法确定多勃罗沃尔斯基做了哪些改进……

"尽管多勃罗沃尔斯基是一位独立的发明者，他承认特斯拉的工作比他早……我觉得，这些绅士的谦逊十分清楚地说明了问题。考虑到这个问题的重要性，我想在此提一件有趣的事：去年夏天，在费拉里斯教授和我的谈话中，他非常谦逊地告诉我，尽管他进行旋转场实验几年之后特斯拉的作品才发表，他不认为特斯拉事先能知晓他的实验，因此他相信特斯拉是独立完成发明的。他还说，特斯拉所做的比他（费拉里斯）更进一步。"

因此，毫无疑问，美国、德国、意大利的科学家和工程师都把伟大的多相系统归功于特斯拉，认为他是唯一的发明者。法国和英国的报刊也保持一致意见。

1892年，工程界一致认为特斯拉是交流电发动机和多相系统的发明者。他的系统展示在1893年芝加哥世界博览会上，后来又用于尼亚加拉瀑布的发电，此后就再也没有人质疑和争夺他的荣誉。

然而，后来有很多人声称自己改进了特斯拉系统，并大规模地应用这些"改进"。当时威斯汀豪斯公司拥有特斯拉专利，公司极力保护自己的专利权，打击侵权者。结果，公司和侵权者打了20多场官司，但每一场特斯拉都获得了绝对性胜利。

1900年在裁决第一批基础专利时，美国康涅狄格巡回法院的法官汤森德认为："特斯拉运用自己的才智捕捉了自然艺术的神秘莫测，让其为人类服务。他把阿拉戈的成果转变为动力引擎，把贝利的实验转变为实用的发动机，把指示器转变为驱动器。这些都前所未有。电流的更迭可以用于产生一个旋转力场，他是第一位产生这种想法的人。"

在特斯拉看来，别人眼中不可克服的障碍、无法战胜的电流以及相互矛盾的力量，是可以利用的机遇。通过协调它们在遥远城市里的发电机中的方向，他利用了尼亚加拉瀑布发电。

在这一系列法庭判决之后，败诉者对特斯拉怀恨在心，尽管 10 年来特斯拉已经不再对专利感兴趣了。

后来，美国电气工程师研究所的副所长 B·A·贝德伦详细描述了这一情况："一些愚昧无知的人从一个极端走向另一个极端。他们曾是特斯拉的盲目追随者，对特斯拉的赞美近乎狂热，现在却迫不及待地嘲笑他。这一点让人难过。我想起特斯拉时，心中总是充满同情，想谴责那些对特斯拉不公正的人：既包括普通大众、也包括工程界人士。"（《西方电气学家》1907 年 9 月）

科学界、工程界以及法院给予他殊荣，认为他是最伟大的发明家先驱。他发现的原理及发明的机器创造了现代电力体系。特斯拉是独一无二的天才，引领世界迈向电力时代，这使大规模工业生产体系成为可能。因此，客观公正地说，特斯拉应该在工程界享有盛名。

1893 年 5 月，特斯完成欧洲和美国的巡讲以后，回到了自己的实验室。他谢绝一切社交活动，精力充沛地开展与无线系统相关的实验研究。他不断重复试验，希望找到改进调谐电路共振原理的办法。他制造了 1000 多个具有不同电调谐特点的线圈。他也制造了许多振荡器，用以产生高频电流；还有电容器和电感器，用以调谐发送线圈和接收线圈，使它们产生任何希望获得的频率或波长。

他能使上百个线圈中的某一个对振荡器发出的特定波长的电流产生反应，而其余线圈保持不动。但他发现，在一定程度上，调谐电路线圈和调谐乐弦具有相同的特点：它们不仅会因基音产生振动，而且对更广范围内的高谐波、低谐波作出反应。这一特点可以用于设计收发站天线，但它会减弱线圈的剧烈调谐反应。在特斯拉实验室中强力电流的作用下，谐波会对近距离的放置的收发线圈产生阻碍作用——但当发送线圈和接收线圈距离较远时，这一影响明显减小。

在特斯拉看来，安排一场该系统的早期展示极具困难，所以他设计了一个折中系统，只需使用特定地方的小型中央发射机和中继站。

著名编辑亚瑟·布里斯班采访了特斯拉，内容于 1894 年 7 月 22 日刊登在《世界》上，文章中特斯拉宣称他对自己的计划抱有信心。特斯拉说："如果我描述我希望做的事，你们一定会认为我是个空想家，想法太夸张了。但我可以肯定地告诉你们，我对全球范围内信息的无线传输具有信心。我也期待以同样的方式高效地传输电力。就全球范围内信息的无线传输而言，我毫不犹豫地预测它会成功。首先，我必须确定干扰大地电流每秒能产生多少次振动，发射机必须以同样的频率振动，以实现和大地电流的同步。"

第二年冬天，特斯拉设计并制造了发射站和接收站。当发射站和接收站被置于实验室中，或在城市里的某两点之间，它们工作良好。就像艺术家必须不断完善画作至尽善尽美一样，特斯拉也不断改进设备，希望明年春天进行的测试能获得满意的结果。第二年春天时，他打算把接收站置于哈德逊河上的一个小船中，测试远距离时的反应效果。

凯撒大帝在 3 月遭遇不幸，特斯拉也在 3 月惨遭悲剧。那是 1895 年 3 月 13 日，悲剧发生的日子。当天夜里，建筑的低层（也就是特斯拉实验室所在的位置）发生火灾，火势迅速蔓延至整栋楼。放置仪器的那两层楼倒塌，陷入地下室之中，所有的设备都损毁了。一件物品也没留存下来。特斯拉的大部分资金都用于投资设备了。他没有买保险，损失惨重。

财产损失对特斯拉来说不是最重要的。实验室中的设备以及对几十个研究对象进行的无数次实验已经成为了特斯拉的一部分。他一生的心血都付诸东流了。他所有的记录、论文、纪念品、世博会展品全都烧得一干二净。他曾在实验室中向纽约的精英展示奇迹，向全国、乃至全世界的著名人士展示奇迹。现在，实验室化为乌有。而且，这次悲剧发生的时候，他正打算展示远距离无线系统，这将是第一次展示。

特斯拉面临着资金短缺的问题。实验室属于特斯拉电气公司，是特斯拉和 A·K·布朗的共同财产。在特斯拉的多相交流电系统以一百万美元价格卖给威斯汀豪斯之前，是布朗及他的助手筹集资金，帮助特斯拉完成多相系统的展示。如前所述，这一百万美元部分用于助手的薪资，剩余部分都投入到实验室的继续研发之中。如今，公司的资源损失惨重，而特斯拉自己的资源几乎被彻底摧毁。他的多相发动机和发电机在德国获得了专利，因而他能得到一些收益。这部分钱足够他的日常开销，却不能维持实验室的运转。

摩根财团利用特斯拉的多相系统开发了尼亚加拉瀑布水电站项目。现在，摩根财团的高层亚当斯先生对特斯拉伸出了援手。他建立了一个新公司，以便特斯拉可以继续进行实验。并且，他愿意捐赠十万美元，准备筹齐五十万美元，作为公司股本。

在亚当斯的帮助下，特斯拉新建了一个实验室，位于东休斯敦大街 46 号。1895 年 8 月，特斯拉开始在那里进行实验，那是南第五大道实验室被毁的四个月之后。

亚当斯支付了 40 万美元的首次分期付款。他自己对特斯拉的工作十分感兴趣，在实验室中待了很长时间。尼亚加拉瀑布项目非常成功，这使他相信，特斯拉在技术方面十分务实。亚当斯对信息及电力的无线传输颇有兴趣。他声称，可以比原计划提供更多资金支持，并且他提议自己的儿子作为普通股东，参与到特斯拉的工作中。

这样的安排无异于让特斯拉和强大的摩根财团形成盟友关系。摩根财团曾给予通用电气公司资金支持，帮助它在纽约建立了第一个爱迪生大型发电站。尼亚加拉项目的开发者也是摩根财团。这大大提振了特斯拉系统的名气。虽然这种盟友关系保证了特斯拉未来不会缺少资金，与摩根财团结盟的意义并不仅仅在于获得资金帮助，它还将为特斯拉带来世界最先进的组织管理人才和绝佳的宣传效果。这样看来，那场火灾似乎带来了福分。

特斯拉作了决定。没有人知道什么影响了他，使他意志坚决。他拒绝了亚当斯先生的提议。从务实的角度来说，人们无法解释他的行为。但在商业和资本方面，特斯拉似乎从来没有务实态度。

亚当斯提供的 40 万美元大约可以使特斯拉维持 3 年的研究工作。如果特斯拉愿意稍微考虑一下未来的资金问题，他也许能获得数倍于此的资金，但他只专注于实验，从不会考虑未来的资金需求。他坚信，自己的发明将为世界带来数十亿美元的价值，而这将会为他带来数百万美元的回报。

特斯拉花了一年时间装配实验室，制造了一系列实验设备。他所需的大多数设备在市场上买不到，他必须亲自指导技术工人制造这些设备。1897 年春天，他开始准备对无线发射站和接收站进行远距离测试，这次测试因为火灾而延迟了两年。

在《电气回顾》的一次采访中，特斯拉宣布测试取得了成功。采访内容于 1897 年 7 月 9 日在这份刊物上发表：

"这些年来，几乎所有电报发明者一直幻想着无线通信的实现。技术刊物时不时提及，而且几乎所有电气学家都认为，某一天无线通信将成为现实。人们做了各种实验，希望证实它的可能性。但是，是尼古拉·特斯拉先生提出了理论，并用实验证明它具有现实性，而非遥不可及的事情。的确，经过六年持之不懈的努力，特斯拉先生已经对未来具有一些洞察力。

"谨慎的特斯拉先生向《电气回顾》的一位代表保证，无线电通讯已经成为事实。他运用的方法与原理能确保远距离的接收站能顺利收到发射站发出的信息。他已经制造了发射设备和接收设备，不管大地电流和接收器的位置如何，远距离的接收器对发射机发出的信号十分敏感。而且，这一伟大创举并未耗费太多能量。

"通常，特斯拉先生不愿意解释他的发明细节，只希望人们明白：他利用了静电平衡的原理。如果地球上某一处静电平衡被干扰，那么远处的设备就能分辨出来。因此，只要使用合适的设备，收发信号就会具有现实可能性。特斯拉先生设计出设备，然后对其进行了测试，最后才宣称他相信无线通信具有可能性。因为有许多工作尚未完成，他开始投入更多精力研究这个问题。

"由于种种原因，我们尚未获得任何细节，我们只是陈述了特斯拉先生说的话——他已经实现了相当远距离的无线通信，只耗费了少量电能，而且只需改进设备就能获得更好的效果。以前，摩尔斯只进行过距离为40公里的实验，如今我们更确信无线通信将指日可待。

"特斯拉在高频高压电流方面取得的了伟大成就。早在1891年，就真空管电灯和无线通信而言，他就预测了现在的结果。他在真空管电灯方面做出了努力，使这种电灯能呈现出和分子静电力相同的效果。他进行了无数次实验，产生了频率为1万赫兹的电流。现在，特斯拉先生已经能产出每秒振动200万次的高频电流。"

这个宣布见证了现代收音机的诞生，如今我们仍在使用这种收音机。它诞生于哈德逊河上的一个小船里，距离休斯敦大街的实验室25公里。这一距离仅仅是这套设备覆盖范围的一部分，但足以证明它的功能。这样的成就本应被高调地宣布，但特斯拉仅仅低调地陈述了事实，《电气回顾》也采取了保守的态度。特斯拉必须保护自己的专利权不因过早披露细节而受到损害，也必须警惕发明侵犯者和专利盗取者。他之前在这方面有过不愉快的经历。《电气回顾》的态度自然是小心谨慎的，在没有获得全部细节以前，热情宣传可能会为自己带来麻烦。

1897年9月2日，特斯拉系统的基础专利申请获准通过，距他发表声明仅仅只有两个月时间。专利号分别为645579和649621。在这些专利中，特斯拉描述了如今仍在使用的无线电广播和接收线圈的特征。特斯拉获得专利以后，就立刻向世人展现自己的新发现。他在麦迪逊广场花园举行了一场别开生面的展示。

长久以来，人们期待着无线信息传输能变为现实，希望不需连接物质就可以进行远距离通信，现在这个心愿终于实现了。早期电话的实验者曾热切地寻求无线电通信的方法，以把声音传递到远方，就像空气传声那样。

1879 年，大卫·爱德华·休斯注意到，当房间里某处产生电火花时，他能在电话听筒里听到噪音。为了探测这一效果，他把一些碳颗粒放在电话话筒里的一块金属板上，空间中的波会减少碳颗粒受到的阻力，使它们稍稍聚拢，因而在听筒中造成咔哒声。

塔夫茨大学的 A·E·多比尔教授加强了这一现象的效果。1892 年，他建造了一套展示设备，运用的原理和之前所述一样，但是省略了电话设备。他用火花线圈产生波，用碳颗粒探测波的存在。这就是 14 年后马可尼发现的"无线"系统。

贝尔因发明了电话而获得了垄断权利，西方联合电报公司希望爱迪生能帮助他们打破垄断。1885 年，爱迪生成功地以"无线"方式从移动的火车里发出了消息。沿着轨道系在火车上的电线就像是电线杆上的电报线，因感应效应能在几英尺的距离内传递消息——也正是这一效应造成了令人恼怒的"串话"，即两个接近的电话线中声音会混合。在同时代的英格兰，M·普里斯也做了相似的实验。这一系统只能在短距离内发挥作用，因此它无法得到实际运用。

1880 年至 1881 年，亚历山大·格雷厄姆·贝尔开发出一种完全不同的无线通信方式。人们将其称之为"无线电话"，而贝尔坚持把它叫作"光线电话"。光线电话通过一束光传输声音。发射器内含有一块薄玻璃片或云母镜片，在声音的作用下会发生振动。简单的接收器里面有一个化学试管，试管里放置一些材料。试管的一端塞上软木塞，并将两个细小的橡皮管插入木塞中；试管的另一端置于耳边。多种材料都可以置于试管中，用以探测声波。当因声音而振动的光束照射在试管中的材料上，吸热效应使试管中的空气振动，因而再现了光束中传输的声音。贝尔曾使用硒作为探测物，它能对可见光产生反应，造成电效应。但显而易见，这个实验对无线传输系统而言不具有实用价值。

1845 年，在伦敦，迈克尔·法拉第发表了一个理论，阐述光波与电磁力线之间的关系。1862 年，詹姆斯·克拉克·麦克斯韦对法拉第的理论进行了分析，为光波和电磁力线本质相同这一理论提供了数学基础，认为比可见光的波长更短或更长的波可能存在。要证明这种波的存在，对科学家来说是一种挑战。

1886 年至 1888 年，在德国波恩，海因里希·赫兹教授开始研究比光或热波长更长的波。他用感应线圈的火花放电来产生这种波，然后在近距离放置一个带槽环形线圈，用它产生的火花收集这种波。在英格兰，奥利弗·洛奇先生也在尝试测量线路中的电波。

这就是 1889 年特斯拉面临的科学环境。1892 年至 1893 年，特斯拉提出了无线通信的计划，接下来我们将会详细说明这一计划。它蕴含着伟大的理念、丰富的知识，同时代任何成就都无法与之媲美。

1889 年秋天，特斯拉离开威斯汀豪斯的工厂以后，开始下一阶段的工作：开发交流电焊接。这是一个通过高频交流电配置能量的新系统，比多相系统还要伟大。接下来两年中，他探索在不使用线圈的情况下配电的原则，并用实验室中的强力线圈展示了这些原则。信息的分配后来被称为"无线"，它仅仅是大工程中的一小部分。

1892 年，特斯拉描述了他设计的电子管，这种电子管可用作收音机系统的探测器。同年 2 月和 3 月，在伦敦、巴黎演讲时，他展示了电子管的特点（然而，电子管在 1890 年就已经制造出来了）。1893 年的 2 月和 3 月，在费城富兰克林研究所的演讲中，以及在圣路易斯国家电灯协会的会议上，他描述了自己的无线电广播系统，详细阐释了理论。

特斯拉 1890 年发明的电子管是现在的检测管和放大管的前身。1892 年 2 月和 3 月，他为 4 个机构进行了演讲，讲座中展示了自己的电子管，这已经被记录在这几个机构的档案中。它们分别是——电气工程师研究所、伦敦皇家学会、法国物理学会以及巴黎的电气工程师协会。在演讲中，他说：

"如果空间中有可测量的运动，应该有类似'刷子'的东西可以反映它。可以说，这个'刷子'就是没有摩擦、没有惯性的光束。我认为，它在电报方面具有实用性。比如说，在它的帮助下，我们可以以任何速度发送横跨大西洋的讯息，这是因为它十分敏锐，即使很小的变化也会影响到它。"

特斯拉电子管中的"刷子"就是一束电子。然而，那时电子尚未被发现。但是，特斯拉对其本质的表述是准确的，他对这个奇怪现象的解读没有误差。电子束很敏感，即使是 6 英尺外的 1 英寸厚的马蹄形磁铁也能引起电子束的运动，运动方向取决于磁铁的方位。

如果有人从好几英尺之外向电子管走来，电子束就会向管的另一端摆动。即使有人在十英尺之外绕着电子管走，电子束也会做相同运动，它的末端中心始终指向移动的人或物体。即使只是手指动了动，或者肌肉的紧张，都会导致电子束的摆动。

在 1892 年展示电子管的那次演讲中，特斯拉展示了没有电线连接的电灯（无线光）和没有连接在励磁线圈上的发动机（无线电）。在 1893 年芝加哥哥伦布世博会上，他也展出了这些发明。

正是有了这些经历，特斯拉更加相信自己的系统具有实用性和可操作性。1893 年 2 月和 3 月，在法兰克福研究所的演讲中，以及在国家电灯协会的会议上，特斯拉小心谨慎地提出了自己的计划。在 1893 年的各个讲座中，特斯拉本可以展示无线信息传输：只要在大厅中放置一个共振线圈，上面再放置电子管或低压空气灯，共振线圈就会对励磁线圈发出的信号做出反应；励磁线圈应该置于建筑物外的远距离处，并且发出的波应该与共振线圈的波长相似。他在实验室中就是依照上述标准程序开展的实验的。

然而，它只能在小范围内产生效果，而特斯拉计划将无线传输系统覆盖整个世界，需要更多电力设备。即使观测到的结果是相同的，在特斯拉看来，把一个区域性的系统冒充成全球性的系统是对科学的不诚实，他不愿意这样做。如果他展示了自己的无线系统，接下来六年多时间任何发明家的展示都将无法与之匹敌。

1893年，在国家电灯协会的会议上，特斯拉这样描述他的全球性系统：

"我之前一直在考虑共振效果和通过单导体传输电能的问题，但我的脑海中一直也在思索与之相关的另一个问题，它与大家的利益息息相关。今天，我将就这个问题说几句。我指的是信息的无线传输，甚至电力的无线传输。我越来越确信，这个计划是可实现的。虽然我知道很多科学界人士不会相信我的看法，但近年来的科学发展鼓励我们向这个方向前进。我的信念如此强烈，我不再把信息或电力的无线传输看作是理论上的可能，而把它当作电气工程中的严肃问题，未来某一天它一定会变成现实。

"无线信息传输的想法来自于最近的电力研究。一些狂热者认为，在空气中感应效果的作用下，任何远距离的电话通讯系统都是可能的。我还无法想象这么多，但我坚信用强力机器干扰大地静电是可能的，从而就可以发射信号甚至电力。事实上，有什么证据能说明这个计划是不现实的吗？

"我们已经知道电振动可以通过单导体传输，那么我们为什么不利用大地电流呢？我们不需要担心距离的问题。对于一位疲倦的流浪者来说，地球很大；但在凝望宇宙的快乐宇航员看来，地球似乎很小。我认为，电气学家也应该持有这样的态度。当他考虑电干扰在地球中的传播速度时，就会完全忘记距离的问题。

"重要的一点是，我们首先必须知道地球的电容是多少，以及它带有何种电荷。虽然我们无法证明：在附近没有相反电荷带电体的情况下，某一带电体可以单独存在。但地球也许就是这样的带电体，在外力作用下与相反电荷带电体分离，尽管我们不知道原因——这种地球的起源方式是大家都认可的。地球一定是带电的，和机械分离所产生的效果一样……

"在地球电荷被干扰时，如果我们能确定它的振荡周期，那么在相反电荷带电体或已知线路方面，我们获得的知识将造福人类。我建议，利用电振荡器或交流电来确定这个周期。

"交流电电源的一端与大地连接，比如说，与城市总水管连接，另一端与表面积较大的绝缘体连接。外围导电空气层或自由空间可能带有相反电荷，它与地球一起形成大容量电容器。在这种情况下，振荡周期可能比较短，交流电发电机就足以进行这个实验。我们可以将电流的电压尽可能地升高，然后把高压电流的一端接入大地，另一端接入绝缘体。只要变换电流频率，观察绝缘体电势，等待地球表面其他各点的静电干扰，共振就会发生。

"假如像大多数科学家所认为的那样，这个周期十分短暂，那么发电机就不起作用，我们应该用一个合适的电振荡器取而代之。不论这个电振荡器是否能产生如此快速的振荡，不论地球是否带有电荷，不论它的振荡周期是多少，我们确定能产生足够的电干扰，并且使电干扰被地球上某一点的设备感知。我们之所以确信，是因为我们有日常证据……

"从理论上来说，对干扰的远距离感知不需要耗费大量能量，即使全球各点都对干扰进行感知，情况也是如此。如今，在距电源一定范围内，自感设备和电容设备会因共振而开始工作。我们能做的还不止这些，任何一个与S类似的电源S1，或其他此类电源，都可以与S同步工作，因此振动将会加强，并扩展到更大范围内；或者说如果S1与S同相或反相，那么电流就会流入S1，或从S1流出。

"毫无疑问，我认为，通过地下系统或管道系统，位于城市中心的电振荡器发出的共振可以操控电力设备。但是，考虑到用大地或其他介质把信息、甚至电力传输到远方的好处，上述问题的解决不会为人类带来多少利益。只要无线传输是可能的，那么距离就不是问题。我们首先得制造合适的设备，才能解决远距离无线传输问题，我对这个问题已经思考很久了。我坚信，它是可以实现的，并且希望我们能活到看到它实现的那一天。"

在富兰克林研究所发表的演讲中，特斯拉也陈述了类似的观点。我们再引用其中一段话：

"如果在强力机器的作用下，大地电势产生快速振动，那么一定长度的地线会产生电流；只要把电线的自由端接入面积较大的物体，电流就会增加……这个实验具有重要的科学意义，在大海中的船上做这个实验效果最佳。如此一来，即使它无法操控电力设备，传输信息肯定是毫无问题的。"

在之前三年中，特斯拉在实验室里发现了对于成功进行无线通信十分必要的原则，他在演讲中也提出了这些原则。

他提出，无线通信需要一些必要条件，即使是不懂无线电接收装置的人也能明白这一点。这些条件是：1.天线或架空导线；2.地面连接；3.含有电感和电容的架空地线；4.可调节电感和电容（用以调谐）；5.彼此共振的发射装置和接收装置；6.电子管。早些时候，他还发明了一个扩音器。上述必要条件体现了无线电的基础原则，至今仍在发射装置和接收装置中使用。

因此，现在的收音机是特斯拉的产物。他是整个系统的发明者，也是其中重要电器零部件的发明者。英国科学家奥利弗·洛奇在这方面的贡献仅次于特斯拉，但是他也没能理解特斯拉提出的必要条件。

1894年早期，洛奇通过一端敞开的铜气缸，产生了可以向任何方向传输的超短波振荡。他也对接收装置做了同样的处理。因为波的方向不是固定的，所以接收装置可以用来确定波的方向，洛奇的这个装置比马可尼早两年。同年夏天，洛奇在牛津为英国科学促进协会做了一次展示：他使用改进后的设备，在相距几百英尺的两栋建筑物之间发射了摩尔斯电码。

马可尼1895年开始研究无线问题。1896年，他带着一套无线设备从意大利来到英国，却并未在科学界引起轰动。这不足为奇，因为他的设备与洛奇1894年展示的设备大同小异。马可尼使用了抛物面反射器，因此他的设备仅仅类似于电探照灯。然而，后来他使用交流电代替了抛物面反射器。发射和接收装置都配备了地面连线、天线或架空导线。这与特斯拉三年前描述的一模一样。

为了用实验证实光和长电磁波的本质是一样的，赫兹有意使用了可产生的最短的波。这种波是用英寸衡量的——还不足一码长。对于赫兹的实验来说，它取得了令人满意的效果。无线实验者模仿了赫兹的方法，他们也采用了短波，却从没想过多长的波适合无线通信。他们似乎从没想到还可以产生、利用其他波长的波，只有特斯拉除外。

特斯拉不畏麻烦，以真正科学家的精神重复了赫兹的实验。他发表了实验结果，声称他发现了一些重要差异，呼吁大家注意赫兹的实验方法的不足之处。

特斯拉对一系列波长的高频电流进行了实验，研究了光谱的每一部分，然后得出结论：短波不适合用于通讯。他知道，有用波长的范围在100米到几千米之间，而且感应线圈和赫兹球式火花间隙振荡器永远也不会产生所需的电脉冲。即使使用现在的高频设备，科学家也无法在通讯中使用超短波。特斯拉反对超短波在通讯中的使用，而经验不足的马可尼却尝试使用超短波。

之后几年，把短波用于无线通信的洛奇、马可尼以及他们的追随者都没有获得成功，大家转而接受特斯拉长波的提议；人们也放弃了信号碰撞的方法，取而代之的是让发射站和接收站调谐的方法，这种方法简练高效；人们还采用了特斯拉的等幅波。

此外，那些探索者只想到点对点、站对站发信号的方法，没有人尝试特斯拉在1893年描述的广播系统。特斯拉发现的这个系统如今仍在使用当中，但特斯拉因此得到丝毫的荣誉了吗？

特斯拉开发了许多新的知识王国。他的发明速度之快、态度之淡然，使那个时代所有科学家相形见绌。他太忙，没有时间可以花费在新发现的技术应用或商业应用上——仍有许多重要的新发现等待他去揭晓。新发现对他来说并不是偶然事件。在实验室演示新发现之前，他就已经把它们视觉化了一遍。他在许多尚未被人涉足的科学领域做出了开拓性的贡献，他觉得，完成这些领域的新发现以后，他还有一生的时间来推动新发现的实用化。

而且，他发现，高频电流线圈放电时会产生很多有趣的效果。他不断制造更大的线圈，用不同形状的线圈做实验。从普通的圆筒式线圈到锥形线圈，他后来还制造了平面螺旋式线圈，或者称之为饼状线圈。

极高频电流为特斯拉提供了一个数学天堂，在那儿他可以随心所欲地畅想方程式。由于出色的数学能力和视觉化能力，他经常能够迅速地捕捉新发现，而这些新发现本来只有经过长期的实验才能获得。对于共振现象（或称之为调谐电路）来说，事实就是如此。

由于它们波长较短，因此制造用以调谐电路的电容器就比较容易。当希望电路处于调谐状态时，电路中的电流会规律性地振荡，就像弹奏的乐器弦会振动，产生长度相同的环形圈。环形圈或许有许多个，或许只有一个。

电共振的概念并不是特斯拉创造的。凯尔文勋爵发现了电容器放电的数学原理，电共振正是寓于这一数学原理和交流电的物理本质中；但特斯拉把这个数学原理变成了物理事实。它与声共振类似，具有自然属性。然而，直到特斯拉发现了交流电（特别是高频交流电）以后，才有电路可以展示共振现象。特斯拉在这个领域妙笔生花，他发现，调整电容和电感可以使单个电路中产生共振，两个调谐电路的电感耦合可以增加效果，经过励磁电流四分之一波长调谐的电路能展现出特别的共振。其中，最后一个发现是天才之举。

在振动的弦中，因为环形圈此起彼伏，所以两个环形圈与完整的波长相等，一个环形圈等于半个波长。在两个环形圈中，有一个不会移动的节点。从节点到环形圈的顶端是四分之一波长。以四分之一波长作为一个单位，它一端静止不动，另一端以最大振幅摆动。

当线圈与四分之一波长调谐时，特斯拉发现，线圈的一端静止不动，而另一端会大幅摆动。有一个独特的现象：小线圈的一端不动，另一端喷发出数十万甚至上百万伏电压的火花。打个比方，它就像尼亚加拉瀑布到达悬崖后，水流喷射向高山，而不是流入山谷。

四分之一波长线圈就好似音叉振动的尖齿、普通的钟摆或者振簧。这个发现看起来似乎很简单，但它充满着天才的智慧。只有思虑广泛的天才头脑才能发现它，而特斯拉的一生就是如此。就像在黑暗中摆弄小玩意儿，希望由此碰上好运，这是个机会渺茫的事件。

一端封闭的高压线圈大大简化了问题。特斯拉面临的一个难题就是，如何使变压器的高压次级线圈与为其供能的高压初级线圈绝缘。特斯拉的发现使次级线圈一端的电压完全消失，因此次级线圈的一端可以直接与初级线圈或地面相连，而另一端仍然喷射闪电。正是利用这个情况，特斯拉才发明出圆锥形线圈和饼形线圈。

特斯拉的实验室里放着各种各样的线圈。在早期研究中，他发现，操作一个固定波长的线圈时，与它调谐或与它的谐波调谐的其他线圈也会做出反应，喷发出一簇火花，尽管它们没与这个操作中的线圈相连。

这是在空间中远距离传输能量的例子。特斯拉不需要做一系列实验就能明白这种状况。他从来不会在自己开拓的领域中迷失。他的思想达到了一定的高度，只须向未知领域一瞥，就能窥见它的全貌。

特斯拉计划以特别的方式展示这个新原则。在实验室中最大的一间屋里，他让人在四面墙上接近天花板的位置固定绝缘支柱，并把电线系在绝缘支柱上。电线与一个振荡器相连。

当一切准备工作就绪以后，时间已是深夜。在测试之前，特斯拉准备了长度为三英寸、直径为半英尺的两个玻璃管。他封住了每个玻璃管的一端，从玻璃管中抽出少许空气，然后把另一端也封住。

特斯拉告诉助手，实验时屋里所有灯都要关闭。当他发出口令时，就要把振荡器的开关关上。他解释说："如果我的理论是正确的，你关上开关时，这两个玻璃管就会像着火的宝剑一样。"

特斯拉一边向屋子中间走去，一边下令把所有灯关上。实验室一片漆黑。一位助手把手放在振荡器的开关上。

特斯拉喊道："开始！"

整个房间立刻充满了明亮、奇特的蓝白光，助手看见高挑瘦弱的特斯拉站在实验室中间，用力挥舞着两把"燃烧的宝剑"。两个玻璃管发出神奇的光芒，拿着玻璃管的他时而躲闪，时而猛戳，就好像在参加双人击剑比赛。

特斯拉演示过各种奇妙现象，实验室的助手已经习以为常，但这次超越了极限。特斯拉之前点亮过真空管电灯，但它们都与供电的线圈相连。而这一次，在没有连接任何电源的情况下，玻璃管也发光了。

在1890年的这次实验以后，特斯拉开始采用这一技术为自己的实验室照明。天花板周围的线圈总是带电的，如果有人希望点亮灯，只须把玻璃管放在任何他觉得方便的位置。

特斯拉开始研发一种新的电灯，并且以太阳作为模型。他认为，在太阳的光球（即外围气体层）中，分子振动而产生光。这是当时盛行的理论，特斯拉希望使用同样的方法产生光线。

很久之前，在布达佩斯的公园里看到夕阳西沉时，特斯拉得到了启示。他头脑中闪现的不仅有旋转磁场、多倍交流电的各种用法，还有一个广泛适用的结论：自然中的一切事物都会振动，并且这种振动与交流电相呼应。他之后所有新发明、新发现都起源于那次特别的经历。

那时人们认为，太阳里的分子受热产生振动，进而产生光线。特斯拉想改进这种方法，改用电力使分子振动。他认为，高压线圈产生的火花和火焰能使空气中的分子振动。如果他装一瓶空气，用电力使其振动，那么在没有热量的情况下它也应该能发光，因为电流能提供振动。

早在爱迪生之前，威廉·克鲁克斯把一个电加热线圈封在真空管里，制成了白炽灯。他继续进行了一系列利用玻璃管中的气体发电的实验，这些玻璃管有的是接近真空状态，有的是高气压状态。实验产生了一些奇怪的效果。克鲁克斯使用的是旧式感应线圈产生的高压电流。

特斯拉认为，如果瓶装空气能产生和超高频电流一样的效果，那么他的发现将与众不同：既不同于克鲁克斯的发现，也不同于此领域盖斯勒的工作成果。在这一点上，特斯拉自信十足。

特斯拉使用电活性气体分子制造了4种全新的电灯：1.灯管中装有呈白炽状的固体的电灯；2.灯管中填充磷光材料和荧光材料的电灯；3.灯管中填充稀薄气体的电灯；4.灯管中填充气压正常的气体的电灯。

和克鲁克斯一样，特斯拉也使用了不同气压的灯管，从接近真空的低压到正常气压。高频电流通过气体时，产生了前所未有的照明效果。他又用包括水银蒸汽在内的其他气体替换灯管中的空气，产生了颜色特别的灯光以及其他效果。

特斯拉注意到，不同的气体甚至不同气压下的空气会发出五颜六色的光。因此他猜测，辐射的能量并没有完全转化为可见光，有些可能以黑光的形式呈现。为了验证这个假设，他把硫化锌和其他磷光材料、荧光材料放在管中，并使它们发光。凭着这些实验（实验的时间是 1889 年），特斯拉为近年来才制造出的高效荧光灯奠定了基础。用磷光物质把浪费的紫外光或不可见光转为可见光，这是特斯拉的发明。6 年后，当伦琴使用荧光物质和类似的灯管（但灯管是由普通玻璃制造的）做实验时，发现了 X 射线。特斯拉还发明了氖光灯，甚至把灯管制成各种字母和几何形状。此前以及同期，克鲁克斯和 J·J·汤普森也做了许多实验，但一无所获。然而，特斯拉却收获颇丰。

1890 年早期，特斯拉发现，高频电流与普通感应线圈或火花线圈产生的电流差别很大，只需用一根电线连接灯管和高压变压器，电灯就能产生良好的发光效果，甚至比两个电线连接时的发光效果还要好，回路已经被空中的无线形式取代。

特斯拉测试了中间含有导线的灯管和半真空状态的灯管。他发现，对高频电流而言，空气的导电性能比导线的导电性能还好。在这个发现的基础上，特斯拉做了许多似乎违反基本电学定律的实验。他将重金属棒作用于电灯和其他设备。如果使用普通电流，重金属棒会消耗电流，导致设备不能工作；然而，如果使用高频电流，电灯仍能发光、设备正常工作，就好像短路棒不存在一样。

特斯拉做了一个奇妙的实验：将已抽出部分气体的玻璃管放在稍大的铜管内，铜管一端封闭。为了可以看见铜管内部，在铜管中部刻一条缝。当铜管与高频电流相连时，管内十分明亮，但没有证据表明电流经过短路铜壳。电流因感应作用穿入玻璃管，经过封闭低压气体，然后在感应作用下流出玻璃管，并没有通过周围的金属路径。

特斯拉说："就目前我们知道的而言，气态导体能传递任何频率的电脉冲。如果频率足够高，就会形成配电系统，这可能会使气体公司感兴趣。填充着气体的金属管（金属管是绝缘体，气体是导体）可以为磷光灯泡供电，或为其他尚未发明的设备供电。"

低压时，包括空气在内的气体具有极强的导电性。因此，1914年，特斯拉在一篇发表的文章中建议：把地球及周围大气层看成一个电灯，在全球范围内建立电灯体系。

由于大气层的覆盖，地表的气压最大。位置越高，下面的空气越多，上面的空气越少，所以高空气压低。

特斯拉解释道，高空气体稀薄，就像实验中被抽出部分气体的玻璃管，因此能作为高频电流的导体。北极光这种天然现象就符合特斯拉的想法。北极光是自然产生的，但特斯拉刚开始时并不知道这一点。

若足够的电流通过大气层高处，天空就会发光。整个地球就像一个巨型电灯，夜空不再黑暗。特斯拉指出，除非出现风暴或低云，没必要再使用街灯、路灯或任何室外灯。海航会更加安全，因为大海上方的整片天空都有亮光，黑夜就像白天一样。

在文章中，特斯拉并未陈述如何使高频电流在高空发光。当概述整个项目时，他说实用化方案并未遇到任何困难。这意味着，他已经找到了完成这个目标的确切办法。

他说，对高频交流电而言，35000英尺以上的高空具有良好导电性，稍低的高度也具有导电性。如今，即使在25000英尺以下，飞机的操作都面临困难，这证实了特斯拉高空导电的预测。飞机的点火系统能为发动机中的火花塞提供高压电流，使气缸中的气体爆炸。但点火系统在高空却面临一个问题：电会逃入周围的空气中。在低空，特别是对于直流电和低频电流来说，空气是良好绝缘体。但是，正如特斯拉发现的那样，在高空气压低的地方，空气是高频电流的良好导体。连接火花塞的电线周围出现电晕，这表明电流会流失。即使这种现象没有阻碍飞机正常运行，也影响了一些使用高频或高压电流的设备，降低了它们的效率。比如说，无线电设备就会受到影响（金属线和金属杆是直流电和低频电流的良好导体，然而特斯拉发现，它们是高频电流的良好绝缘体。所以，用悬浮在气球上的金属电缆向高空提供电流，这种常见想法显然是不切实际的）。

20世纪，特斯拉再次提出了将地球变为一个巨型电灯的想法。那时，他没有资金进行实验，又不愿意在实际测试之前公布细节，所以他没有公开自己的方法。然而，他满怀信心，认为很快就会获得资金，用以测试自己的方案。

作者对特斯拉提出了一连串问题，希望弄明白他的总体计划。特斯拉态度坚定。他回答："如果我再回答你三个问题，那你就知道我的全部计划了。"

作者回答："特斯拉先生，我将在文章中概述我认为的唯一可行方案，它符合我们已知的物理定律。你可以否定它或承认它。你发明的分子碰撞管能产生大量的紫外线和X射线，电离远距离的空气。这些射线在穿越空

102

气的过程中使空气电离，使它成为高压电流的良好导体。在高山上产生这样的射线，并把它对准天空，就能在空中产生任意高度的传导路径，那么在不离开地面的情况下，你就可以把高频电流输送到空中。"

特斯拉说："如果你发表上述观点，你必须声明那是你的方案，不是我的方案。"

上述观点的确在文章中发表了，但特斯拉既没有否决它、也没有承认它；而且，没有什么更有力的证据证明它是正确的。也许，特斯拉有更简单、更实际的方案（完成文章以后，作者才知道，特斯拉的想法是：在瓦登克里夫塔顶安装一个强力紫外线灯，并设计接收紫外线的高空平台）。

在考虑地球电力情况时，特斯拉曾在一些场合讨论过另一个方案。他指出，虽然低空是多种电流的绝缘体，但地球是电流的良好导体，高空也是电流的良好导体。这就形成了电容，可以存电、放电。对地球充电时，高空也会因为感应作用而被充电。当我们旋转的地球变成一个莱顿瓶，就会反复充电、放电，因此地面和高空都会有电流流动，这样高空就可以发光。然而，尽管上述描述比较详细，特斯拉却从没实际运用这个电容方案。他的计划也许还停留在纸面上。到目前为止，除了政府官员可以过目，计划尚未公开。

除了6英寸的真空管，特斯拉至少还有5个划时代的发现。特斯拉制造的电灯比《天方夜谭》中阿拉丁神灯还要神奇。他50年前就开始制造"神奇"电灯。这个神奇法宝就是特斯拉发明的碳按钮灯。除了由此产生的其他发现之外，它本身就是一个伟大的科学发现——但它尚未得到利用。爱迪生发明了实用的白炽灯，为此名满天下。特斯拉发明了一种原创电灯——白炽按钮灯，消耗相同数量的电流时，它发出的光是白炽灯的20倍。然而，特斯拉的贡献却几乎不为世人所知。

1891年5月，在纽约的美国电气工程师研究所进行演讲时，特斯拉描述了碳按钮灯的想法。后来，1892年2月和3月，他在英国和法国进行演讲时，又进一步阐释了碳按钮灯。在纽约的那次演讲中，他说：

"静电效应可以用来产生光。例如，我们把耐火材料放入一个密闭的、最好是空气已被抽出的球体中，把它和高频高压电源连接，使气体分子高速振动。在耐火材料受到万亿次气体振动的打击以后，就会呈现出白炽化状态。或者，我们可以把物体放在真空球体中，接通高频高压电流，就能使物体维持我们所希望的白炽程度。"

他用碳按钮灯做了很多实验。1892 年，他在英国和法国为科学协会做演讲时，提到了最重要的一种灯。但是，他的演讲也涉及其他新型灯和新发明。

碳按钮灯结构简单。它们基本上都含有一个直径为 3 至 6 英寸的玻璃球体，球体中间有一个耐火材料，通过单个电线连接到高频电流。球体中空气稀薄。

当球体连接高频电流时，球体中与中心按钮接触的空气分子被充电，被迫向玻璃球体做高速运动；在玻璃球体处，空气分子失去电荷，又被迫以高速返回按钮处。这个过程每秒发生无数次，使得按钮被加热到白炽化状态。

特斯拉能在结构简单的玻璃球中产生超高温，高温的限度似乎与电流流量有关。碳会被轻易汽化，因为液态碳十分不稳定，因此无法存在。当时已知的最耐热材料氧化锆也会立刻熔化。他也用过钻石和红宝石做按钮，但它们也会汽化。特斯拉本意并不想使材料熔化，但他经常做实验，以求得温度的最高和最低极限。他观察到，金刚砂最耐热，用电石做按钮比用其他物质做按钮更可靠。金刚砂不会轻易汽化，也不会在球体里留下残余物。

因此，特斯拉改善了操作电灯的技术，白炽按钮能将热能传递给管中稀薄的气体，然后使气体成为光源。电灯的工作原理就和太阳一样，按钮就是太阳庞大的球体，按钮周围的空气就是光球，或称之为太阳的大气发光层。

特斯拉感觉敏锐，这点对他来说意义非凡。除此之外，他显然对自己能用电流点亮"小太阳"十分满意：他把数十万伏的高频电流通过身体，一手握住高频变压器的末端，另一手高举灯泡，里面有他创造的白炽"小太阳"；他的姿势就像自由女神像一样，他的新电灯光芒四射。也许你会说，这是超人在展示他非凡的成就。而且，他也对自己的平凡之躯也感到满意。爱迪生曾经嘲笑特斯拉开发的交流电系统的方案，宣称交流电不仅无用，而且致命。然而，特斯拉的实验足以说明问题，他把回答爱迪生的任务交给了大自然。

特斯拉观察自己手中的白炽"太阳"工作模型，很快获得了一些启发。从中心按钮发出的每个电波都能向外辐射高速微粒，微粒会碰撞周围的玻璃管，然后反弹回到按钮。特斯拉推测，太阳也是一个白炽体，充满大量电荷，会向外辐射出小微粒，每个小微粒因为超高速运动而带有大量能量。太阳及其他恒星周围没有玻璃管，因此微粒会继续向周围的广阔空间运动。

这样的微粒充满整个空间，它们不断以高能粒子冲击地球，使任何碰撞到的物体爆炸，就像它们在玻璃管中产生的效果一样：最耐火的碳珠也会被带电粒子撞击成原子尘埃。

特斯拉试图追踪撞击地球的微粒。他宣称，这些撞击的表现之一就是北极光。他追踪射线的实验方法并没有被记录下来，但他发表了一篇通告，声称自己追踪到了这些粒子，并测量了它们的能量，发现它们被太阳上亿伏的高电势辐射出来后，会以高速运动。

十九世纪九十年代早期，科学家和大众无心关注特斯拉的推测：地球受到具有毁灭性射线的撞击。谨慎地说，没有人认真考虑率特斯拉的报告。

然而，1896 年，法国物理学家亨利·贝克勒尔发现了铀发出的神秘射线，之后还有其他研究；在巴黎，居里夫妇发现了镭，镭原子总是不断爆炸，却似乎没有明显诱因。这时，特斯拉终于能够指出宇宙射线是镭、钍、铀及其他物质放射现象的原因。特斯拉推测，在这些射线的轰炸下，其他物质也可以具有放射性。然而，特斯拉的胜利只是暂时的，因为科学界并不接受他的理论。但是，特斯拉是位有远见的预言家，这是任何人所想不到的。

30 年后，罗伯特·A·米利肯博士再次发现了这些射线，相信它们和光一样具有振动性。之后，亚瑟·H·康普顿证明了含有高速粒子的宇宙射线的存在，就和特斯拉描述的一模一样。他们开始时发现了上千万伏的能量，现在人们发现的能量已经达到数十亿甚至兆亿伏。这些研究表明，上述射线含有振动原子，能产生碰撞碎片——就和特斯拉预测的一样。

1934 年，居里夫妇的女婿弗雷德里克·约里奥发现，用放射性物质轰击普通物质，就可以使普通物质也带有放射性，特斯拉之前就是这样预测的。约里奥因为这个发现而获得诺贝尔奖，但特斯拉却没有获得一点儿荣誉。

特斯拉的分子碰撞灯为一种现代发明——原子碰撞回旋加速器做了铺垫。后来，加利福尼亚大学的 E·O·劳伦斯发明了回旋加速器。在回旋加速器中，带电微粒在磁场中做环形运动，达到高速后，就以一小股细流从环形磁场中流出。这个巨型机器的磁铁有一间房屋那样大，作者写这本书时它还没有全部建成。据劳伦斯教授所说，它能发射出强力带电微粒，足以瓦解砖块。小型模型用来撞击各种物体，使得它们具有放射性，或者粉碎它们，或者把它们的原子转化为其他元素。

特斯拉用大约直径为 6 英寸的小玻璃球体制作分子碰撞灯，对坚固物体具有粉碎作用，甚至比回旋加速器的效果更好——这是在考虑体型的情况下，即使最小的回旋加速器也有 20 吨。

有次实验，特斯拉把红宝石放在碳按钮之上，他这样描述这次实验：

"实验的发现之一是——只要达到高温，大多数撞击似乎都集中于某种物质，而其他物质得以幸免。这种现象主要依赖于核聚变点，以及"汽化"物质的设备，或者概括来说，使物质放出原子以及更大的块状物的瓦解方法。观察到的结果与普遍接受的理念一致。在气体稀薄的电灯中，它由独立载体带离电极：部分载体是剩余气体的原子或分子，部分载体是电极发出的原子、分子或块状物。如果电极由不同物质组成，其中一种物质更易被粉碎，那么提供的大部分电能都会被这种物质夺走，导致它温度比其他物质高，而且这种物质温度越高、就越容易被粉碎。"

那时，特斯拉简单的灯粉碎器可以轻易熔化熔炉不能熔化的物质，因为它在球体反射器（一种三维凸透镜，但是使用带电微粒操作的，而不是热射线）的作用下，把各个方向的强力粉碎微粒集中到一起。它和今天笨重的原子粉碎器效果相同，但质量更轻，几乎能飘浮在空气中。它使得被粉碎的物质自己提供微粒，从而粉碎作用发生，这让它更加简单高效。

一项重要现代发明也以特斯拉的分子碰撞灯为基础——那就是点电子显微镜，它可将物体放大数百万倍，是电子显微镜放大倍数的 10 倍至 20 倍，而电子显微镜放大倍数是光学显微镜的 50 倍。

在点电子显微镜中，具有高电势的物质从小活跃点放出带电微粒，使其呈直线状，因为微粒正是从显微区域发出的，所以玻璃球体的球面重现出小块显微区域的图形。球体的大小是放大倍数的唯一限制。球体半径越大，放大倍数越大。因为电子比光波小，电子能放大光波不能显现的小物体许多倍。

特斯拉使球体内接近真空状态，球体表面的磷光显现了粉碎按钮发生的情况。1892 年春天，他在演讲中阐释了这种现象，他的描述和对百万倍点电子放大显微镜的描述只字不差。下面是引用他演讲中的话：

"用眼睛看来，电极十分明亮，但上面有许多点在高温下游移，这加速了电极蚀除……把灯泡中的空气抽出，使其接近真空，那么在高电势的情况下，不会产生放电新现象——也就是说，不会十分明亮，因为在任何情况下，微弱的不可见放电都不可避免。然后缓慢谨慎地提升电压，使初级电流只能短暂存在。某刻，球体上将显现两三个或六个磷光点。在这些点的位置，玻璃明显比其他点受到的撞击更多，这是因为尖锐的突出导致电荷密度不均，或者说电极不平整。但明亮的区域总是在变化。如果明亮的区域比较少，那么这个现象就更容易观察到。这表明电极的构造在迅速变化。"

把发现电子显微镜的荣誉赠予特斯拉是公平的。那时人们尚未知道电子的存在，所以特斯拉认为是带电原子在发挥作用，这并不应该影响特斯拉应得的荣誉。

特斯拉研究了这种灯的各种模型以及其他各种气体灯，他观察到：在不同的操作环境下，发出的可见光会改变。他知道，它们既会发出可见射线，也会发出不可见射线。他用许多磷光物质和荧光物质探测紫外线或黑光。通常，可见光和紫外线总体上是平衡的；一个增加，另一个就会减少，剩余的能量则转变成热损失。就他的分子碰撞灯而言，他在1892年的演讲中提到"可见黑光以及特殊的辐射"。1895年5月，他的实验室着火毁坏。报告中称，那一年，他在实验中发现，这种辐射能在金属容器板上产生影像图。

特斯拉后来没有在公开刊物上再提及这种"特殊辐射"。但是，1895年，当威廉·康拉德·伦琴教授在德国宣布他发现了X射线的时候，特斯拉再次使用这种"特殊辐射"实验，得到了相同的结果。这表明，这种辐射和X射线具有类似的特点，尽管实验方法有些不同。在读完伦琴的说明以后，特斯拉立刻把"特殊辐射"的影像图发给这位德国科学家。伦琴回复说："这些图片很有趣。您能否把获得它们的方法告诉我？"

这种情况让特斯拉具有发现X射线的优先权，但他并没有考虑这一点，也没提出任何声明，而是开始进行了大量研究，希望发现其本质特性。伦琴在灯泡附近伸出手脚，利用灯泡发出的X射线得到了影像。其他人为了知道伦琴使用何种灯管，不惜巧言哄骗。然而那时，特斯拉却能在距离灯泡40英尺的地方，获得头颅的影像图。特斯拉在其他地方也描述过：当大量电流通过时，火花间隙能产生一种不明类型的辐射，它既不是光波之类的横波，也不是赫兹电波，也不会因为插入式金属板而中断。

在特斯拉的一次演讲中，他阐述了自己两年时间内的研究成果，为世界提供的——不仅有新型电真空灯，还有高效白炽灯、高频高压电流及设备——包括至少五项科学发现：1.宇宙射线；2.人工辐射；3.具有粉碎能力的带电微粒束，或原子粒子加速器；4.电子显微镜；5."非常特殊的辐射"（X射线）。

40年之后，这些新观念被"再发现"时，其中至少四项新观念使他人获得了诺贝尔奖的荣耀；但特斯拉的名字却从来没有被提起过。

然而，特斯拉一生的成就才刚刚开始！

特斯拉能力非凡，可以同时进行不同领域的科学研究。他一边研究高频电振荡器以及真空电灯、收音机灯各种应用，一边研究机械振动。而且，他具有远见卓识，预测了机械振动的多种运用。这些运用后来都实现了。

特斯拉做事从不会半途而废。他尝试的每件事就像是一道闪电，必然会伴有轰鸣的雷声。即使他们没有这样做计划，事件本身也会获得奇妙的效果。1896年，他的名望蒸蒸日上。在位于休斯敦大街的实验室里，他计划安静地进行一个振动小试验。自从他1895年搬到这个实验室以后，这个地方就广为人知，因为它总是发出各种奇怪的噪音和光线，社会名流经常出入此地。

结果，这个安静的振动小实验造成了一场地震，一场真正的地震。建筑颤抖得厉害，比以前这个城市发生过的任何一次自然地震都剧烈。城中十几个街区的上百栋建筑受到了影响，上万居民亲身经历了这样一幕：突然，巨声响起，地动山摇，玻璃窗碎了，各种管道爆裂了。屋里小物件摇摇晃晃，一片响动，灰泥从墙面及天花板上掉落下来。工厂中数吨重的机器螺丝松动，位置发生移动。

这一切是如何造成的？特斯拉解释说："这是因为口袋中的一件小设备不下心滑落而引起的，令人出乎意料。"

一直以来，特斯拉只是把引发这次事故的设备当作小玩意儿，供朋友消遣。它是一个机械振荡器，用以产生振动。理发师用来给顾客"电按摩"的设备，其实也是以特斯拉的机械振荡器为基础制造而成的。当然，"电按摩"与电没有任何关系，除了它需要用电来产生振动，再通过理发师的手把振动传递到顾客的头皮上。

十九世纪九十年代早期，特斯拉发明了电振荡器，用以产生高频交流电。轴上的驱动引擎做简单的往复运动，不会改变为旋转运动。轴两端各有绕了好几道电线的线圈，在两个磁极之间迅速来回运动，以此产生高频交流电。

特斯拉声称，这种引擎比普通引擎高效。普通引擎在曲柄的作用下，会由往复运动变为旋转运动。除了附着在轴和线圈上的往复活塞，这种引擎没有阀门或其他移动部件，因此机械损失会更少。他说，这种振荡器保持着高度连贯的速度，它产生的交流电可以用于驱动钟表，而不需要任何钟摆或摆轮控制装置，并且能准确计时。

这种引擎也许可以用于工业，但特斯拉对此不感兴趣。对他而言，它仅是产生交流电的便捷方法；或者，如果没有电学部件，那么它仅是产生机械振动的便捷方法。他以压缩空气操作引擎，也用 320 磅或 80 磅气压的蒸汽进行操作。

在改进设备的时候，他发现了振动的有趣效果。当引擎用作发电机时，振动令人厌烦。因此，他采用了一些合适的措施来消除或减弱振动。然而，在这个过程中，振动却引起了他的兴趣。尽管振动会影响机器，但他发现，有时振动的生理效果却令人愉悦。后来他建造了一个由压缩空气驱动的小型机械振荡器，目的仅仅是为了产生振动。他制造了一个平台，用橡胶和软木使之与地板隔开，然后他把振荡器置于平台的下方。橡胶和软木的目的是为了使振动不会传递到建筑物中，从而确保平台的效果。一大批人涌入他的实验室，他们觉得平台非常有趣，赞叹它是特斯拉最奇妙的发明之一。

特斯拉非常希望把振动用于医疗和养生保健。他自己做实验时会积累经验，他的助手做实验时他会仔细观察，之后他得出结论：振动带来的生理效果十分有限。

萨缪尔·克莱门斯，就是大众所熟知的"马克·吐温"，他与特斯拉是亲密的朋友。克莱门斯经常拜访特斯拉的实验室。一天傍晚，克莱门斯来拜访特斯拉。当时，特斯拉研究振动机器已有一段时间，知道了不同的振动会带来不同的效果。

克莱门斯知道特斯拉的新装置后，想亲自体验一下。他站在平台上，平台在振荡器的作用下发生振动。他对这种新体验兴奋不已，赞美脱口而出："它会使你充满活力，朝气蓬勃。"他在平台上站了一会儿后，特斯拉建议说："克莱门斯，你在上面有一会儿了，现在下来吧。"

克莱门斯回答："我又不是一位胖妇人。我很享受。"

特斯拉坚持说："克莱门斯，你最好下来。你最好听我的。"

克莱门斯笑着说；"你不能用起重机把我弄下来。"

"克莱门斯，听着，你应该听我的。"

"我现在十分享受，我要继续待在这上面。特斯拉，看看这儿，你不知道你制造的这个设备多奇妙，能使疲惫的人精神抖擞……"

克莱门斯继续在平台上待了几分钟。突然，他停止说话，紧咬下唇，站直身体，迅速而僵硬地从平台上走下来。

克莱门斯迅速半祈求半命令地问道："特斯拉，快，卫生间在哪儿？"

特斯拉说："就在那边，穿过那道小门，在拐角。"看着克莱门斯远去的身影，特斯拉又叫道："克莱门斯，我早叫你下来的。"

从此，振荡器的通便作用在实验室成员们之间成为笑谈。

特斯拉从多方面进行机械振动研究，这几乎是未涉足过的科学领域。2500 年前，毕达哥拉斯对振动弦的研究开启了这个领域。但从此以后，一直无人在这个领域进行过基础研究。特斯拉的高频高压交流电震惊了世界，也孕育了调谐电路。他的眼前已经浮现出这样一幅画面：机械振动能够以同样的方式建立共振，对物体产生巨大影响。

为了开展特斯拉所认为的小型实验，他把一台小型振荡器的底固定在实验室中心的铁支柱上，使其振动。他观察到，过了一段时间后，铁支柱才能达到最大振动速度。操作的时间越长，它获得的速度就越大。他注意到，并不是所有物体对振动的反应都一样。当实验室中的一些物体与振荡器的基本振动或其谐波共振时，它们会突然发生剧烈振动。随着振荡器周期的改变，一种物体会停止振动，与新周期共振的另一种物体会突然振动。特斯拉清楚地知道这种选择性振动的原因，但他从没有机会进行大规模的实验。

特斯拉的实验室位于一栋高耸建筑的高层，在休斯敦大街的南边，是马尔博里大街东边的第二个建筑。休斯敦大街南边 300 英尺处左右是著名的警察总部。附近高楼林立，楼层范围为 5 层到 10 层，里面是各种工厂。这些高楼之间夹杂着意大利人的聚居区。南边隔几条街是唐人街，东边不远处是密集的居住区。

正是在这样复杂的环境下，特斯拉出其不意地展现了持续强力振动的特点。周围的人们都知道特斯拉的实验室，知道那儿会发生奇怪神秘的事件，知道一位古怪的人用电流这样的危险物做令人害怕、又令人惊奇的事情。他们既敬重特斯拉，又害怕他，但他们的害怕远远多于敬重。

特斯拉丝毫不在意他人的眼光，继续进行振动实验及其他实验。那天早上，他在思考什么实验，人们不得而知。当铁支柱上的振荡器不断产生更高频率的振动时，特斯拉正在忙于准备工作。他察觉一些重型设备时不时会剧烈振动，脚底下的地板会吱吱响一两秒钟，玻璃窗也发出动静，还发生了其他转瞬即逝的事件——这对特斯拉来说再正常不过。这些现象表明，振荡器调谐良好。也许，他在想以前为什么不把振荡器固定在坚实的支柱上。

然而，附近的情况可并不好。南边，马尔博里大街警察总部的警察们对特斯拉实验室发出的奇怪光线和声音习以为常。他们能清楚地听到线圈

112

发出的尖锐声音。如果附近发生了什么奇怪的事，他们知道或多或少与特斯拉有关。

在那个奇怪的早上，警察们惊奇地发现——建筑物在振动。椅子在地板上滑动，桌上的物品不停地颤动，桌子摇摇晃晃。一定是发生地震了！震感越来越强烈。天花板上的大块灰泥纷纷掉落，水管炸裂，水顺着楼梯四处流淌。窗户发出尖锐的响声，声音越来越大，有些窗户的玻璃被震碎了。

一位警察叫道："这不是地震。又是那个可恶的特斯拉搞的鬼。"他对一队警察说："快去实验室那儿，让他停止。如果有必要，可以使用武力，一定要让他停止。他会毁了整个城市的。"

警察们跑向角落里的那栋建筑。许多人涌向街头，急切地想离开住房和工厂，他们认为一定是发生地震了，才导致窗户破碎、管道炸裂、家具移动以及奇怪的振动。

因为情况紧急，警察没有等缓慢破旧的电梯，直接冲上楼梯——这时，他们感觉这栋楼比警察总部大楼振动得还要厉害，有种随时会瓦解的感觉——听着玻璃的破碎声以及墙面和地板发出的古怪声音，他们心情沉重。

警察冲入特斯拉的实验室时，发现振动已经停止了。他们看到了一个奇怪的景象：高大瘦弱的特斯拉挥舞着大锤，正在砸房间中间支柱上的小铁块。结果，喧嚣声戛然而止，取而代之的是一片沉寂。

特斯拉是第一个打破沉默的人。他把大锤放在支柱上，转过身面向警察。他总是镇定自若，别人无法忽视他的存在——这种气场并非源于他纤瘦高大的体型，而是他的眼睛。他稍稍鞠躬以示礼貌。警察们已经上气不接下气，说不出话来。

特斯拉说："绅士们，抱歉，你们晚了一步，无法见证我的实验。你们进来时，我以出乎意料的方式停止了实验，因为我觉得必须停止。今天晚上，我会把另一台振荡器固定在平台上，如果你们那时来，就能亲自体验站在平台上的感觉。我向你们保证，那将极为有趣。现在你们必须离开，因为我还有事要做。绅士们，再见。"

当特斯拉在砸引起振动的装置时，他的秘书乔治·舍尔福就站在附近。特斯拉对这件事的叙述只有这么多，舍尔福先生也记不起来警察们的反应。至于故事的结局如何，只能发挥我们自己的想象力了。

然而，当时特斯拉态度是十分真诚的。他不知道他的实验给附近带来了什么影响。只是因为实验室中的效果过于强烈，他才突然停止实验。当他清楚事情的来龙去脉后，更加确信机械振动会为科学研究带来许多机遇。

特斯拉只能观察到这栋大楼里发生了什么，却对其他地方的情况知之甚少。振荡器被牢牢固定在一个支柱上，并且支柱的正下方还有类似的支柱，一直延伸到底层。振动通过支柱传递到地面。城市的这片区域是建立在深沙区之上的，沙砾向下延伸了数百英尺，然后下方才是基岩。地震学家们都知道，沙砾传输地震振动的能力比岩石好。因此，这栋大楼底下及周围的沙砾是机械振动的良好导体，传播范围能达到一英里甚至更远。自然而然的，离机械振动源近的地方振动较强，较远的地方振动较弱。然而，只要物体与其共振，即使是微弱的持续振动也能产生巨大的效果——远处的物体可能振动强烈，而近处不共振的物体可能丝毫不受影响。

显然，特斯拉的实验正好与这种选择性共振有关。随着振荡器的速度不断提高，其他建筑物开始与之共振。很久之后，特斯拉所在的这栋楼才受到影响。振动频率升高时，其他地方恢复平静，这栋楼立刻开始共振。

共振的效果迅速又猛烈。特斯拉清楚这一点，所以当他发现这栋楼出现危险的共振效应时，他意识到必须采取行动了。由发动机驱动的压缩机对空气施压，然后将其存储在罐子里。这台压缩机提供压缩空气，用以操作振荡器。即使迅速关上发动机，罐子里仍有许多空气，能使振荡器继续运作一小段时间——到那时，这栋大楼将被完全摧毁，变为一片废墟。振动已达到危险程度，却没有时间将振荡器与空气管线断开，也没有时间释放罐子中的空气。此刻，他只能做一件事。特斯拉正是这么做的——他抓住手边的一个大锤，用力砸振荡器，使其停止运作。结果，他砸了一下就成功了。

这个设备由铸铁制造，结构坚固，里面没有脆弱易坏的部件。特斯拉从来没公开描述过这个设备，它的主要构造就是一个铸铁气缸，有个活塞在里面做往复运动。唯一能阻止它继续运转的方法就是砸坏外面的气缸。庆幸的是，特斯拉只砸了一锤，就达到了目的。

砸完这一锤后，特斯拉转过身，看见了警察，不明白他们为什么要来实验室。特斯拉想："这栋建筑刚刚才发生危险振动，警察们的到来应该与这次振动无关，因为他们不会如此神速，所以一定是为了其他不太重要的目的而来的。"因此，他向警察们建议换个时间再来。

我向特斯拉寻求一个方案的建议，正是在这个过程中特斯拉向我描绘了他的上述经历。在此之前，我曾向小埃尔默·斯佩雷提出过建议。小埃尔默·斯佩雷的父亲是一位著名发明家，曾发明过许多螺旋仪设备。当一个重型螺旋仪用来固定船只时，推力会沿它的轴线向下传递，穿过层层叠加的平衡环。在发生严重地震的区域放一组螺旋仪，螺旋仪能以相同时间间隔向地面传递推力，在发生振动的地层产生共振，从而在地震应变力较小时就释放它们。因此，地震就会保持在较小幅度，应变力不会累积，造成巨大破坏。

特斯拉对这个想法很感兴趣。告诉我他的上述经历以后，他进一步宣称，自己已经推进了振动研究的工作，可以建立一个"电地球动力学"的全新科学领域。这一领域不仅能通过地球把强力脉冲传递到远处，还可以使用同样原理侦测远方的目标物。在二十世纪三十年代后期，战争爆发之前，他宣称能用这个原理侦测远方的潜水艇或其他船只，即使它们被系在锚上、并没有启动引擎。

特斯拉的电地球动力学系统使用机械振动。他预测，这个系统可以确定地球的内含物，确定地下深处矿物的位置。第二个预测后来变成了现实，通过研究亚表层反射的振动，人们发现了许多油矿。

二十世纪三十年代，在回忆这个领域时，特斯拉说道："电地球动力振荡器力量强大。我可以在顷刻之间将帝国大厦化为废墟。我十分肯定我能做到，并且几乎毫无困难。我将使用一个小型机械振动设备，就是一种可以放在口袋里的小型引擎。我把它固定在帝国大厦的任意某个位置，启动以后等待十二三分钟，直到发生完全共振。大楼开始时只是微颤，后来整栋大楼都会产生共振，以至于钢梁中的铆钉会松散、切断。外面石层会脱落，然后钢构架完全瓦解。产生这样的效果只需要 2.5 马力（这个数字可能是 0.25 马力或 2.5 马力。因为记录时间久远，文字模糊不清，依据记忆来看，第二个数字更有可能）。"

特斯拉的发明在尚未向大众展出之前，就已经获得了良好效果。展出时，效果往往更加令人满意。他第一次展出"无线电"就是这种情况，但他的演示更加复杂。除了无线电发明之外，他又加入了一个新想法——机器人。

1898 年 9 月，特斯拉参与了第一次年度电气展览会，在麦德逊广场花园礼堂（当时位于麦德逊广场北边）进行了展示。他在舞台中间建造了一个大槽，把几英尺长的铁皮船（就像方舟一样）放入其中，通过无线系统远程操控。

船顶中心树立着一个几英尺高的细长金属杆，用作接收无线电波的天线。船头、船尾各有一个小金属管，上面是小电灯。铁皮的内部有一台无线电接收装置，还有一个发动机驱动装置，用以实施无线电波的操作指令。有一台发动机用来驱动船体，另一台用来操作伺服机构或人工大脑。伺服机构可以解码无线电接收装置的操作指令，并把指令转化为机械运动，包括：掌舵方向，使船停止、开启、向前或退后，或点亮小电灯。这只船能完成的任务十分复杂。

任何参加展览会的人都可以操控小船，特斯拉在发报电键上轻敲几下就能使小船做出反应。控制点在大舞台的最远端。

这次展示引起了轰动，特斯拉又成了民族英雄。报刊头版头条刊登了他的事迹。大家都知道这个成就多么神奇，但几乎没有人明白它的意义或其基础原理的重要性。这次展示的辉煌掩盖了发明物的基础特点。

那时，美国和西班牙正在进行战争。美国海军战胜了西班牙舰队，这成为人们谈话的热点话题。哈瓦那港口的缅因号军舰被炸了，群情激愤。特斯拉的这次展示激发了人们的想象力，因为它很有可能用作海战中的武器。沃尔德马·肯普福特当时是城市大学的一名学生，后来成为《纽约时报》的一名科学编辑。他曾和特斯拉讨论过它作为武器的作用。

肯普福特说："我明白，你现在轻敲电键就能点亮小灯泡，但是你怎样装载一船炸药，使船潜入海中，让炸弹爆炸，在远距离使用无线电炸毁最大的战船（特斯拉以前曾经设计过鱼雷，与母舰相连的电缆会为之提供电能）？"

特斯拉 1889 年成为美国公民。他具有爱国精神，为自己的美国公民身份而感到自豪。他向政府提供了可以用作海军武器的发明，但他内心深处是抵触战争的。

特斯拉眼睛放光，迅速答道："你看见的不是无线鱼雷，你看见的是机器人，它们能代替人类做繁重的工作。"

"机器人"是特斯拉为人类福祉做出的又一个重要贡献。特斯拉一直致力于为人类节省体能，提高效率。他能想象到，机器人既可以用于战争，又可以用于和平事业。在这个原则之下，他想象中的战争与实际丝毫不差。如今，机器人这种大型机器仍在战争中被当作武器使用。

在《世纪杂志》1900 年 6 月刊的一篇文章中，特斯拉说："这个进步将使机器在战争中占据主导地位，减少对人力的需求……这种战争设备能确保能量传输的速度最快、损耗最小，这正是我们的主要目标。人员伤亡情况会减轻……"

特斯拉概述了启发他设计机器人的经历，说道：

"我把自己看成一个具有运动能力的机器人，对作用于感觉器官的外界刺激做出反应，并进行相应的思考和运动……我时时刻刻保持这个想法，而且日复一日如此行动，这令我十分满意。

"上述经历给我启发，很久之前，我自然而然就产生了制造机器人的想法。在外界刺激作用下，机器人应该具有和我类似的反应，但它的反应当然更简单一些。显然，它需要动力、运动器官、方向器官以及感觉器官，感觉器官必须十分灵敏，才能对外界刺激产生反应。

"我推想，机器人将具有和人类相同的主要部件，所以它的运动应该和人类相似。此外，人类还能生长、繁殖，并且拥有大脑。机器人最好也有'大脑'，才算是完整的模型。对机器人来说，生长能力不是必需的，因为我们可以把它制造成'完全长成的状态'。至于繁殖能力，我们也不需要考虑，因为就机械模型而言，它仅仅是制造的过程。

"机器人是血肉之躯，还是木材钢架，这一点并不重要，只要它能执行自己被赋予的所有任务就好。为了达到这个目的，它应该有一个类似于人类大脑的部件，用以控制运动和操作；虽然我们尚未预测出它发挥作用的场合，'大脑'部件会引发它采取行动，展现知识、推理、判断、和经验。这一点不难实现，只需把我的智慧和理解传递给它。因此，这项发明就问世了；一门新的艺术也随之形成，叫作遥控力学。这是一门操控远程机器人的艺术。"

特斯拉解释说，为了使每个机器人具有自己的独特身份，应该添置一个特殊的电调谐装置，使机器人只对控制传输站发出的某一频率的电波起反应；而其他机器人将保持静止状态，直到控制传输站发出与它们调谐的频率。这就是特斯拉无线电调谐发明的思想基础。在其他无线电发明家思考尚未全面时，特斯拉早在六年前就公开表述过自己的想法。

特斯拉使用长波（如今，广播仍然使用长波）控制机器人。长波与马可尼及其他人使用的短波相差甚远，因为短波会受到干扰物体的影响。此外，他还用调谐系统解释了每个站的频谱分布，现在这种频谱分布被刻在无线电接收装置的刻度盘上。他继续说：

"使用这种简单的方法，远程操控者的知识、经验、判断（或者说'大脑'）就能转移给机器，确保机器高效运作，就像一位盲人遵守听到的指令一样。

"可以说，目前为止，机器拥有'借来的大脑'。每台机器都是远程操控者的一部分，能接收它的智能指令，但这仅仅才是开始。

"不论现在看来多么虚幻，我坚信能设计出具有'自己的大脑'的机器人。我的意思是，在感觉器官受到外界刺激的情况下，机器人不需要依赖操控者，自己就能做出一系列反应，就好像拥有智商一样。

"它可以依据事先安排好的过程或指令行动。它应该能区分什么该做、什么不该做，能记住影响自己后续行为的事情。事实上，我已经构想出了一个计划。

"虽然我这项发明是多年之前的事，我也经常在实验室中向访客展示、讲解，它早就已经完善，但直到很久以后才被世人所知。自然，人们滔滔不绝地讨论它，并写出了一些具有轰动性的报道。

"但是，大多数人没有理解这门新艺术的重要性，也没有意识到其原理的巨大力量。从无数的评论来判断，人们不相信我的成果可以实现。承认这项发明实用的少数人却仅仅把它看成自动鱼雷，只能用来引爆战船，而且不一定成功……

"然而，这门新艺术不仅考虑运动的船只如何改变方向，它也提供控制自动装置的各种方法以及平移运动、机器内部器官（不论数量是多少）的操作。"

15 年后，在一份未公开的声明中，特斯拉记录了开发自动装置的经历。他向陆军部讲述了自己的发明，但他们不感兴趣。在无线控制设备的商业运用方面，他也一无所获。

这份声明写道：

"我很早就想建造一台自动装置，以证明我的理论是正确的，但直到1893年我才开始无线电研究工作。在接下来的两三年中，我制造了许多通过远程无线电操控的自动装置，并在实验室向访客展示。

"1896年，我制造出了一台可以进行多种操作的机器，但直到1897年我才完善它。1900年6月刊的《世纪杂志》刊登了我的一篇文章，那时还有其他期刊，都对这种机器进行了描述。1898年，机器的第一次展出引发了轰动，比以往我任何发明引起的轰动都强烈。

"1898年10月，因为我的描述似乎不可思议，审查长亲自来到纽约观看我的演示，然后这项新发明才获得基础专利。我记得，后来我拜访了华盛顿的一位官员，希望向政府提供这项发明。在听到我的成就时，他突然大笑起来。那时，没人对此抱有一点儿信心。

"不幸的是，我听从了律师的建议，在专利中表明：装置是由单个电路和一种有名的探测器控制的，因为我尚未确立对机器个体化方法和设备的保护。事实上，小船是由几个线路共同控制的，并且不受到任何干扰。总结来说，我使用了接收线圈回路，包括电容器。因为高压传感器使大厅中的空气电离，所以即使是小型的天线，也能从周围环境中获得足够使用数个小时的能量。

"例如，我发现，如果一个灯泡直径为12厘米，内部空气极为稀薄，单个末端连着短电线，那么它能连续闪烁一千次，之后实验室的空气才会呈电中性状态。接收线圈回路对这种干扰不敏感，近年来，它的使用更加普遍，这真有趣。事实上，短电线比天线、长地线收集的能量少，但它也避免了无线设备所固有的缺陷。

"在向观众展示这项发明时，观众可以提出任意有关问题，自动装置会用信号回答他们。那时，人们认为这很神奇，但实际上这十分简单，因为回答是我做出的，只不过把设备当作回答方式而已。

"与此同时，另一个更大型的遥控力学船也建成了。它由船体中环绕的回路控制，十分防水，可以潜入海中。这个设备与第一次使用的船只相似，只有少数几个地方那个不同。比如说，这次船只装有白炽灯，可以清楚看出机器的运作，以及用于其他目的。

"这个自动装置的使用范围在操控者的视线之内。因此，在我看来，它只是遥控力学领域里迈出的第一步。就我的逻辑而言，我希望下一步的改进是：把它的使用范围扩展到视野之外，远离控制中心。从那时起，我就提议把它用作战争武器，它的效果会比枪的效果好。现在，报刊偶尔会报道这项成就，说它虽然不再新颖，却十分重要。由此判断，人们似乎才刚刚意识到它的重要性。

"若不要求尽善尽美的话，在现有无线设备的条件下，可以发射一架飞机，让它沿着既定航线飞行，在千百英里之外进行操作，这是可行的。有好几种机械办法可以控制这种机器，我确信它对战争是有用的。但据我所知，现存的任何设备都无法精确地完成目标。几年来，我一直在研究这个问题，也发现了一些方法，可以使奇迹更容易出现一些。

"我之前在另一个场合曾说过，我上大学时构想了一架飞行机器，但与现在的飞机不同。它的主要原理是声音，但是因为缺少足够的原动力，所以不具有现实性。近几年，我成功地解决了这个问题，我正在计划一个航空设备：没有支持面，没有副翼，没有螺旋桨及其他外部附着物；它速度极快，在不久的将来会为和平事业做出贡献。这样一台机器完全由反作用力维持、驱动，既可以用机械控制、也可以用无线电控制。只要使用合适的设备，我们完全可以把它发射到空中，使其降落在千里之外的目标地。但是，我们不应该为此沾沾自喜、止步不前。"

那是大约50年前的事，特斯拉描述的正是用无线电控制火箭和火箭弹。前者是第二次世界大战的秘密产物，后者被德国用来攻击英国。在特斯拉逝世后，火箭式飞船成为未知的秘密，仅仅在政府密封的特斯拉写的文章里还有一丝痕迹。然而，这似乎也不太可能，特斯拉为了保密，从不会把重大的发明写在纸上，而是依靠自己良好的记忆力来保存秘密。

他总结说："遥控力学设备最终一定会出现，能进行智能化活动。它们的到来将带来一场变革。早在1898年，我曾向一家大型制造工厂的代表提出建议，建造、展出这样一辆汽车：它能够独立进行一系列的操作，甚至可以进行类似判断的活动。但他们认为我在空想，所以我一无所获。"

1891年，麦迪逊花园广场展览持续了一周。在此期间，特斯拉展出了两个惊人发明。每个发明都太复杂，大众不可能通过一场演示就弄明白。两个发明互相使彼此光彩黯淡。

无线是现代收音机的先驱。早期，无线的首次公共展出计划太庞大，无法在一次展览上完成。那时，特斯拉在人们心目中是位有能力的公共关系人员（但特斯拉厌恶这一点），展出内容本应局限在无线这个方面，仅仅本需一台双向收发装置，使用摩尔斯电码进行信息传输。如果编排合理的话，这次展出本应让人喝彩不已。在下次展出时，他可以展示调谐现象：每个线圈都将做出选择性反应，这种反应会通过奇怪的真空管灯表现出来。无线线路和站点之间的调谐共振分量过重、无法展出。大众能达到的最高程度，就是接受它具有实现的可能性。

机器人也是一种新型概念，聪明的发明家没有放弃创造机器人的可能。因为机器人能带来节省劳力的现代纪元——从而实现大规模的工业机械化。

约翰·海斯·哈蒙德使用特斯拉的原则，设计了一只带轮子的电子狗。这只电子狗会尾随他，就像活的小狗一样。它实际上是由硒光电池的光束操控的发动机，被置于用作电子狗眼睛的镜片之后。他也操作了一个游艇。在游艇上空无一人的情况下，通过无线控制使其从波士顿港口出发，然后再从大海中返回码头。

第一次世界大战快结束时，无人飞机问世。它从地面升起飞行，飞到100英里外的目标上空扔下炸弹，然后返回机场。这些都是无线操控的。只要远处的无线站发出信号，飞机就能升入空中，选择合适方向，飞到数百公里之外的城市，在那座城市的机场降落。这种特斯拉式的机器人是在斯伯里螺旋仪公司制造的。在那里，埃尔默·斯伯里发明了许多奇妙的机械机器人，比如飞机和船只的自动驾驶仪。

含有电子管和电子眼的现代控制设备能使机器更像人类，使机器具有超能力、可依赖、精准且成本低。这些现代控制设备都是以特斯拉的机器人为基础的。最近在纽约世博会上，威斯汀豪斯电气及制造公司展出了一个具有人形的金属机器人，它能说话、走路、吸烟、遵守指令。机器人也被用于水电站和发电站的独立变电所。

特斯拉在一次展示中呈现了伟大的科学发现，除了自己的超人形象外，另一点使他很开心——他是一位伟大的人。他向世界展现的不仅是超人的高超成就，也是伟大的人的多产思想，他赠予了世界许多科学发现。

现在，又有新领域等待特斯拉征服。在向大众展示了无线信号传输（他称之为信息传输）以后，特斯拉急切地开始研究无线电。他计划实现全球范围的无线电配电系统。

然而，特斯拉再次面临资金问题。简单来说，他破产了。亚当斯购买尼古拉·特斯拉公司股份所支付的 4 万美元已经被用光。特斯拉现在身无分文。幸好他持有许多专利，如果处理得当，就能为公司带来上百万美元的资金收入。著名的采矿工程师约翰·海斯·哈蒙德送给特斯拉 1 万美元，使特斯拉能继续实验，直到发明了在麦迪逊花园广场展出的无线设备和机器人。

在位于休斯敦大街的实验室里，特斯拉建造了更大的强力振荡器。其中的一台能产出 400 万伏电压，这超出了城市建筑物能承载的极限。火花会飞溅到墙面、地板、天花板上。他需要一个更大的空间。他想制造更大型的线圈。他梦想着在开阔的乡村地带建设一个巨大的建筑物。他觉得自己的无线电专利很快就会体现巨大价值，那么他就有足够资金建造实验室了。但他已经到这个地步：进一步实验需要现在就使用更大的空间，但他破产了，没有资金。辛普森和克劳德福干货公司的克劳德福是特斯拉的朋友，他向特斯拉提供了1万美元的贷款，解决了特斯拉的燃眉之急。

科罗拉多斯普林斯电气公司的雷纳德·E·柯蒂斯崇拜特斯拉。当他听说特斯拉打算进行大规模实验时，他邀请特斯拉把实验室定址在科罗拉多斯普林斯，他可以提供所需的土地和电力。

沃尔多夫阿斯托利亚地区的主人是约翰·雅各布·阿斯特上校，他与特斯拉私人关系良好，一直关心着特斯拉的研究进程。特斯拉接受了柯蒂斯的提议，打算在科罗拉多斯普林斯建造一个临时工厂。但是因为缺乏资金，他不得不暂停研究工作。上校听说了这件事后，向特斯拉提供了所需的3万美元资金。1899年5月，特斯拉到达科罗拉多，与他同行的还有一些实验室工作人员，以及工程师助手弗里茨·洛温斯坦。

当特斯拉在山里的实验室研究自然光和其他物体时，高压传输设备的建设也在快速进行。特斯拉亲自监督设备的制造，连最细微的地方都不放过。这是一个全新的领域。关于如何设计实验和机器，没有人为他铺平道路或向他传授经验。他必须完全依赖自己，无法获得任何指导，探索着别人尚未涉足的知识领域。之前，他发明了上万伏高压的电力传输系统，震惊了世界。现在，他在正在研究百万伏的电压，没有人知道这样的高压会产生什么效果。然而，他相信自己能创造出比过去伟大的多相系统更好的发明。

特斯拉到达科罗拉多斯普林斯三个月以后，形状奇怪的建筑、发射塔、天线塔都已建造完成。实验需要用到的巨型振荡器也已准备好。

特斯拉实验室所在地科罗拉多位于开阔崎岖的山区，好似天然的大型发电机，它的闪电放电现象也许甚于地球上其他任何地方。几乎每天都有闪电风暴，地面、天空的闪电特别频繁。特斯拉仔细研究了自然闪电，而模仿自然闪电的设备也在制造当中。他了解了不同类型的放电的特点。

以前普罗米修斯偷火种，现在特斯拉偷雷电。也许是天然闪电之神嫉妒他，损坏了他的奇怪建筑作为惩罚。这一次，损失相当惨重，建筑险些被一次闪电彻底毁坏，但这次闪电并没有直接击中建筑，而是发生在数十英里之外。

特斯拉预测雷击的发生那一刻，实验室果真被闪电击中。造成雷击的原因是，一种特殊的闪电放电伴随着空气浪潮而来……特斯拉在一份没有公开的报告中谈到这次事件：

"我有许多研究爆炸和闪电放电的机会。1899 年，在卡罗拉多斯普林斯发生了一次偶然事件。当时我正在测验广播电站，它是那时唯一的无线工厂。

"一片乌云在派克峰附近聚集，10 英里之外突然打闪。我立即计时，迅速计算，然后告诉助手：空气浪潮将在 48.5 秒内到达。就在这个时间段之后，建筑遭到严重雷击。如果建筑不牢固的话，可能整栋楼都会被连根拔起。一面的所有门窗都损毁了，建筑内部毁坏情况也很严重。

"考虑到闪电放电产生的能量以及爆炸产生的能量，我估算建筑受到的冲击相当于同样距离下 20 吨炸药爆炸造成的冲击。"

特斯拉建立的实验站是方形秃顶结构，每侧 100 英尺长，25 英尺高，房顶从墙侧斜向上延伸，直到抵达中心。屋顶中部树立着一个木质金字塔架构，塔顶距离地面 80 英尺。作为支撑塔的飞拱，倾斜的屋顶向外延伸，直至地面。塔中间树立着一根近 200 英尺长的桅杆，桅杆顶端有一个直径为 3 英尺的铜球。桅杆上架着电线，电线的一端连着铜球，另一端连着实验室。桅杆是一节一节的，这样就方便拆下、降低。

这栋楼里有许多设备，各种各样的特斯拉线圈，或高频电流变压器。主要设备是巨型放电器，它是一个大型特斯拉线圈。在这栋建筑中间的屋里，有一个环形的篱笆状墙，直径为 75 英尺，上面是巨型放电器的初级线圈。次级线圈直径为 10 英尺，在木质框架气缸上饶有 75 圈线圈。它的高度大约为 10 英尺，置于房间中心离地板几英尺的位置。这间屋顶可以向外滑动，变为两块，因此桅杆及导线离地面下三分之一处不会出现其他物质。

特斯拉在科罗拉多山中开始研究时，他想知道地球是否是带电体。科学家在实验中向大自然提出重要问题，而大自然的回应也非常慷慨。特斯拉并没有找到满意的答案，但是他发现了大自然的一个重要秘密，使人们能掌控全球范围内的电力。

特斯拉想知道地球是不是带电体，就犹如小提琴家想知道琴弦是松散的还是绷紧的，在弹奏的时候能不能发出音符，就犹如踢足球的人想知道皮球是膨胀的还是松软的。

如果地球不带电，那么就必须使大量电流流入其中，才能产生电振动。如果地球不带电，特斯拉的计划将更加复杂。他很快发现地球是电势很高的带电体，并且能维持电压不变。在确立这个事实的过程中，特斯拉完成了第二个重要发现。

在他返回纽约后不久，就发表了一篇声明，1990年6月刊登在《世纪杂志》上。但是，1904年5月，《电气世界和工程师》里的一篇文章更加清楚地讲述了这个故事：

"6月中旬，在准备其他工作的过程中，我希望以全新的实验方式，用接收变压器确定地球的电势、周期波动、还有偶然波动。这是我事先制订好的计划的一部分。

"次级线圈含有一个高度敏感、能自我修复的设备，用以控制记录仪器。初级线圈与地面相连，次级线圈与可调节的高架终端相连。电势的不同导致初级线圈产生电脉冲，这又使次级线圈产生电流，进而影响敏感设备和记录仪器，程度大小与次级线圈中的电流强度有关。

"地球充满电振动，很快我就痴迷于这个有趣的研究。我本就希望做出上述发现，这对我来说是个再好不过的机会。

"科罗拉多以天然电力闻名。它气候干燥、空气稀薄，太阳射线十分强烈。在装有浓缩盐溶液的桶里，我把蒸汽气压提升到危险的程度。一些高架终端外包裹着锡箔，在似火光辉的照射下变得皱缩。如果不小心把实验用的高压变压器暴露在夕阳之下，它的绝缘成分很快就会熔化，变压器就无法再使用。

"由于气候干燥、空气稀薄，水好像在煮锅里一样，蒸发得很快，静电也大量聚集。闪电放电也很频繁，有时具有令人意想不到的攻击力。有一次，2个小时内发生了 12000 次放电，并且所有放电距离实验室都不到50 千米（大约 30 英里），树林就像着了火，树干倒得乱七八糟。我从来没见过火球，但是我后来成功确定了火球的形成模式，创造了人工火球。

"本月下旬，我好几次注意到，远距离放电比近距离放电对我的仪器影响更大。这令我感到迷惑。到底是什么原因呢？多次观察表明，它与单次放电的强度无关，我认为接收电路周期与地球干扰周期之间的关系也不是原因。

"一天晚上，在我和助手回家的路上，我思考着这些经历。突然，一个想法让我震惊。几年之前，在为富兰克林研究所和国家电灯协会写演讲稿时，就产生过这个想法，但那时我认为它是荒谬的。这次，我又放弃了这个想法。然而，我受到了一些启发，感觉很快就会揭秘答案。

"那是 1899 年 7 月 3 日，我第一次获得了具有决定意义的实验证据，这个重要的答案将造福全人类。

"一团带电乌云在西边聚集。傍晚，强烈的风暴在山中肆虐，然后迅速消散于平原。在常规的时间间隔内，产生了浓重长久的弧光。由于以前积累了不多少经验，现在我能更容易、更准确地观察。我能快速操作仪器，而且我已经准备好了。记录设备已经调整好，随着风暴的远离，它的示值越来越弱，直到完全停止。

"我热切地期盼着。正如我所料，不一会示值再次显现，然后逐渐增强，在达到最大后逐渐降低，直至停止。这种现象有规律地重复着，直到风暴以恒定速度移动到 300 千米（180 英里）之外。这时，上述奇怪现象也没有停止，而是持续进行着。

"随后，我的助手弗里茨·洛温斯坦也观察到相似现象。不久，出现了好几次机会，我毫不犹豫地确定了这个奇怪现象的本质：驻波。

"随着干扰源的远离，接收电路开始工作了。看起来似乎不可思议，虽然地球体积巨大，但传导能力却有限。如果把这个事实用于我的能量传递系统，它将带来重要结果，这种想法对我来说已经十分明确。

"我早就意识到，发送无线电报信息是可实现的。不仅如此，人类声音的微弱调节也可以进行无线传输，甚至电力也可以进行无线传输，且几乎没有什么损失。"

特斯拉希望确定地球是否带电、是否能电振动。为了更清楚地阐释这个问题，我们可以想象空浴盆和盛水浴盆之间的区别。不带电地球就像是空浴盆，带电地球就像是盛水浴盆。把手放在水里，以合适节奏纵向搅动，就会产生波浪。水波振幅会不断增大，只要不停搅动，水花就能飞溅到天花板上。

地球就像是盛着流体的巨大容器，中心的小柱塞能短距离上下移动。水波流动到容器边缘，然后被反射回中心。由于柱塞的运动，水波不停重复上述动作。

来来回回的两种水波都与容器共振，这两种水波之间的反作用力造成水中驻波的产生。从表面来看，就像单一系列波固定在某一点一样。

在特斯拉的实验中，闪电放电就充当了柱塞的角色，使波迅速向东边移动，而且闪电放电带着驻波一起运动。测量设备是固定的，所以波经过设备时，会造成测量电势时起时落。

这个实验不仅证明地球带电，还证明了电干扰会造成规律性振动，产生共振现象，产生巨大的效果。士兵整齐划一地经过大桥，导致大桥坍塌，这就是实例。

曾经，特斯拉使用调谐电流在电路中产生电共振，从而获得了超高频高压电流。现在，他认为在地球中也可以产生相同的效果——把地球看成是电容器和线圈的组合，即一个纯电共振单位，然后用高频高压振荡器对其规律性地充电、放电。

在这个伟大实验中，超人特斯拉竭尽所能。他勇往直前，激发我们的想象。他的成就将使他的美名永垂不朽。

最终，在科罗拉多的实验室，用以全面实验的巨型线圈、电容器组合其他设备都准备好了。特斯拉彻底检查、测试过每个仪器，终于可以进行关键的高压实验了，它将产生前所未有的高压。特斯拉希望能打破之前自己的纪录，产生比尼亚加拉瀑布高压传输线的电压高出数万倍的电压。

特斯拉毫不怀疑他的巨型振荡器会起作用，但是他也知道自己将制造数百万伏的高压和大量电流。任何人都不知道这些电能爆炸会导致什么结果。他知道，这次实验将首次产生人工闪电，使其从 200 英尺高的桅杆上发出闪光。

科罗拉多斯普林斯电力公司的发电站输出电流，电流经过两英里长的高压输电线，通过配电板进入特斯拉的实验室。特斯拉让科尔曼·茨透（他曾在纽约的实验室和特斯拉共事多年）操控这块配电板。

特斯拉对茨透说："我下达命令时，你把配电板关上一秒钟——不需要更长时间。"

特斯拉站在实验室门边的位置，这样他就能看见秃顶房屋中心的巨型线圈——但他与门的距离也不是很近，以防闪电偏离位置，烧伤自己。在他的位置抬起头，透过敞开的屋顶，能看见 200 英尺高桅杆上的铜球，铜球的底部在笼子似的次级线圈中间。特斯拉迅速环顾了一圈，然后发出了命令："开始。"

茨透关上开关，然后又迅速打开。在这短暂的时间里，次级线圈上出现大量头发丝似的电火花，房间各处充满着劈啪声，头顶高处发出尖锐的咔嚓声。

特斯拉说："不错。实验效果很好。我们以同样的方法再试一次。开始！"

茨透再次关上开关，一秒后又打开开关。线圈又出现丝丝电火花。实验室到处是噼啪的小火花，头顶高处的咔嚓声从敞开的屋顶传来。

特斯拉说："这次我出去观察桅杆。我下指令时，你关上开关，使它保持断开状态。直到我让你打开开关，你再打开。"他一边说，一边向附近敞开的门走去。

特斯拉站到门外的一点，确保自己能看见如针细的桅杆上的铜球。然后，他冲着门里喊道："茨透，立刻关上开关！"

茨透关上开关，后退几步——但他一直伸着手，以防突然收到特斯拉的指令，能随时打开开关。在关上开关的那一刻，没有什么事发生。设备有机会积蓄能量，没人知道将会发生什么。他知道，设备会从初级线圈中获得大量电流，就像"短路"一样。他知道，如果电流继续流动的话，短路将具有破坏性。如果任由事情发展，配电板将出现有趣的现象。茨透预计开关关上一两秒后，会出现快速闪光和爆炸冲击。几秒钟过去了，并未出现短路。

开关关上后，还是出现之前听到的噼啪声和咔嚓声。然后，声音变得响亮。线圈的噼啪声变成了尖锐的咔嚓声。屋顶之上的咔嚓声变得更加尖锐，后来的声响像是来复枪的枪声。接着，声音更大，就像是机关枪的嗒嗒声。空中的爆炸声震耳欲聋，就像是大炮的轰轰声。与此同时，放电现象多次出现，好似建筑物上空在进行炮战。各种声音令人不寒而栗，轰轰的声响摇晃着大楼，情况危险。

在秃顶建筑物里，出现了一道奇怪的幽蓝光。线圈冒着丝丝火花。这栋建筑里的一切都冒着细针般的火焰，空间中充满了臭氧的硫黄味道和火星，让人感觉大难临头。

茨透站在开关附近，看到火花从指间喷出，感觉到刺痛。他在想，自己能否接近开关，把开关关上？在接近开关的地方，火花是否更加强烈？这令人伤脑筋的状况会一直进行下去吗？头顶是振聋发聩的轰轰声，越来越糟糕。在大楼倒塌之前，特斯拉为什么不停止？他会自己打开开关吗？也许特斯拉被击中身亡，无法下达关上开关的指令了！

在茨透看来，这状况持续了一个小时，实际上才过了一分钟。然而，在这短短的时间内，发生了许多事。

站在外面的特斯拉身穿常礼服，头戴黑色常礼帽，这是吉利场合的衣装。他身材纤瘦，就像秃顶建筑上高耸的桅杆。他在鞋底垫了一块一英寸厚的橡胶，用以绝缘电能。

在向茨透发出"立刻关上开关"的指令以后，特斯拉抬头注视着桅杆顶上的铜球。看到铜球发出发丝般的火花，他目瞪口呆。火花大约 10 英尺长，很细。他对此并不满意，但是很快花火一个接一个冒出来，每个都更长、更明亮、更幽蓝。

特斯拉感叹道："啊！"甚至忘记合拢因感叹而张开的嘴。他高兴得双手紧握，然后举起手来，伸向桅杆顶部的方向。

更多的火花！更长的火花！20、30、40、50、60、70、80 英尺，而且逐渐变得更明亮、更幽蓝！现在，不是丝线般的火花，而是手指粗的火焰。扭动的火焰猛力伸向天空。现在，火焰有胳膊粗细，离开了铜球。

特斯拉看着成形的闪电冲入空中，眼睛几乎从眼眶里蹦了出来。与此同时，还有一连串的雷声。现在闪电的长度是大楼的一半，135 多英尺长，而 15 英里之外的克里普尔克里克都能听见雷声。

突然，一片沉寂！

特斯拉冲进大楼里。

"茨透！茨透！茨透！你在做什么？我没告诉你打开开关。快点把它关上！"

茨透碰了一下开关。它仍然是关闭状态。然后，他看了看配电板上的伏特表和安培表。两个表的指针都指向零。

特斯拉立刻明白是怎么回事了：实验室供电的电线"没电"了。

他叫道："茨透，快给发电站打电话。他们不能这么做。他们切断了我的电源。"

电话打给了发电站。特斯拉握着电话，叫道："我是尼古拉·特斯拉。你切断了我的电源！你必须立刻给我供电！你不能切断电源！"

电话另一端传来粗鲁的回答："切断你的电源有什么大惊小怪的。你可恶的实验造成了我们电线短路，烧毁了我们的发电机，现在还着火了。你不会再获得一点电能了！"

特斯拉的实验需要大量电能，所以他制造了能承载高强度电流的设备。尽管如此，这次实验使科罗拉多斯普林斯电力公司发电站的发电机负荷过重，发电机无法承担起这额外的重负——发电机的设计使它无法承受高强度电流。它的电线变得越来越热，然后绝缘层着火了，电枢线圈里的铜线就像蜡一样熔化，断开了电路，所以发电机停止发电。

发电站有一台备用发电机。很快，他们就启用了这台备用发电机。特斯拉要求，备用发电机开始工作后，立刻给他供电。但是这个要求被拒绝了。后来他被告知，公司将专门提供一台发电机，为老主顾提供服务。然而，这台发电机就是烧毁的那一台——等它被修好以后，特斯拉才能获得供电。特斯拉提出，如果发电站允许他来解决问题，他可以加速修理工作。维修交流电发电机对他来说是小菜一碟。特斯拉带着几位员工从实验室来到发电站，很快就修好了发电机。不到一周时间，发电机又开始工作了。

以略低于平均家庭用电率的5美分每千瓦时来计算的话，能产生壮观烟火景象和地球振动现象的一次雷击仅需五美分的电流。它含有大量电流，能达到数千安培、数万伏特，但仅持续百万分之一秒。如果能持续提供这种电流，闪电就不会停止。

特斯拉的科罗拉多实验室源源不断产生电流，以上述价值计算，它每小时为地球带来15美元的电流。在一个小时之内，他向地球充的电量是一次雷击的好几百倍。由于共振现象，地球的电效应远远胜过闪电，因为一且共振建立起来，只需要提供相当于摩擦损失的电能，就可以维持状况。

在 1900 年 6 月刊的《世纪杂志》中，特斯拉对结果做了保守的估计，他这样描述巨型振荡器：

"不论这些结果看起来多么非凡，以同样原理设计出的设备能达到更壮观的效果。我制造过长达 100 多英尺的放电电弧。但如果希望它的长度能扩展 100 倍，这也不是难事。

"我曾经产生过 10 万马力的电能，50 万、1000 万马力也是能轻易实现的。这些实验效果堪称完美，是任何人类机构都无法达到的，但它们仅仅是雏形。"

特斯拉使地球电振动的方法与之前描述过的机械振动方法类似：活塞以合适速率上上下下运动，在水中产生驻波。

特斯拉快速向地球注入电子流，吸出电子流。实验时，人们仍然不知道电子是电流的基本微粒，所以这个过程被称为电流流动。

抽吸过程每秒振动 15 万次，能产出波长 2000 米（大约 6600 英尺）的电脉冲。

移动波从科罗拉多斯普林斯出发，向各个方向运动，绕圈不断增多。越过地球隆起后，绕圈周长变小，强度变大，最后汇聚在地球上的完全对应点。这一点大约位于阿姆斯特丹和圣保罗这两个法国岛屿的西部、非洲南端和澳大利亚西南角之间、印度洋和南极海域的中间。这一点成了电南极，而科罗拉多斯普林斯则成了电北极，电南极的大振幅波和电北极的特斯拉设备起落一致。随着这次波的落下，它会发出电回响，使科罗拉多斯普林斯也产生相同的效果。当它到达科罗拉多斯普林斯时，振荡器将加强波的强度，使其更强有力地返回到对应点，不断重复上述过程。

如果操作过程中没有损失（如果地球是个完美的电导体，并且没有其他阻力），即使像特斯拉那样仅使用 300 马力的充电电源，共振现象也将具有巨大破坏力。带有大量能量的充电物质将飞离地球。最终，坚固的地球本身也将受到影响，分崩离析。然而，纯共振是不可能实现的。特斯拉经常提到这个幸运事实，否则少量能量就能带来灾难。地球的电阻力阻碍纯共振的出现，但只要持续提供因阻力而损失的电能，就能达到安全的共振效果——这样就能有效地控制局面。

当地球处于电振动之中，地球上所有地方都有电能。可以用合适的简单设备"抽出"这些电能，供人使用。设备包括：类似收音机里的调谐元件（线圈和电容器）、地面连线、有屋顶高的金属棒。特斯拉振荡器在电南极、电北极间产生来来回回的电波，只要使用上述设备，在地球上任何一点都可以吸收电能；再加上真空管灯，就可以提供光亮或产生加热效果（如果操作普通类型发动机，则还需一个变频器。事实上特斯拉发明了可以使用高频电流的无铁芯发动机，但是它没有使用低频电流的发动机效率高。然而，改变频率是一件容易的事）。

特斯拉给地球充电的设备原理很简单。它是由大型线圈和电容器组成的电路，能提供所需的振动频率、励磁电路的电源、升压变压器。升压变压器也处于调谐状态，用于提升电压。

普通铁箱变压器将发电站输出的几百伏电压提升到 3 万伏。这时，电流流入电容器；电容器充满电以后，电流流入与终端相连的线圈。电流在电容器和线圈之间来回流动的速率与电容器的容量有关，也与线圈长度或电感有关。电容器和线圈连接端口之间有一条弧，为高频电流提供了自由振动路径。

在振动电路中，每个循环的开始电流为零，然后先变大，再变小，在半循环结束时又降为零。电压的变化也遵循这样的过程。电流、电压都是在半循环的中点达到最大值。

线圈周围有电流产生的磁场。电流强度大时，磁场强度也大，在半循环的中点达到峰值。

初级线圈，也叫作特斯拉励磁线圈，层层缠绕在环形篱笆上。环形篱笆位于实验室大厅里，直径为 80 英尺。在篱笆中间的密闭空间，初级线圈中电流半循环一次，磁场强度就变化一个周期。随着磁场力移动到中心位置，它们变得更加集中，在这块区域里积累了大量能量。

以这块区域为中心，另一个线圈处于良好调谐状态，和渐变能量形成电共振，每秒 30 万次。线圈的直径大约为 10 英尺，在一个 10 英尺的笼子构架上绕了 100 多圈。在共振中，线圈电压能升至 1 亿伏。从那以后，再也没有科学家能成功产生它十分之一的高压。

当磁场第一次作用于线圈时，它导致电子从线圈流至地球，从而提升地球电势。第二次磁力极性相反，导致电子从地球流回线圈，向上流至线圈终端，即 200 英尺桅杆上的金属球。

向下流动的电子到达广阔的地面，向上流动的电子集中于桅杆上的小金属球，形成超高压。金属球中的电子处于爆炸式电压之下，被迫离开金属球。它们向矛一样戳着周围的空气，打开了一个小缺口；然后，无数电子冲出金属球，在空气中产生一条数英尺长的白热路径——也就是说，产生了放电火花。

特斯拉成功地使地球振动，就像地球是他实验室中的设备一样。现在，他可以测试全球电力传输方法的实际应用（在描述振动电流通过地球的方式时，特斯拉声称电流直接流过地球中心，经过直线到达对应点。电流以常速（即光速）经过直线路径。他声称，这股电流使地球表面产生另一股电流，在起止点这两股电流同步运动。因此，地球表面的电流速度必须更快。在起止点，地球表面的电流速度将无限大，接近轴赤道附近时速度迅速降低，直至降为正常的电流速度）。

特斯拉在科罗拉多斯普林斯的所有成就从未被谈起，也不会再被谈起。他记忆力非同寻常，所有相关记录都记在大脑里。当他逝世时，那些记录也跟随着他一起离开了。弗里茨·洛温斯坦是一位有能力的电气工程师，对高频电流感兴趣，是特斯拉科罗拉多实验室的助手。然而，特斯拉既不信任洛温斯坦，也不信任其他人。

记录实验是科学家、工程师的日常工作，但特斯拉没有必要写下实验细节。他记忆力非同寻常，又能在视觉化中完全真实地展现过去的事件。他不需要参考书，因为他能从基本概念中迅速推导出所需的公式；他甚至能记住对数表。在这种情况下，我们极为缺乏他的实验记录，因为记录的内容仅占一小部分。

特斯拉打算把以后研究的一些重要基础事实都存储在他的头脑中，等待根据新发现制造出工作模型的那一天。他并不担心别人会超过他，因为他比同时期的发明家遥遥领先，拥有足够的时间发展新思想。

特斯拉有意独自实现新发现。那时，他十分自信地认为：自己能活到125岁，100岁之前还能积极开展实验，那时他将考虑写一本自传，为自己的实验工作提供记录。在他接近80岁时，他仍然对上述想法坚信不疑，丝毫不怀疑自己的想法是否能实现。

对于特斯拉的上述想法，我们很遗憾，无法得知他在科罗拉多斯普林斯的主要发现。将他发表在出版物上的一些文章拼凑起来以后，我们确定——为了建立全球广播系统，制造一些用于此目的的侦测器，他进行了巨型电流移动实验；此外，他还测试了电力传输系统，通过操作振荡器从地球获取电能，在离实验室26英里的地方点亮了200个爱迪生白炽灯。每个白炽灯大约50瓦，200个白炽灯需要1万瓦能量，大约是13马力。

用无线方式将13马力电能传输到26英里之外，这足以证明特斯拉计划的现实性。他声称，这种电能传输方式能提高95%的效率。因此，毫无疑问，他能用300马力的振荡器同时操作不同地方的十几个展示。就这一点，他曾说过："在这个新系统中，是在几英里范围内传输，还是在几千英里范围内传输，这并不重要。"

特斯拉在1900年6月刊的《世纪杂志》中说道："尽管我还没有实现大量电流的远距离传输、没有实现工业化的规模，但我已经操作了几个工厂模型，模型的状况和真实的大工厂如出一辙。这个系统是可实现的，已得到完全证明。"

特斯拉晚年时，他在科罗拉多的许多发现尚未公开，但他坚信那些发现是可以实现的，而且具有重要价值。作者曾两三次催促特斯拉公开他的发现，以防出现什么意外，使他的辛劳成果都付诸东流。特斯拉对这个想法不以为然，但作者希望能得到特斯拉的允许，推进这项工作。特斯拉礼貌地感谢了作者的好意，但他强调，他会按照自己认为合适的方式解决问题，而且他很快就能获得足够进行发明的资金。

1899年秋天，特斯拉回到纽约，他再一次破产了。但他知道，自己重要的科学发现丰富了人类的思想。然而，更重要的是，他的工作使人们转变了态度。他使人们知道，人类能控制自己居住的星球。人类现在可以把这个星球看成实验室中随心所欲操控的设备，就像天神看待这个星球的态度一样。

特斯拉带回纽约的照片展现了振荡器的放电现象，他也讲述了自己的经历。这些在他的朋友圈中引起轩然大波。罗伯特·安德伍德·约翰逊是《世纪杂志》的编辑，居住在幽静默里山中的麦迪逊大街，特斯拉经常到他家拜访他。他要求特斯拉写一篇文章，讲述自己的成就。

文章完成以后，约翰逊把它返还给了特斯拉，说文章内容是冷酷的哲学，而不是滚烫的事实。特斯拉仅仅提了自己最近的伟大成就，却发展了一个哲学体系：他把人类进程看作是机械过程，由可用的能量激活。尽管每次文章都具有很高的文学质量，但它被打回三次，特斯拉重写了三次。

这篇叫作《增加人类能源的问题》的文章引起了轰动。J·皮尔庞特·摩根就是感兴趣的人之一。这位大资本家喜爱天才，特斯拉正符合这个标准。

摩根是一位著名的资本家，但几乎没有人知道他也是个慈善家，因为他的善举总是小心翼翼，对外保密。保密行为并不总是很成功，接受馈赠的人充满自豪与感激，这可能使秘密难以继续保持下去。

特斯拉被邀请到摩根家做客，很快受到摩根全家的欢迎。他现在的成就以及不可限量的未来、令人愉快的性格、高尚的品德、优雅的举止、把工作放在首位的精神、赤子般的热情，这些因素都使摩根和熟悉他的人对他赞不绝口。

摩根询问了特斯拉的经济状况。那时，如果把全球经济比作一盘棋，那么仅有为数不多的几个财团在下这盘棋。特斯拉这样的天才也许能影响财团的命运，因此他有必要了解一下特斯拉的状况。毫无疑问，当摩根听说特斯拉没有资助者，现在身无分文，甚至无法继续研究工作，他感到惊讶，并且对这样的结果十分满意。

摩根清楚特斯拉的多相交流电系统价值巨大。尼亚加拉瀑布的开发就是摩根财团的一个项目，实施的计划非常成功。特斯拉开启了获利丰厚的新工业电气时代，为其提供了科学基础和工程基础，而现在特斯拉破产了，无法继续进行电力输送研究。他的系统传输范围达到几百英里，曾取代了爱迪生的电力系统（传输范围仅为半英里），而现在他正在研究一个新系统。实验证明，这个新系统能向地球另一端进行无线电传输，能量损失仅为爱迪生半英里电力系统的一小部分，并且成本比他自己的交流电系统还要便宜。这会对全球财团的棋局产生什么影响？

新型的无线电传输系统能适应现存的经济结构吗？它的应用是否会带来更多混乱，而非利益？如果它得以发展，谁来控制它？如果在地球上任何一点，人们只需简单的设备就可以利用无限的电能，那么整体状况可以被有效控制码？对于这项服务，如何收取费用？

上述问题是实用主义的摩根对特斯拉全球电力系统的考虑。除此之外，特斯拉也建议建立一个全球广播系统，用于传递新闻、娱乐、知识和其他趣事。摩根能理解无线通信的实用性，点对点的信息传输可能因此而改变，这是特斯拉系统的一部分。但是，从特斯拉的思维方式来看，它重要性不大，没有广播和电力传输系统重要。

摩根知道，特斯拉这位天才能找到实现全球服务的方法，并且能带来利润。但是特斯拉的新系统看起来如此奇特，让"实用主义思想"的摩根难以接受。也许这个新系统比多相系统更加重要。特斯拉的多相系统曾以100万美元的价格卖给了威斯汀豪斯，创造了历史纪录。从此威斯汀豪斯成为爱迪生系统的强有力竞争者，而资助爱迪生系统的正是摩根；威斯汀豪斯也是通用电气公司的强有力竞争者，通用电气公司的资金也是摩根提供的。尽管威斯汀豪斯掌控了多相系统，通用电气公司以签订许可证协议的方式，获得了多相系统的共享权，因此也有开发市场的机会。

　　也许这位发明家的历史正在重演，他的超超级系统将取代他的超级系统。在这种情况下，摩根就可以抓住机会，掌控全球电力。

　　垄断新系统的集团可以开发它，或根据需要不开发它。现有的有线传输系统令人满意，新系统可以代替或补充有线系统。或者，可以把新系统束之高阁，以防新系统阻碍现存系统的使用。垄断新系统，意味着别的集团无权占有它，可以以此迫使其他大型企业做出让步。购买特斯拉的电力专利和广播专利，即使需要花费大量资金，也将是一项有利可图的投资。

　　但是，还有一个微妙的想法。在没有足够资金支持的情况下，特斯拉的全球系统就无法实现。如果一个大集团刚开始就介入，希望获得它的垄断权，却没有成功，而且表现出这是有意为之的结果，那么就会吓走本想支持这个系统的其他集团。

　　然而，在与特斯拉接触的过程中，摩根没有提到商业或实用之类的事情。看起来，他只是对特斯拉的创造才能感兴趣，想资助这位天才而已。他对特斯拉的帮助不附加任何条件。特斯拉可以自由使用资金，想怎么样使用就可以怎样使用。没有确切资料记录这个新系统的价值，但根据一位与特斯拉关系密切的可靠消息称，特斯拉在短期内获得了15万美元，后来得到的资金总数是上述数值的两倍。

　　特斯拉没有隐瞒摩根的资助。在发表于1904年3月5日《电气世界和工程师》的一篇文章中，特斯拉描述了逐步发展的无线电：

"目前为止，我所做的大部分工作都要归功于 J·皮尔庞特·摩根先生，他的慷慨鼓励着我，激励着我。曾经许多人承诺会提供资助，而如今他们却心怀疑虑，正是在这个困难时期，摩根先生向我伸出援手。"

摩根提供第一笔资金后，谣言传开了，说他仅仅对特斯拉开展的企业感兴趣。由于摩根的声望，特斯拉当时并未在意这个谣言。然而，后来特斯拉急缺资金时，摩根没有对项目提供资金支持，他明显不想帮助特斯拉，这使特斯拉感到不满。

然而，1990 年，拥有 15 万美元资金的特斯拉心怀伟大抱负。这位令世界颤抖的超人，乘驾着名誉的风浪，开始着手工作。

内心的挣扎

第三部分

对特斯拉来说，1900 年不仅是新世纪的开端，也是世界超级电力纪元和无线电广播纪元的开端。除了他内心强大的驱动力，J·P·摩根的鼓励也推动着他的前进。拿着摩根资助的 15 万美元，他准备开始一个大冒险：建立遍布世界的无线电和广播站。

特斯拉手头的资金不足以完成整个项目，但这不会阻止他开始。休斯敦实验室已经不够用了，他需要一个新实验室，以及之前在科罗拉多斯普林斯使用的相关设备，但设备应该适用于实际的广播过程。和詹姆斯·S·沃登达成协议后，实验室的选址也确定下来了。詹姆斯·S·沃登是萨福克县土地公司的经理，来自西部的一名律师、银行家。长岛萨福克县肖勒姆距离纽约 60 英里，他拥有那里 2000 英亩的土地。特斯拉准备在以沃登克里夫命名的这片土地上建造实验室。

特斯拉想象着将雇佣数千人的电能和广播站。他最终建成了无线电城，比纽约的洛克菲勒中心更加宏伟。特斯拉计划从一个广播站发出所有波长频道，这将使他垄断无线电广播事业。那时目光短浅的商人不愿意加入这个项目，因而错失了绝佳的机遇！但那个时候，特斯拉是唯一想象出现代广播的人。其他人认为，只有轮船与海岸或大洋两岸的无线电报传输具有现实性。

然而，沃登认为特斯拉的计划是可能实现的，并且向他提供了200英亩的土地。其中，20英亩土地已清扫干净，用于发电站的建设。电站即将雇佣的2000人可以在剩下的土地上建造住房。特斯拉接受了他的提议。

　　特斯拉的朋友斯坦福·怀特是一位著名的建筑设计师，建造过国内的许多教堂和纪念碑。特斯拉对他讲述建造一座工业"美丽城"的想法，希望得到他的帮助，和他一起共同实现梦想。怀特先生看好这个想法，答应免费设计特斯拉描绘的奇怪的塔以及计划中的其他建筑。来自新泽西州东奥兰治的W·D·克罗是怀特的助手，后来成为了医院及其他机构建筑的著名设计者。正是他实际承担了这项工作。

　　克罗先生发现，他设计的这座塔造型奇特，结构受限。特斯拉要求塔高154英尺，在顶端放置一个直径为100英尺的圈饼状铜电极，管径为20英尺（后来，它被改为半球形电极）。

　　这座塔的结构是骨架式的，材料几乎都是木材，还有少量铜质金属配件。此前，从没有过此类木质结构的工程数据记录。

　　特斯拉要求建筑顶部具有大量"帆面积"，即表面与风接触的面积。对于一个稳定性较弱的建筑来说，"帆面积"会给塔带来压力，必须对此做好准备。克罗解决了这个工程问题，同时又兼顾了建筑的审美要求。

　　设计完成后，另一个难题出现了。即使是著名的建造者，也不敢建造这座塔。最终，大型承包公司诺克斯兄弟公司的一位建造者签下了合约。但是，他也表达了自己的担忧：冬天的寒风可能会把建筑吹倒（事实上，这座建筑矗立了十几年。在第一次世界大战中，由于军事原因，政府决定移除这座奇怪的建筑，使用了大量的炸药。即使如此，它依然岿然不动，就像是威尔斯《世界大战》中的火星入侵者）。1902年，塔的建造工作完成，同时还建成一座100平方英尺的低砖楼，用作发电站和实验室的场所。在建造过程中，特斯拉每天往返于沃尔多夫阿斯托利亚和沃登克里夫。他每天上午11点多到达附近的肖勒姆站，直到3点半后才返回。和他同行的还有一位塞尔维亚佣人，带着装满食物的篮子。实验室完全从休斯敦大街搬到沃登克里夫以后，特斯拉租下了长岛海岸附近的贝利房舍，在那儿待了一年。

特斯拉所需的重型设备、发电机和发动机不同一般，普通制造工人无法生产，所以完成这些设备耽误了一些时间。他的新实验室能使用各种高频电流，也有其他设备。但是，建立世界范围的广播站这个主要项目却跟不上进度。同时，他还有一些吹玻璃机，可以制造用以传输、接收广播的玻璃管。现在普遍使用的电子管是德雷弗斯特发明的，特斯拉比他早十几年。特斯拉逝世时，玻璃管的秘密也随之消失了。

特斯拉似乎不害怕数百万伏的高频电流。事实上，他十分敬重各种形式的电流，操作设备时小心翼翼。当操作可能具有危险的电路时，他一只手总是放在口袋里，用另一只手控制仪器。不论电压是5万伏还是110伏，只要操作60赫兹的低频交流电线路，他就坚持让所有员工都按照他的方式做。这种警惕可以减少电流通过身体流向另一只手的可能，因为这个过程可能会造成心脏停止跳动。

尽管特斯拉在实验中总是小心翼翼，但有一次他还是险些在沃登克里夫丧命。他想测试小直径高压高速水枪的特点，水流为每平方英寸1万磅。即使碰到一个铁块，这样的水流也不会受到影响。铁块却会反弹回来，就好像碰到了另一个铁块。对于水这样机械薄弱物质来说，这个特点很奇怪。高压下盛着水流的气缸是由熟铁制成的。特斯拉无法在上表面盖上熟铁盖，所以他用了一个更重的铸铁盖，但是也更脆弱。有一天，他把压力提升到前所未有的程度后，气缸爆炸了。铸铁盖坏掉了，进出的一块铸铁倾斜飞向天花板。在此过程中，这块铸铁与他的脸仅有几英寸的距离。高压水流破坏力极大，几乎能毁坏一切与之接触的物体，金属也不例外。特斯拉从来没有说明这些高压实验的目的是什么。

特斯拉要求实验室特别整洁，一位助手在打扫卫生时，因为不小心差点酿成大祸。特斯拉打算用螺栓在厚厚的水泥地板上钉上一层绝热层，安排人在水泥地板上钻了洞。计划是将熔化的铅灌入小洞中，当铅冷却时拧紧螺丝钉。小洞刚钻完，一位年轻的助手就开始清扫碎屑。他不仅扫走了石屑和尘土，还用拖把清洗了整个地面，结果不小心让小洞进了一些水。他又擦干了地板。这时，特斯拉和财务秘书乔治·舍尔福（只要他能帮上忙，也会帮助其他方面的事务）正在熔化铅，用以把绝热层固定在地板上。舍尔福从熔炉中舀了一勺铅，穿过实验室，到达小洞的位置。特斯拉紧随着他，拿着另一勺铅。

舍尔福弯下腰——当他把灼热的液态铅倒进小洞时，立刻发生了爆炸。熔化的铅飞溅到他脸上。特斯拉的助手用来拖地的水滞留在小洞里，接触到熔化的铅之后变为蒸汽，使铅飞溅出小洞，就像子弹从枪管里飞出一样。特斯拉和舍尔福都被熔化的铅溅到，手中的一勺铅都掉落了。由于特斯拉在几英尺远的位置，所以伤势较轻；而舍尔福的脸部和手部都伤势严重。金属液滴溅到他的眼里，造成重伤，以至于有一小段时间人们担心他会永久失明。

特斯拉探索着未知领域，他的实验总是与高伏特、高安培、高压、高速、高温等有关。虽然这些实验很有可能发生意外，但特斯拉的职业生涯中只因一次意外而受伤过。那一次，一个尖锐的仪器滑落了，掉到特斯拉的手掌里，戳伤了手。舍尔福的这次意外是实验室员工仅有的两次意外之一；另一次是一位年轻助手被 X 射线灼伤，他也许是被特斯拉一个管子中发出的射线灼伤的。当时这种射线还不为人知，也许比伦琴的发现更早。特斯拉当时给射线起了另一个名字，但没有仔细研究过它们的特点。这也许是第一次 X 射线灼伤记录。

特斯拉工作时不知疲倦，他难以理解为什么别人无法像他一样长时间工作。他愿意给和他一起坚守长期项目的员工发放高工资，但他从不要求任何员工加班。有一次，一件拖延很久的设备终于到了，特斯拉想尽快把它安装好，开始实验。他的员工们工作了 24 个小时，中间只停下来吃了两顿饭，又接着工作了 24 个小时。然后，一个接一个体力不支，到大楼的角落里睡觉去了。他们睡了 8~12 个小时，醒来后特斯拉还在工作。当他们返回工作岗位时，特斯拉仍然精神抖擞，度过了第三个无眠的夜晚。之后，特斯拉给他们放了几天假，让他们休息，但 72 小时没休息的特斯拉仍然状态良好，继续开始下一天的实验。他整整 84 个小时没有合眼。

沃登克里夫实验室的主要任务是展示特斯拉无线电阶段的"世界系统"；电力输送站将建在尼亚加拉瀑布。

这段时期，特斯拉发行了一本关于"世界系统"的小册子；这表明他在无线电领域进步巨大，而其他实验者却正在努力熟悉这个领域的基础设备。然而，那时他的想法似乎是一种幻想。在小册子中，他对自己系统和目标做了如下描述：

"在长期的研究和实验中，发明者特斯拉做出了一些发现，这些发现促成了'世界系统'想法的形成。它不仅使瞬时、准确的无线信号传输（不论传输消息、还是文字）成为可能，使无线传输在地球上任何地方都可能实现。它也使现有的电报、电话和其他信号站相互连接，并且不用改变现有设备。比如说，它的用途为：一位电话用户可以给另一位电话用户打电话。只比手表大一点儿的廉价接收器，将使他能听到任何地方的声音，不论是在陆地，还是海上；不论是其他地方发表的演说，还是演奏的音乐；不论距离是近在咫尺，还是远在天涯。上述例子只是为了阐述这个伟大科学发现带来的可能。它能消除距离的影响，使地球这个良好导体能完成许多目标，即有线传输能达到的目标。它最深远的影响之一，应该是在没有使用人造导体的情况下，有线设备（工作范围有限）也能正常工作，便利程度和准确程度不减，而且距离不受限制。因此，这种传输方式不仅能开启一块全新的商业领域，也将扩展旧领域。"

特斯拉的以下重要发明、发现为世界系统奠定了基础：

1. 特斯拉变压器。这种设备在产生电振动方面具有革命性，就像火药之于战争那样重要。它的电流强度超过以前任何实用的电流强度，发明者还利用这种设备制造了 100 多英尺长的火花。

2. 放大发射机。这是特斯拉最好的发明——它是一种可以使地球振动的特殊变压器，它对电能传输具有重要作用，就犹如望远镜在天文观测中的地位那样。特斯拉使用这种神奇的设备，制造了比闪电强度还大的电流，并且远距离传输了可供 200 个白炽灯使用的电流。

3. 特斯拉无线系统。这个系统做出了许多改进，是已知的无线电能传输的唯一方法，涉及范围远，而且价格便宜。发明者在科罗拉多建立了实验站，并进行了细致的测试和测量，它们表明：只要情况需要，任何数量的电流都可以在全球范围内传输，电量损失仅为百分之几。

4. 个性化艺术。特斯拉的这个发明和简单调谐的对比，就像精练的语言和含糊不清的表达的对比。不论从被动方面来看，还是从主动方面来看，它使信号或消息的无线传输具有保密性。也就是说，不会受到干扰，也无法主动干扰。每个信号就像一个独立个体，具有不会弄错的身份；许多设备、电站可以同时操作，而且彼此之间不会相互干扰。

5. 全球驻波。用通俗的话来解释，这个奇妙的发现意味着，地球会对特定频率的电振动做出反应，就像音叉会对特定的声波做出反应。这些特定的电振动可以使地球振动，具有巨大的商业价值和其他价值。

第一个世界系统电力工厂将在 9 个月内开始运营。在这个电力工厂，我们可以获得数千万马力的电能，为各种技术成就提供服务。我们必须提及以下技术成就：

1）全球范围内现有的电报交换机或交换站之间的互相通联；

2）建立一种无干扰的、机密的政府电报服务系统；

3）全球范围内现有的电话局和电话站之间的互相通联；

4）新闻界利用电报或电话广泛传播一般性新闻；

5）建立个人专用的信息传输"世界系统"；

6）全球股票行情系统的互联和操作；

7）建立传播音乐等用途的"世界系统"；

8）用廉价钟表显示时间，无须任何管理，就可实现时间精确度达到天文级别；

9）在全球范围内传递打印或手写字符、信件、支票等文件；

10）建立全球海上服务系统，让轮船脱离指南针，确定准确航向；精确测定船只的位置、时间等信息；防止发生船只碰撞等灾难；

11）初步建立全球范围内的印刷系统；

12）在全球范围内复制、传输各种照片、图画或记录。

四十多年前，特斯拉计划发掘现代无线电的每一个特点，开发几种至今尚未出现的设备。在接下来的二十年中，他是唯一一位想象出广播服务的"无线"发明者。

特斯拉的心血不仅花费在沃登克里夫无线电广播站项目上，与此同时他也在推进另一个方案的实施：在尼亚加拉瀑布建造世界级发电站。他自信满满，在1903年的一次报纸采访中，他说自己承担了下届巴黎世博会的供电工作，将用无线传输方式把电力从尼亚加拉瀑布输送过去。然而，由于条件有限，他没有完成诺言。在1904年3月5日的《电气世界和工程师》上，他在一份声明中描述了自己的困境和计划：

"如果不是因为不可预期的延迟，第一个中心站早就应该建成了。幸运的是，这个延迟与技术原因无关。这些时间损失看起来让人恼怒，实则可能是一种好运。人们采用了最好的设计，发射机能发出至少一千万马力的复合波，它的百分之一就足以照亮地球。只要使用某种巧妙的办法，就能使能量传输率巨大，大约是尼加拉瀑布项目的两倍。以后我一定会弄清楚这种办法。

"目前为止，我所做的大部分工作都要归功于J·皮尔庞特·摩根先生，他的慷慨鼓励着我、激励着我。曾经许多人承诺会提供资助，而如今他们却心怀疑虑，正是在这个困难时期，摩根先生向我伸出援手。我也应该感谢我的朋友斯坦福·怀特先生，他为我提供了无私、具有价值的帮助。现在工作大有进展，尽管过程缓慢，一定会有完成的那一天。

"同时，我们也没有忽视工业规模的电能传输。加拿大尼亚加拉电力公司给予我很大鼓励。我想获得成功，不仅因为技艺层面的原因，还因为他们的特许证将他们获得经济利益。我设计第一个发电站很久了，我建议它使用一千万伏传输一万马力的电能。现在我能安全生产、操作这样的高压电流。

"可以在全球范围内收集电能，每次只收集一马力至几马力的少量电能。它的主要用途之一，就是为分散的住户提供照明电力。如果住户使用真空管电灯，只需要少量高频电流就足够照明使用。这只需要电流和稍高于屋顶的终端就足够。另一种用途是，它可以作为钟表及其他此类设备的驱动力。这些钟表十分简单，不需要人为调整，显示时间也非常准确。使世界牢记美国时间这个想法很有趣，有可能流行起来。人们使用或可以使用各种各样的设备，如果采用上述方法，我只须建造一个不超过1万马力的电站，就可以为世界提供便利。这个系统的引进将提供机会，使人们制造出从未面世过的新发明。

"我知道第一次尝试具有重要意义，对未来发展也具有深远影响，所以我小心谨慎。经验告诉我，在我能力范围之外的事情，不要指望企业会圆满完成。但是我仍然相信，这个伟大的系统很快就会实现。我知道，第一个任务的完成将使我们信服它的数学确定性。

"这个真理是无意中发现的，也得到了实验证实。当人们完全意识到它的重要性以后，从电流的角度来说，巨大的地球只不过像是一个金属球而已。正是由于这个事实，许多难以想象、无法估量的事情也能够实现。第一个站点的建立将表明：像思想一样秘密、不受干扰的电报信息可以被传送到地球上任何地方；人类的声音可以立刻在地球上任何一点重现，而且语音语调不会发生变化；不论在海上、陆地、还是空中，瀑布提供的电能可以用于照明、加热、提供动力——人类即将见证令人兴奋的事情，将像炸开锅的蚂蚁窝那样狂热。"

尼亚加拉瀑布电站从未建成；不久之后，沃登克里夫实验室也遇到重重困难，无法获得所需的设备，也没有足够的资金。

特斯拉具有远见卓识，可以说，他唯一忽视的"发明"，就是用于其他发明的无限资金。正如我们所见，他缺少这样的人格魅力：无法直接从发明中获得资金。如果一个人具有他那样的才能，应该从每个小发明中得到数百万美元的资金。比如说，如果他不怕麻烦，每年对二十多种设备征收专利费（制造商使用他的特斯拉线圈制造出这些设备，用于医疗目的），那么他就能获得足够的资金，继续世界无线系统项目。

然而，他的思想被各种有趣的科学问题完全占据。有时候，他的实验室会雇佣十几个高级技术工人，制造他不断构想的各种电子发明。实验室周围经常有一些警卫驻守，以防别人盗窃他的发明。他的工资账单开销巨大，他的银行账户余额少得可怜，但是他完全沉浸在实验当中，没有用心改善财务状况。很快，他发现自己不能及时归还债务，因而受到债权人的催促。1905年，他被迫关闭沃登克里夫实验室。

他实验室前奇特的塔也没有建成。因为特斯拉改变了主意，决定在154英尺高的圆锥状塔顶建造一个直径为100英尺、高度为50英尺的半球，所以圈饼状铜电极也没有完成。半球圆顶的骨架已制造出来，但是从未涂上铜薄膜。300马力发电机和用于操作广播站的设备从未使用过。最后，一家工程公司把这些设备移走，并且没有支付费用。

特斯拉在纽约百老汇165号新建了一个办公室，想方设法重振项目。著名的资本家托马斯·福琼·瑞恩，炼糖业领头人H·O·哈夫迈耶，分别资助他1万美元和5000美元。他没有使用这些钱重建实验室，却用于归还世界无线系统的欠款。他向每一位债权人还清了款项。

特斯拉明显处于资金困难时期时，许多人认为特斯拉的项目投资人摩根一定失望至极。有细节披露，摩根对特斯拉的企业根本不感兴趣，然后谣言四起：摩根已经收回了他的支持；也不知道为什么，谣言越传越离谱，甚至说特斯拉的系统不实用。事实上，直到摩根去世为止，他一直资助着特斯拉。后来，他的儿子也和他一样，资助了特斯拉一小段时间，只不过资金少了一些而已。

对于越来越离谱的谣言，特斯拉没有进行任何反击。

如果特斯拉能忍受职业经理人，愿意把他的专利交给一位商人，也许早在1896年，他就能开创船对岸无线服务，甚至跨洋无线服务。这项服务将使他获得无线领域的垄断。那时，有人邀请他在船上建造一个无线设备，用以报道在伦敦举行的劳埃德国际帆船比赛进程，但他拒绝了这个能获利的提议，因为他的系统必须用以世界级的场合，否则就和其他实验者的业余系统没有差别。如果他接受了这个提议（在技术方面，他当然不会任何遇到问题），他一定会对有利可图的商业渠道感兴趣，这或许能使他下半生的状况更好一些。

然而，特斯拉不会考虑小型活动，即使这些活动有利可图。这位超人过于坚强倔强。他曾使电力成为工业的基础，曾使整个地球振动，所以他不会扮演传递信号的小小角色；他要么震惊世界，要么默默无闻；他是朱庇特，而不是墨丘利。

特斯拉在休斯敦大街建立实验室以后，乔治·舍尔福就一直担任他的记账员和秘书。舍尔福是一位实用主义者。他尽力使特斯拉与商界的接触一切顺利。他越了解特斯拉，就越喜欢他；他越尊敬特斯拉的发明能力，就越清楚这个事实：特斯拉虽然是个天才，却缺少商业能力。

公司总是支出不断，却不见任何进账，舍尔福对这样的状况感到难过，这是可以理解的。亚当斯曾给特斯拉4万美元的资金，舍尔福想尽一切办法保住这笔资金，维持了公司三年多的运转。舍尔福希望特斯拉做个计划，从发明中获得一些资金，用作公司员工的工资。他研究了特斯拉的每一个发明，制订了制造、销售设备的计划。但特斯拉拒绝了他所有提议。特斯拉总是回答说："这是小事。我不会考虑这样的事情。"

即使别人告诉特斯拉，许多制造商卖出了大量特斯拉线圈，并从中获利，特斯拉也不会打算进入商业市场。他也不允许舍尔福搞副业，尽管副业并不会影响他的研究工作。特斯拉也不会以诉讼方式保护自己的发明，他没有想过让制造商支付他专利费。然而，特斯拉承认："如果制造商向我支付每个线圈 25% 的利润，我就是一位富人。"

伦敦的劳埃德集团邀请特斯拉帮忙，在小船上建立一套无线设备，用于报道 1896 年国际帆船大赛，而且会给特斯拉一笔丰厚的报酬。舍尔福坚持让特斯拉接受这个提议。他劝说特斯拉暂时放下一切工作，利用这次机会使公司上市，提供船对岸或跨洋的无线信息传输服务。他指出，获得的报酬既可以用于制造设备，也可以用于发送信息。舍尔福建议，公司可以交给一位经理人管理，特斯拉继续自己的发明工作。这样一来，研究工作将永远不会缺少经费。

如今，舍尔福坐在位于韦斯切斯特的家门口的走廊上，回顾了过去 50 年。他认为，自己的方案基本上是正确的。美国无线电公司的设备制造规模巨大，通讯系统遍布全球，资金和收入系统良好，这些都证明他当初的看法是正确的。

对于这个提议，特斯拉的回答还是："舍尔福先生，这是小事。我不会考虑这样的事情。你再等等，很快就能看到我的伟大发明，那时我们能挣数百万美元。"

特斯拉数百万美元的想法从来没有实现。舍尔福一直尽力避免公司缺少资金，但沃登克里夫实验室还是因为无法发放工资而关门。在此之前，舍尔福一直效力于特斯拉。之后，舍尔福在联合硫黄有限公司工作，但是他每周仍抽出一天时间，帮助特斯拉打理公司事务，并且不收一分钱薪资。特斯拉对于向雇佣员工发放工资一事极为谨慎，但舍尔福却不在意特斯拉手头有没有资金。金钱似乎一直在阻碍、延缓特斯拉的研究工作——特斯拉认为，自己的注意力应该集中在重要的事情上，而不是金钱这样的世俗小事上。

舍尔福守口如瓶，一副商人风范。他不愿意过多谈论特斯拉的事儿。如果他是一位话多的哲学家，当他想起特斯拉时，他也许会笑笑人性的脆弱以及命运对人开的玩笑。特斯拉的一项发明就足以超越美国无线电公司，但他却没有成功，而且他错过了其他二百多项发明带给他的机会，每项发明都足以让他大发一笔。与上述情况相反，在舍尔福的回忆中，特斯拉近几十年的境况并不好。他曾借给特斯拉一小笔钱，以维持特斯拉的基本生活。但是，舍尔福拒绝详细谈论这些事情。

特斯拉的世界无线系统梦想破灭以后，他又开始进行另一个项目。在他开发多向交流电系统时，就深入想过这个项目：开发旋缸发动机。它比蒸汽式发动机更加先进，就像交流电系统比直流电系统更加先进。这种发动机可用于驱动发电机。

那时，发电站中的所有蒸汽发动机都是往复式的，与纽科默和瓦特发明的发动机类似，只不过体型更大、构造更好、操作效率更高。

特斯拉的发动机类型不同——它是一种涡轮机。一股股蒸汽通过一些圆盘（位于气缸之上）进入涡轮机，推动气缸高速旋转运动。蒸汽由圆盘的外边缘进入，呈螺旋式旋转十几圈以后，从中轴处离开发动机。

1902 年，特斯拉告诉一位朋友他正在研究发动机，声称这种发动机体型微小、构造简单、动力强大，就像"帽子中的发电站"。1906 年他制造了第一个模型，证明了他的预期。它足够小，可以放进常礼帽的圆顶里，最大不超过 6 英寸，能却提供 30 马力的动力。这台发动机的工作效果远远超过那时使用的任何原动机。这台发动机不足 10 磅重。因此，它的输出为每磅 3 马力，转子只有 1.5 磅重，它如此轻便，动力又强，因此特斯拉在信笺和信封上这样写道——每磅 20 马力。

当然，蒸汽流动直接使物体做圆周运动，这种想法并不新颖。历史中早就有的风车和水轮也是利用这种原理。公元前 200 年，亚历山大时期的作家黑罗曾描述过第一个涡轮机，但他并没动手发明。它由置于轮轴上的中空金属球体组成，两个管子与球面相切。把球体中灌水，然后悬挂于火焰之上，从管子中流出的蒸汽就会使球体旋转。

特斯拉关于涡轮机的伟大想法也许源自于一次有趣、失败的实验：年少时期，他尝试制作一台真空管发动机，观察到进入真空管的空气会带动木质气缸缓慢运动。青年时期，他为了躲避服役而逃到大山里。在山里，他产生了这样的想法：通过海底管道进行跨洋邮件传输，在管道中用水流驱动一个中空的球体。然而，他发现水对管道壁具有摩擦作用，所以这个想法不可能实现。摩擦会减慢水流的速度，因此需要大量能量，才能使水流保持人们希望的速度和压力。但是，如果水流以这个速度流动，摩擦将带动整个封闭管道。

现在，特斯拉的涡轮机却利用了摩擦力。一股蒸汽从相距不远的圆盘之间高速流入；由于摩擦作用，蒸汽的速度会减慢——但旋转圆盘的速度则越来越快，直到和蒸汽流动速度相同。除了摩擦这个原因以外，气体和金属表面之间具有吸引力，使蒸汽能更有效地的带动金属圆盘高速转动。1906 年，特斯拉制作的第一个模型有 12 个圆盘，直径都是 5 英寸。它是由压缩空气操作的，而不是蒸汽，转速为每分钟 2 万次。最后，特斯拉决定用油当作燃料，加热喷嘴，使油变为体积膨胀的气体，从而带动转子。在这种情况下，就不需要使用产生蒸汽的锅炉，更加直接有效。

1889 年特斯拉离开威斯汀豪斯工厂，如果他继续进行涡轮机的研究，那么他的涡轮机最终也许会取代当时缓慢、巨大、笨重的往复式发动机。然而，他那 15 年都花在开发高频高压电流上了，涡轮机的研究工作被推迟，这使其他发明者有机可乘。当时，涡轮机得到发展，形状有点像小箱子里的风车。它们由周围带着叶片的转子组成，进入的蒸汽气流会对叶片施力。它们缺乏特斯拉涡轮机拥有的简单。但是，特斯拉开发出他的涡轮机之时，其他发动机都已经进入发展阶段了。

1906年，朱利叶斯·C·茨透制造了特斯拉发明的第一个小型发动机。茨透掌管着长岛阿斯托利亚的一家机械商店，帮助发明家制作模型。他也制作了1911年和1925年的涡轮机模型，以及1929年之前特斯拉发明的其他设备。茨透的父亲曾是特斯拉休斯敦实验室的一名员工，也曾效力于科罗拉多斯普林斯实验室。

茨透对第一个模型的描述如下：

"转子含有一摞直径为6英寸的圆盘，材质是德银。圆盘的厚度只有三十二分之一英寸，圆盘之间有间隔物。间隔物也是同样的材质、同样的厚度，但直径更小一些，呈十字形，中心是圆形的。伸出的支柱用以支撑圆盘。

"圆盘一共有8个，一摞的厚度仅为二分之一英寸。它们被置于一个长度为6英寸的轴上。轴中部的直径约为1英寸，两端的直径为不到二分之一英寸，呈圆锥形。转子置于一个框里，框由用螺栓连接的四部分组成。

"转子的圆形部位制作精确，以使转子和框之间保持六十四分之一英寸的距离。特斯拉希望，转动的框能和转子恰好吻合。转子能达到每分钟35000次的转速，所以框和转子之间必须留出足够距离。在这个转速下，转动时的离心力很大，会牵引旋转的金属圆盘。金属圆盘旋转时的直径会变大，比静止时大三十二分之一英寸。"

1910年，特斯拉制造了一个更大的模型。它由直径为12英寸的圆盘组成。当圆盘转速为每分钟1万次时，能产生100马力的动力。这表明它比第一个模型效率大大提高了。当它的转速仅为第一个模型一半时，却能产生3倍的动力。

155

第二年，也就是 1911 年，特斯拉又进一步改进了这种涡轮机。圆盘的直径减至 9.75 英寸，转速减少 10%，为每分钟 9000 次——但产出的动力增加了 10%，达到了 110 马力！

这次测试之后，特斯拉发表了一份声明，他说："我的涡轮机含有直径为 9.75 英寸、总体厚度为 2 英寸的圆盘，能产生 110 马力。在适合条件下，它也许能产生 1000 马力。事实上，它的机械能力或许没有极限。它可以像汽车、飞机中的内燃机那样使用气体操作，效果也许比蒸汽更好。我进行的测试表明，气体的旋转效果比蒸汽更好。"

用压缩空气操作的涡轮机模型体积更小，直接燃烧汽油的涡轮机进一步减少了体积.特斯拉对这些成功充满热情。他又设计、制造了一种更大的双单位涡轮机，打算在水畔发电站（它是纽约爱迪生公司的主要电站）用蒸汽进行测试。

这座电站本来计划使用爱迪生的直流电系统，但现在却完全以特斯拉的多相交流电系统为基础。

特斯拉打算在爱迪生的"领地"测试自己的新型涡轮机，并取代当时使用中的发动机。显然，他会遭受到敌意。尽管他受到摩根的资助，爱迪生公司也隶属于摩根公司，但这个事实并不能化解爱迪生和特斯拉的宿怨。

特斯拉的测试方式加剧了上述状况。特斯拉是个地地道道的"夜猫子"，他更喜欢在夜晚工作，而非白天。人们在傍晚对电流需求量最大，这时发电站的工作量最重。发电站白天负荷较轻，夜幕降临时，发电机的负荷开始增加。水畔发电站可以为特斯拉提供服务，帮他建造、测试涡轮机，但时间必须是白天，因为白天工人们不太繁忙。

然而，特斯拉很少在下午 5 点之前出现。员工们要求他早点到，他对此充耳不闻。他中意的几位员工本该 5 点钟下班，他却坚持让他们留下来加班。而且，他从不安抚公司的工程师或高层的情绪。他们对待特斯拉的态度自然也好不到哪儿去。

用于测试的涡轮机含有一个直径为 18 英寸的转子，转速为每分钟 9000 次，能产生 200 马力。整个发动机长 3 英寸，宽 2 英寸，高 2 英寸，重 400 磅。

　　特斯拉制造了两个这样的涡轮机，把它们安装在同一个基座上。两个轴都与同一个扭矩杆相连。如果发动机可以自由转动，那么当蒸汽进入的时候，它们就会向相反方向转动。与两个反向轴相连的扭矩杆用来测量产生的动力。

　　有一次，特斯拉邀请了许多人来观看。在这次正式测试上，他发表了一份声明，部分内容如下：在 125 磅供应压力和自由排气的情况下，它只能产生 200 马力；但是我们应该注意到，在供电电路提供全部压力的情况下，它能输出 300 马力。如果涡轮机组合起来，排气被引入低压单位（低压单位含有的圆盘数量是高压单位的 3 倍），再加上提供的 28.5~29.0 英寸真空的电容器，我们会发现——在高压机器中获得的结果表明，在不大幅增加体积的情况下，组合涡轮机能输出 600 马力。这是个保守的估算。

　　特斯拉宣称，在进气压力为每平方英寸 125 磅的情况下，涡轮机转速为每分钟 9000 次，再加上自然排气，它能产生 200 马力动力。在产出最大的情况下，每小时每马力仅消耗 38 磅饱和蒸汽。考虑到温度计显示的热降仅为 130 英热，所以它是高效的。现代工厂一般都有 3 台热单位，能提供大量热量和高度真空状态。以此计算，在涡轮机适应全部热降以后，设备的消耗率将仅为每小时每马力 12 磅。

　　在某些情况下，这种涡轮机能获得极高的热效应。这证明：在此原则的基础上，大型机器的蒸汽损耗更少，接近于理论上的最小值。所谓"理论上的最小值"，就是指涡轮机几乎没有摩擦，能把几乎所有蒸汽的能量都传递到轴上。

　　我们应该注意这一点，特斯拉制造、测试的涡轮机都是单级发动机，只使用了蒸汽能量的三分之一。在实际使用中，它们可以变为二级发动机，使用剩下的能量来增加两三倍的动力产出（通常使用的两种涡轮机都有好几级）。

电站的一些人观看了扭矩杆测试，却显然不明白两个转子在测试中是保持静止的（它们对抗压力，就好像拔河比赛一样，称作力矩）。他们宣称特斯拉的涡轮机完全失败，如果效率增加一千倍，这种涡轮机就不实用。正是这个原因，特斯拉被认为是一位不切实际的人。然而，特斯拉的涡轮机可以用作单级发动机、而且体型轻便，比水畔发电站最近安装的一种涡轮机早25年。

当时，通用电气公司使用的是柯蒂斯涡轮机，威斯汀豪斯电力及制造公司使用的是帕森斯涡轮机。两家公司对特斯拉的展示都丝毫不感兴趣。大规模开发涡轮机需要大量资金——但是特斯拉却几乎身无分文。

最终，他成功地引起了阿利斯查默斯制造公司的兴趣。这家公司位于密尔沃基，制造往复式发动机和涡轮机以及其他设备。然而，特斯拉像以往一样，缺乏策略和对人性的洞察。如果他没有同意别人使用他的涡轮机，那么他的状况会更好。

虽然特斯拉是一位工程师，但他完全忽视了阿利斯查默斯公司的工程师，直接找到了总经理。当人们正准备就他的提议写一份工程报告时，他却直接找到了董事会，"售卖"了自己的项目，而此时其他工程师还没有发表看法。公司制造了3个涡轮机。其中两个涡轮机，每个都含有直径为18英寸的20个圆盘，用80磅的蒸汽进行测试。它们的转速分别为每分钟1.2万次和每分钟1万次，产出的动力都是200马力。这和1911年特斯拉制造的模型马力效果一样，只不过那次圆盘的直径是这次的一半，转速为每分钟9000次，压力为125磅。后来，公司又制造了一个更大的涡轮机。它有15个圆盘，直径为60英寸，设计的转速为每分钟3600次，能产出500千瓦的能量，大约相当于675马力。

汉斯·戴尔斯特兰德是蒸汽涡轮机部门的咨询工程师，以下是他的部分报告：

"我们也制造了 500 千瓦的蒸汽涡轮机，转速为每分钟 3600 次。涡轮机的转子含有 15 个直径为 60 英寸的圆盘，厚度为八分之一英寸，间距也是八分之一英寸。测试时，把涡轮机连接到发电机上。这台涡轮机能够达到的最大机械效率为 38%，条件是 80 磅的绝对蒸汽压力、3 磅的绝对排气回压，以及进气口处的 100 华氏度高温。

"当蒸汽压力超过上述数值，机械效率下降。也许，涡轮机的设计体现出这样的本质：为了在高压时达到最大机械效率，需要不止一台涡轮机。

"小型涡轮机的效率可与冲击式水轮机（它直接与水管或其他机器相连）相比，如果希望它们效率相同，小型涡轮机的转速显然要达到每分钟 1 万次至 1.2 万次，并且必须在蒸汽涡轮机和驱动装置之间放置减速齿轮。

"而且，特斯拉设计的涡轮机成本更高，无法与小型冲击式水轮机竞争。由于圆盘结构轻巧、又得承受高压，因此在连续操作的情况下，它能持续工作多长时间还是个疑问。

"上述情况也适用于转速为每分钟 3600 次的大型涡轮机。这台涡轮机被拆解后，圆盘已经极度变形。所以人们认为，涡轮机工作一段时间后，圆盘就会损坏。"

由于特斯拉没有说明他构思的设计，阿利斯查默斯公司无法得到相关的工程信息，所以这种涡轮机没有制成。

特斯拉似乎走出了涡轮机测试的阴影。然而，在密尔沃基，没有类似乔治·威斯汀豪斯的人帮他解围。二十世纪二十年代时，作者询问特斯拉，为什么终止和阿利斯查默斯公司的合作。他只回答"他们不愿意按照我的要求制造涡轮机"，不想对这件事过多阐述。

后来，阿利斯·查默斯公司成为制造另一种气体涡轮机的先锋，那种涡轮机流行了好几年。

虽然戴尔斯·特兰德的报告似乎严厉批判了特斯拉的涡轮机，揭露了它的特有基本弱点，事实上并非如此。从总体来看，报告对结果的评价基本是公正的，对基本弱点的描述也与特斯拉自己的说法一致。在之前的测试中，特斯拉曾说——单极涡轮机只能使用三分之一的蒸汽，如果希望使用剩下的蒸汽，就必须增加一个涡轮机。

转子高速转动导致 7 万磅的离心力，进而损坏圆盘。所有类型的涡轮机都有这个缺点。前年，通用电气公司出了一本书，叫作《涡轮机的故事》，书中就明确提到上述内容：

"它（涡轮机）现在还不完美，除非工程师和科学家能研发出耐高压、耐高速的材料。例如，在现代涡轮机中，速度为每小时 600 英里的叶片具有 9 万磅的离心力，这种力会使叶片远离斗轮和轴……

"一端的高压叶片处于熊熊烈火之中，被烧得红热。在几英尺外的另一端，大叶片在微温的暴雨中转动，速度为每小时 600 英里——这个速度非常大，以至于冷凝蒸汽就像喷砂一样。"

戴尔·斯特兰德的报告说，特斯拉汽轮机的振动会导致上述问题，因此圆盘需要加固。然而，这个问题是所有涡轮机都必须面对的，通用电气公司的那本书也进一步表明了这一点：

"在涡轮机工作几小时或数年后，叶片、轮子会因振动开裂，导致涡轮机损坏。振动的原因是，机器太轻巧，但产生的动力太大——1~2 磅重的叶片有时能输出 400 马力……

"涡轮机的主要问题有四个——高温、高压、高速、内部振动。这些问题的解决，要依靠工程技术、研究水平和制造技术的提高。

"即使和涡轮机打交道 40 年的制造商，也尚未解决上述问题。特斯拉涡轮机尚处于开发的早期阶段，它也面临这些问题，报告并不算是对特斯拉发明的批评。"

在过去一两年中，工程界有传言称：特斯拉涡轮机再次引起人们的兴趣，柯蒂斯涡轮机和帕森斯涡轮机的制造商打算增加生产线，也制造特斯拉涡轮机。新开发的合金具有耐高温、耐高压的优点，这是人们对特斯拉涡轮机感兴趣的主要原因。

如果特斯拉涡轮机增加两三级，就会具有柯蒂斯涡轮机或帕森斯涡轮机的操作范围；再加上制造这两种涡轮机使用的工程技术、现代合金，特斯拉涡轮机的操作效率将更高、制造成本更低，而且它本来就具有结构简单的优势。

瑞典科学家艾尔弗雷德·B·诺贝尔因发明了炸药而获得了大量财富，他建立的诺贝尔奖是对学者的最高奖励。每年颁发五项诺贝尔奖，在正常情况下，每项奖励都有4万美元奖金。

1912年，瑞典传来消息，尼古拉·特斯拉和托马斯·A·爱迪生将共享诺贝尔物理学奖。然而，事实并非如此，这项奖项最终颁发给了瑞典科学家古斯塔夫·达伦。

到底发生了什么，人们不得而知。当时也没有针对这件事情的报道。可以确定的是，特斯拉拒绝领奖。那时，特斯拉十分缺乏资金。他本来应该获得共享奖项的2万美元奖金，这些钱能帮助他继续工作。然而，其他因素发挥了主导作用，使他拒绝领奖。

特斯拉对实用电器的发明者和新原则的发现者区分得很清楚。他在和作者的谈话中提到，新原则的发现者是开创新科学领域的一位先锋，然后成百上千的发明者涌向这个新领域，利用新知识制造商业发明。特斯拉把自己称为发现者，而把爱迪生称为发明者。他认为，把这两者放在同一个类别里，就会毁掉这两样成就的相对价值。

三年前，马可尼获得了诺贝尔奖，这让特斯拉很失望。也许，这点因素也影响了特斯拉的决定。先把奖项颁发给马可尼，然后又让特斯拉和爱迪生共享奖项，这贬低了特斯拉对世界所作的贡献，他无法忍受。

特斯拉也许是第一位、也是唯一一位拒绝接受诺贝尔奖的人。

在工程界，爱迪生奖章是一个具有高度荣誉的奖项，由爱迪生的匿名朋友建立，美国电气工程师研究所每年颁发一次。在该组织的年度大会上，这个奖项会颁发给为电气艺术和科学作出突出贡献的人。通常来说，能够获得这个奖项是一件荣耀而高兴的事情。但是，1917年当委员会决定把奖章颁发给特斯拉时，情况发生了变化。

爱迪生奖章委员会的主席是B·A·贝伦德，他最早意识到特斯拉交流电系统的重要意义以及对整个电气行业的影响。开始时，特斯拉发明的交流电具有重要实用价值，只有一些杰出的工程师才能明白它的复杂程序。贝伦德发明了一种简单有效的"圆图"数学技巧，使交流电机器的设计更加简便，也使人们更容易理解交流电设备产生的现象。针对这个问题，他在技术杂志上发表了无数篇文章，并且写出了标准教材《感应电动机》。因此，贝伦德声名远扬，他作为一流电气工程师的地位获得了大家的认可。后来，他当选为美国电气工程师研究所副主席。他对电气行业作出了巨大的贡献，所以人们认为他应该获得爱迪生奖章。

1896年，贝伦德发表了关于圆图的文章，但直到1901年他才见到特斯拉。那时，特斯拉在沃登克里夫研究世界无线系统，急需一种特殊的发动机，设计这种发动机的任务交给了一家制造公司的工程部门，而这家公司由贝伦德掌管。特斯拉和贝伦德碰面之后，成为了好朋友。理解特斯拉工作的人为数不多，贝伦德就是其中之一。孤独的特斯拉缺少志同道合的伙伴，所以他十分看重与贝伦德的友情。

因此，贝伦德认为，把奖章授予特斯拉，代表了他对特斯拉的欣赏。他兴奋地把这个好消息带给特斯拉。然而，特斯拉并没有感到高兴。他不愿意接受爱迪生奖章！

贝伦德对特斯拉的决定感到震惊，询问他能否解释原因。

"贝伦德先生，让我们忘记这件事吧。我感激你的好意和友谊，但我希望你建议委员会重新选择获奖人。我曾在研究所宣布发现旋转磁场和交流电系统，而这几乎是30年前的事了。我不需要这项荣誉，它也许对别人更有意义。"

尽管特斯拉的发现为研究所四分之三的成员创造了工作机会，但是，长期以来研究所一直没给特斯拉应有的荣誉，而是将奖项颁发给了其他相对不重要的成就。作为特斯拉的朋友，贝伦德试图进一步说服他。

特斯拉回答说："你希望授予我挂在衣服上的奖章，在研究所的宾客面前炫耀一番。看起来，你授予了我荣誉，但这只是表面装饰，不代表我的思想和创造性发明得到了认可，尽管我的发明为研究院的建立提供了大部分基础。授予我奖章的这出无聊闹剧，实际上是在为爱迪生增光，之前每一位获奖人都无形中为爱迪生增光。"

然而，贝伦德坚持不懈，几次试图说服特斯拉，最终特斯拉同意接受奖章。

按照习惯，获奖人需要发表一次正式演讲。25年之前，应研究院的邀请，特斯拉来到这个场合发表演讲。那时，特斯拉使用了大量实验设备，为演讲的准备工作投入了大量的时间、精力、思想、资金。虽然他做了上述努力，却没有获得什么荣誉。现在，尽管他的思想更加成熟，和以前一样满是新鲜想法，但他没有实验设备和足够的资金。他不需要进行一场展示演讲。然而，由于他过去表现出色，人们期待他能打破这些年的沉寂，再次以魔术大师的身份向世界展示奇妙发明。

特斯拉参加了大会的一些会议。贝伦德不知道特斯拉会做什么，在下午的会议中一直紧随着他，然后把他送回到住地瑞吉酒店。他们在酒店换上了晚上参加仪式的正式礼服。

晚上，颁奖仪式的第一个环节是在工程师俱乐部享用晚餐。出席的人员有奖章获得者（贵宾）、往年奖章获得者、委员会成员和研究所的领导人。这是一个欢庆的盛会，聚集了世界上最伟大的电气工程师。特斯拉在这样的场合光芒四射，他活跃的谈话引来人群阵阵欢乐，但显然他感到不自在。

工程师俱乐部位于第四十大街南部，在第五大道和第六大道之间，对面是布莱恩公园。公园东部三分之一之处，矗立着古典的纽约公共图书馆大楼，图书馆对面是第五大道，从第四十大街一直延伸至第四十二大街。显眼的联合工程协会大楼位于第三十九大街的北部，几乎与工程师俱乐部背对背。穿过街道几英尺后，就能从一栋大楼走到另一栋大楼。

在工程师俱乐部参加过晚宴之后，宾客们穿过街道，越过工程协会大楼拥挤的大厅（大厅里正在开展与某个大会有关的各种活动），进入升降式电梯，来到五楼大礼堂。颁奖典礼将在这里举行。

礼堂里熙熙攘攘，大多数听众是之前晚宴的宾客。走廊里也站满了人。电气界名流穿着燕尾服，打着白色领带。当他们走上舞台时，叽叽喳喳的人群安静下来。这些著名人物将为仪式穿针引线，也参与发言部分。

他们按照事先安排的座位坐下，与此同时，舞台也在为开幕仪式做准备。但是，仪式没有按照预定计划开始。人们惊愕地发现，主角的座位是空的。

特斯拉不见了！

人们搜寻通往舞台的侧厅和休息室，但是没有发现特斯拉的踪迹。委员会的成员迅速返回大厅和举行俱乐部晚宴的地方去寻找他。特斯拉身材高大，不可能隐匿在人群中。可是，任何一栋大楼里也没有他的影子。

礼堂里，开幕式的延迟令人尴尬——但特斯拉不在的情况下，仪式不可能举行，他到底在哪儿？

身材高大的特斯拉穿着流线型的燕尾服，一群精英陪伴左右。在这种情况下，没有一个人注意到他的消失，这似乎是不可能的事情。

贝伦德从俱乐部匆匆赶到礼堂，希望特斯拉先他一步到达礼堂，但事实并非如他所愿。人们也搜寻了几栋大楼里的卫生间，也毫无所获。没有人知道他为什么消失了。

除了贝伦德，没人知道特斯拉不愿意接受爱迪生奖章，但贝伦德也不知道特斯拉发生了什么。他记起傍晚早些时候，他和特斯拉下出租车时，他曾提到俱乐部对面布莱恩公园里阴凉的小路。他想，也许特斯拉想在仪式开始前静静思考一些问题，所以到公园里去了。于是，贝伦德匆忙离开了俱乐部。

贝伦德进入公园时，正值黄昏，天空中仍有微弱的阳光，公园中影影绰绰，还能听到轻微的鸟鸣声。鸟儿的叫声使贝伦德脑海中闪过一个画面：在瑞吉酒店特斯拉公寓的阅读室里，有一张拉盖书桌，上面放着四个整洁的圆形篮子。其中，两个篮子里有鸽。在他们离开公寓前，特斯拉走到开着的窗边，轻轻吹了声口哨，两只鸽子飞了进来。去参加晚宴之前，特斯拉喂了鸽子，并把一个纸包放在口袋里。贝伦德在听到鸟鸣时，才想起了特斯拉的举动。

贝伦德竭尽全力跑出公园，沿着第四十大街向南，直奔第五大道，来到图书馆广场。眼前的场景令他难以置信——失踪的特斯拉就在广场上。此前，特斯拉经常到图书馆广场、圣保罗大教堂喂鸽子。

特斯拉站在一小圈人群之中，头顶上有两只鸽子，肩膀、手臂上还有十几只。即使在黄昏下，鸽子白色、灰蓝色的羽毛也与他黑色的礼服和头发形成了鲜明对比。他张开的手掌里各有一只鸽子，地面上还有数百只鸽子，鸽群就像移动的地毯；鸽子们蹦蹦跳跳，啄食着他撒下的食物。

贝伦德想冲过去驱赶鸽子，抓住失踪的特斯拉，把他带回礼堂。但是，他一动不动地站着。上述举动似乎会亵渎这个神圣的画面。正当他犹豫不决时，特斯拉也看见了他，缓慢地向他竖起一根手指，以示警告。同时，特斯拉也缓慢地向贝伦德走来。当特斯拉走近时，一些鸽子从他身上跳到了贝伦德身上。然而，这些鸽子似乎感到不对劲儿，又跳到了地面上。

贝伦德恳请特斯拉迅速返回礼堂，不要再让那么多人等待。贝伦德一定不知道，在特斯拉心目中，鸽子比爱迪生奖章重要得多。特斯拉很喜欢喂鸽子。在贝伦德看来，这种举动与天才不沾边，主角缺席颁奖更令人尴尬。这种不愉快的状况，后来还发生过很多次。

回到礼堂后，贝伦德小声地告诉主席，刚才特斯拉有点儿不舒服，但现在状态良好。开幕式大约推迟了 20 分钟。

讲话中，贝伦德指出：十分巧合的是，特斯拉第一次展示多相交流电系统的时间，正是 29 年前的此时此刻。他补充说：

"在法拉第的'电学实验研究'以后，没有实验发现可以比得上特斯拉的伟大发现和多相交流电的使用。他完善了这个领域，不需要后来者修修补补。他的文章甚至包括数学理论的骨架。

"三年之后，即 1891 年，瑞士工程师第一次使用特斯拉系统，把 3 万伏电力从劳芬传输到法兰克福。几年之后，在我们的成员爱德华·D·亚当斯的领导下，卡特拉克特建筑公司发展了特斯拉系统。在此期间，威斯汀豪斯公司的工程师也给予了帮助。今晚，我回想起一件有趣的事——凯尔文勋爵为支持亚当斯的工作，但他建议尼亚加拉瀑布项目应该使用直流电，也应该以直流电的形式向布法罗传输电力。

"此刻，列举特斯拉的所有发明是不现实的，我们也不会这样做，因为这会需要很长时间。可以肯定地说，如果特斯拉没有对工业世界作出贡献，那么工业之轮就不会转动，电力汽车、火车就无法运行，城镇会陷入一片黑暗之中，工厂处于闲置状态。是的，这项发明影响深远，已经成为奠定工业的基础……特斯拉为电气科学带来了新纪元。从此以后，电气艺术开始了大变革。

"我们邀请特斯拉接受这个奖章，并不仅仅为了授予他荣誉，或使他美名不朽。只要进行工业活动，他的贡献就会体现在大家的普遍思维中。特斯拉这个名字永远不会被人们遗忘，能和法拉第、爱迪生媲美。

"研究所向特斯拉颁发这个奖章，也不是为了证明他的工作得到了正式认可。他的贡献不需要认可。

"特斯拉先生，我们恳请你把这个奖章当作我们对你创造性思维的感激，你的创造性思维对于科学艺术具有强大的推动力，就像一场革命。你亲眼见证了自己的天才成果得以确立。还有什么比这更令人高兴的事呢？

教皇对牛顿说的几句话在我们耳边回响：自然和自然法则隐藏在黑夜中。上帝说，让特斯拉出现吧，于是一切都变得光明。"

没有资料记载特斯拉的获奖感言。他没有准备正式讲话，而是讲述了一些趣闻轶事，展望了电气科学的未来。因为没有书面草稿的限制，他的讲话十分冗长。

当贝伦德说"我们邀请特斯拉接受这个奖章"时，我们猜测，几乎没有听众能明白贝伦德话中的含义。研究所也没有几位成员知道特斯拉对电气科学的贡献。特斯拉的重要发明是30年前的事了。大多数在场的工程师属于年轻一代，他们的教科书几乎没有提到过特斯拉的贡献。

特斯拉晚年最令人瞩目的事情，概括来说（尽管不太准确）就是，他宣称自己发现了一种"死亡射线"。此前，欧洲也有报道称，有人发明了死亡射线。死亡射线是一种辐射束，能使飞船燃起火焰、船身钢架结构熔化、机器停止工作，但这些似乎都只是外交夸辞。

特斯拉宣布发现死亡射线的前几年，他曾宣称自己发现了一种新型能量，发电站中最大型的涡轮发电机也无法与之媲美。1933年，特斯拉在一次采访中作出了上述声明，声称自己正在研究一种新型发生器，可产出各种高强度的辐射。第二年，他也发布了类似的声明。

虽然这两次声明没有实验证据，也没有披露技术细节，但它们应该受到足够重视，引起我们认真思考。

站在科学家的立场，考虑到道德因素、经济因素以及原则因素，特斯拉反对战争。但是他和大多数科学家一样，当情感占据主导地位时，他有时感觉有些战争是正当的。作为一名科学家，他不愿意科学发现被用于战争。但当情感成为主导因素时，他愿意发明一些保护设备，用以防止战争。

二十世纪二十年代，特斯拉写了一份声明，但没有发表。上述态度在这份声明中得到了充分体现：

"如今，许多人才试图设计一些设备，以防止再次发生可怕的世界大

167

战，它只是在理论上结束了而已。在 1914 年 12 月 20 日《太阳报》上的一篇文章中，我正确地预测了战争的持续时间和主要事件。组成盟军不是解决问题的办法。相反，在许多杰出的人士看来，这种做法也许会加重事态。和平条约框架含有惩罚性政策，这点令人遗憾。几年之后，国家之间的战争将不需要军队、轮船、枪支，那时将有更可怕的武器出现，其毁坏能力和范围几乎不受限制。不论一座城市距离敌军多远，敌军都有能力摧毁它，而且没有什么力量可以阻止这种事发生。如果我们想避免一场大灾难，阻止地球变成地狱，我们应该加速研发飞行机器和无线电传输，我们必须毫不拖延，全力以赴。"

特斯拉发表"死亡射线"声明的几年后，他发明了一种具有"死亡射线"特点的设备，认为它可以阻止灾难的发生。他认为，这种设备可以起到保护作用。即使是小国，也可以用它抵御侵略者。尽管特斯拉想把它当作防卫武器，然而却没有什么能阻止军队把它当作侵略武器。

特斯拉从来没有表明这种设备的工作原理是什么。然而，有迹象表明，特斯拉研究的是高压直流电系统，用以长途传输电能。高压直流电的传输效率比交流电更好。没有什么实用办法可以产生高压直流电。正是因为这一点，目前全国超级电力系统才采用特斯拉的多相交流电系统，因为交流电可以实现高压。虽然具有这个优点，但交流电有能量损失。如果人们能够产生高压直流电，就不会有任何能量损失了。

数百万伏的直流电可以进行长途传输，或许能跨越整个美国大陆，形成快速传输系统。而现有的交流电系统只能为附近地区提供电能。除了直流电传输系统，特斯拉似乎设计了一台高压直流电发电机、还有一种不需要转换器的新型直流电发动机。

这些发明在特斯拉心中慢慢堆积，就像水流流入没有出口的水库。

在科罗拉多斯普林斯，特斯拉改善了交流电系统，生产了用以无线传输的高频高压交流电。在这种精神的指引下，他又开始改善直流电系统，使之与交流电无线传输系统相连，形成超级联锁系统。由于这种系统尚未得以运用，他继续推进工作，设计了一份操作方案：用光束进行电能的无线传输，在此过程中需要使用粒子流，这种粒子流和原子碰撞回旋加速器中的粒子流相似。

二十世纪二十年代末到三十年代末，特斯拉可能放弃工作的迹象越来越复杂，质疑之声频频出现，人们不再尊敬他的工作。在获得专利之前，他不愿意透露发现的本质；在制造出工作模型之前，他不愿意申请专利；因为没有资金，他无法制作工作模型。多年来，公共事业巨头塞缪尔·英萨尔经常向特斯拉提供慷慨资助。这些钱财通常都用来还债，可供实验室研究的资金所剩无几。

然而，对于这种境况，特斯拉从未表现出苦闷。相反，他似乎是个乐天派，总是满怀信心，认为自己的努力能带来所需的资金，从而实现他的详细方案。这些在他写给 B·A·贝伦德的一封信中有所体现。贝伦德曾劝说他接受爱迪生奖章，也许是他最信任的人。信中写道："我最近在努力研究新发现，我之前也和你提起过。我希望它能为我带来八位数的收益（当然不包括分位数），让我依靠自己的力量建立一座无线电站。我曾经专门为了另一项发明去见你，这项发明将产生什么成果，现在我不敢告诉你。我是认真的。"

他不敢提及的另一项发明，也许就是直流电发电和传输系统。

1933 年，在一次采访中，他说他的发电机是最简单的一类发电机——只需钢、铜、铝等材料，由静止部分和旋转部分组成，装配方法比较特殊。他说，他计划用交流电系统发电，然后把电能输送到远方；但如果传输线的绝缘问题能得以解决，那么使用直流电系统也可以。

一年以后，特斯拉设计出了光束传输方案；他模糊不清地陈述了自己的方案，新闻界的报道把它归于"死亡射线"一类，因为它看起来野心勃勃、不切实际，和欧洲的"死亡射线"的声明如出一辙。纽约《世界电报》的一位作者称特斯拉的方案"模糊不清"，特斯拉回复了他的观点（1934 年

7月24日），内容包括以下几段：

"《世界电报》1934年7月13日刊里有一篇来自华盛顿的报告，阐述科学家对死亡射线持怀疑态度，这点引起了我的兴趣。我支持那些持怀疑态度的科学家，也许在这方面比任何人都悲观，这是以我的长期经验为依据的。

"我们无法获得带有足够能量的射线，而且，射线的能量在短距离内会迅速消减。我使用的介质却没有这个问题，它能进行远距离的能量传输，比其他任何射线都更有效。

"我们都可能犯错，但从理论和实验来看，我确信，我赠予世界的这项发明，是所有发明者遥不可及的梦想。"

这是特斯拉第一次在书面声明中提及他的"射线"，但是正如前文所述，我大概去年就从他那儿获得了一份秘密声明。在这份秘密声明中，他对新发现能带的结果做了预期，但对于新发现的本质却闭口不提。三年后，即1937年，特斯拉允许我为《纽约先驱论坛报》写一篇文章，探讨与能量和射线有关的新发现。在这片文章中，我强调了这个发现的重要作用：它可以为跨洋船只提供能量，因此船只不需要携带供给燃料。它不应该被当作防卫武器或侵略武器。

那次，我希望他能披露一些技术细节，但他总能成功地回避我的问题，只给出了如下信息：建造海岸边的发射工厂，需要200万美元的资金；能量的传输可以通过射线、横截面极小的光束来实现。所谓"极小"，是指横截面的直径大约为数十万分之一厘米。后来，其他报纸也发表了类似的报道，但特斯拉给出的横截面直径是百万分之一厘米。

然后，我写了针对他方案的一篇批判性文章，希望能促使他公开电磁辐射的所有特点。实用射线需要一些特点，但我发现任何物质都没有这些特点。我阐述了所有已知物质的特点，声称这些物质对特斯拉起不到任何帮助作用。唯一可能例外的物质，就是不带电粒子——中子。特斯拉没有

170

对这篇文章作出回复。

1938 年，特斯拉在纽约客酒店举办了生日晚宴。在宴会上，特斯拉简单地描述了无线电传输和死亡射线的组合，与曾经声明的内容大同小异。在讲话的后半部分，他宣称自己发现了星际通讯的方法。这种方法不仅可以传输少量的通讯信号，也能传输数千马力的能量。

当时，我问他能否详细阐述新发现的效果，在地球上是否可以观察到这些效果。例如，用望远镜观测月球的天文学家能否看见新发现给月球造成的影响？特斯拉回答说，他可以在月球黑暗的新月区制造一块白炽点，犹如星星那么明亮，即使不用望远镜也看得见。

也许，特斯拉希望使光束与无线电"死亡射线"相关联。他认为，由于光束只能走直线，所以光束的毁灭性范围仅为 200 英里。特斯拉说，地球弯曲的表面限制了光束的作用范围，然而它可以运用于 200 英里的竖直高塔。特斯拉希望在这个系统中使用 5000 万伏高压，但至于使用的是直流电还是交流电，就不得而知了。

关于这个问题的唯一书面声明，就是特斯拉的演讲稿。几个月后，为了庆祝自己获得荣誉公民称号，特斯拉在移民福利研究所发表了一场演讲。其中有以下内容：

"现在我们谈谈另一个话题。去年大多数时间，我一直致力于完善一种小型设备。它能将巨大能量传输到宇宙中任何地方，而且能量不会损失。我的朋友乔治·E·黑尔是一位伟大的天文学家、太阳能专家。我打算和他商议，将这项发明和他的研究配合使用。同时，我希望在法国研究所进行一次演讲，准确用数据、计算描述设备。我希望能获得皮埃尔·古斯曼奖项，把十万美金用于和其他星球的通讯，我确信这个奖项应该颁发给我。当然，奖金不是最重要的。但为了成为第一个完成奇迹的人，我愿意贡献一生。"

第四部分

自我成就的超人

在特斯拉忙于高频高压电流的这段时间，即 1892~1894 年，他开始严肃地思考另一类问题：物质与能量的问题。由此，他得出了一个新的物理结论，由此提出了一个新的引力动态理论。

虽然这个原则占据了他的思想，但他一直没有就这个问题发布任何通告。直到他逝世前不久，情况才有所改变。显而易见，这说明，特斯拉认为自己的理论与相对论完全冲突，也与现代原子理论、物质和能量相互转换理论完全冲突。特斯拉经常质疑爱因斯坦理论的正确性，直到他逝世前两三年，他一直在嘲笑相对论。

这些令人遗憾的对抗使特斯拉与现代实验物理产生隔阂。这原本是完全不必要的，因为特斯拉可以坚守、阐释自己的原则，使它与现代理论保持一致。导致这种对抗的原因，更多在于心理因素，而非科学上的不一致性。

在移民福利研究所发表的讲话中（1938 年 5 月 12 日），特斯拉唯一一次提到了自己的原则和理论。他说：

"在连续两年（1893 年、1894 年）的专注努力后，我幸运地探索出两个具有深远影响的发现。第一个是引力动态理论，我已经对它详细地进行了研究，很快就会把它公布于众。这个理论完美地解释了引力的成因以及天体在引力作用下的运动。因此，它将终止人们的胡乱猜测、错误概念，就比如说弯曲空间等错误想法……

"只有力场才能解释物质的运动，这种假设与空间曲率无关。所有关于空间曲率的论断都是徒劳的，最终将被淡忘。人们应该认识到以太的存在，并用它解释宇宙的工作原理。

"我的第二个发现具有重要的物理价值。我花了很长时间，查阅了好几种语言的科学记录，都没有找到类似的发现。因此，我认为自己是这个真理的最初发现者。这个真理就是：除了来源于环境的能量，物质中不含有能量。

"在我 79 岁生日时，我曾简短地提到这个真理；但是，从那以后，我更加清楚它的重要意义。它适用于分子、原子，适用于大型的天体，也适用于从宇宙形成阶段到瓦解阶段的一切物体。"

特斯拉对待相对论和现代理论的态度不灵活。如果他在二十世纪初就发表引力原则和理论，尽管人们在缺乏相关知识的情况下难以作出科学判断，但应该会认真思考这个问题，因此它的原则和理论有可能得到他人的接受。如果它被发表的话，也许会影响爱因斯坦的思考方式。特斯拉说力场是物体运动不可或缺的，这也许会使爱因斯坦放弃有关以太的理论。他们俩的理论或许会融合，两位天才的思想将和谐共存。

如果上述情况变为现实，特斯拉的思维将被重新塑造，他会发现他的理论（除了来源于环境的能量，物质中不存在能量）和现代理论（所有物质都含有能量，而且物质可以转化为能量）之间具有一致性。因为当物质转换为能量时，能量会回到环境中，然而之前物质形成时，能量就是从环境中来的。

假如特斯拉早点发表自己的理论，他也许就不会感到沮丧。如果事实如此，特斯拉就可以把自己的聪明才智用于解决原子物理的问题。那么，凭借着他在原子物理领域的领先成就，他会从这个新领域的许多实际运用中获得巨大利益。

特斯拉能产生高压电流，这有助于解决"撞击原子"的任务。直至今天，有些科学家也难以产生500万伏的电流，而特斯拉在40年前就能够产生1.35亿伏的高压电流。

原子含有复杂的原子核，原子核周围是轨道电子。特斯拉的原则与这种描述不一致——主要原因是特斯拉的心理作用，并不是事实本质。十九世纪八十年代盛行的是台球式原子理论，所以特斯拉质疑一切与非台球式原子相关的科学发现。对他而言，撞击原子就像是打台球。

然而，特斯拉知道电子是真实存在的。他认为，电子属于亚原子，是物质的第四态。当初威廉·克鲁克斯发现电子时，就是这样描述它的。特斯拉觉得，电子与原子有关，但不是原子的组成部分，原子带电与电子之间是有区别的。在他看来，电流是一种微弱的流体，而不是任何已知物质；电流本身具有独特的特点，这种特点不依赖于任何物质。电子带电是因为表层被电流覆盖，它的表面能聚集很多电流，也能释放电流。这种观点与他半个世纪之前发表的观点类似。

根据现代理论，情况则恰恰相反，电子带电是结晶于某一点的能量的固有属性，这是电子存在的本质。电子是粒子（或单位能量）的一种。原子就是由电子组成的。

当谈论到原子物理领域的科学家写的文章时，特斯拉总是认为他们的理论站不住脚，他们的观点没有依据。当实验证明原子油能量辐射时，他总会强调自己的看法。

特斯拉经常说："原子能是一种幻想。"他写了几篇书面声明，说自己用数百万伏高压电流做过无数次撞击原子的实验，从来没发生过能量辐射现象。

有一次，因为我没有发表他的声明，特斯拉严厉地责备了我。我回答说："我没发表你的声明，是因为想保护你的声誉。你一直在追求一致性。你不需要固执坚持年轻时的理论，我相信你内心深处的一些新理论与其他领域的科学发现是一致的。但是你不赞同，而且攻击了一些现代理论，所以你觉得你必须保持一致，攻击所有现代理论。我相信，当你设计死亡射线设备的时候，在原子构造、物质与能量方面，你的想法与现代理论是一致的。"

于是，特斯拉明确告诉我，他肯定其他人所做的努力。这次谈话的时间大概是 1935 年。之后的几个月，我没有收到过特斯拉的音讯。然而，我观察到，对于现代理论，他后来不再那么固执己见。又过了几年，他开始设计一种设备，用于测试关于原子结构的现代理论。我预计他的设备能更有效地释放出原子能，比其他物理学家的任何设备都更好。

最终，他接受了这样的信念：人类能够撞击、改变、创造或毁灭原子，掌握大量能量。这个领域引发了他的诗意。他把人类对原子和能量的掌控扩展到整个宇宙，按照自己的意愿重塑着宇宙。在一篇没有发表的、题为《人类最伟大的成就》文章中，他写道：

"在人类心中，有一个神秘莫测、不可抗拒的愿望：模仿自然，不断创造，使自己本身成为奇迹。在这个愿望的激励下，人类探索、发现、发明、设计、制造人生之星，并为其树立美丽、伟大、敬畏的纪念碑。人类深入地球内部，探索隐藏的财富，释放无尽被禁锢的能量。人类侵入海洋深处、蔚蓝的天空，探寻原子结构的每个角落，纵览无限的世界。人类征服了沃斯、普罗米修斯的可怕火焰、瀑布的巨大力量和风浪。人类驯服了朱庇特的电闪雷鸣，战胜了时空。人类具有如此巨大的能力，人类的声音将获得宇宙的回响，使地球颤抖。

"人类能够呼吸、也会死亡，但人类的高超能力却使人类不朽。这样奇怪的存在会有怎样的未来？人类巅峰造极的成就将是什么？

"很久以前，人类意识到所有可感知的物体都来源于第一本体。它是一种超越概念的物质，存在于所有空间（即以太）中。在创造性力量驱动下，它永无止境的创造一切物体、现象。第一本体高速小圈旋转时，它就成为了实在的物质；当它力量减弱、运动停止时，物体就消失了，又转化为第一本体。

"自然的整个过程宏大，令人敬畏，人类能够控制整个过程吗？人类能够利用自然的无尽资源，甚至使自然力遵循人类自己的意愿吗？

"如果人类能够做到，那么人类的能力将无穷无尽、超越自然。在人类的掌控下，旧世界将消失，新世界会按照人类的意愿逐渐成形。人类能够固定、加固、保存虚无缥缈的想象和转瞬即逝的美梦。人类能够用具体的、不会灭失的形态展现创造性思想，不论规模如何。人类能够改变地球的体积，控制四季变换，引领地球的运动轨迹。人类能够使行星撞击，产生恒星和星状物以及热和光。人类能够创造无尽形式的生命。

"创造、毁灭物质，按照人类自己的意愿产生物质形态，这将是人类思维能力的最好展现，证明人类能够战胜物理世界。这登峰造极的成就将使人类与造物主平起平坐，使人类掌握自己的命运。"

特斯拉八十多岁时，仍然在展示超人能力，甚至比二十多岁时更加完善。他早期的梦想只限于地球，后半生的梦想却拥抱全宇宙。

然而，即使他的视野遍及整个宇宙，他谈论的却是物质和能量。在他看来，物质和能量足以解释一切现象，适用于所有新发现的物质。

远古时代，人们对电流和磁力一无所知。现在，人们已经可以把这两种要素融入一种实体中，这使我们具有新文明、新文化观，也扩展了我们的视野。我们为什么不展望未来呢？我们应该期待新发现，电流和风、浪之间具有巨大差别，新发现和电流也应该如此。如果人们对重要现象的勉强解释感到满意，用它解释各种已知力量，那么通往未知力量的道路就被阻碍，新知识领域的王国就无法开启。十九世纪后二十五年，科学世界存在局限，特斯拉的观点也受到这段时期科学局限的影响。晚年的特斯拉难以重塑自己的思想。

人类大脑的记忆区域就像办公室档案系统，能容纳到来的任何东西——然后才试图寻找归档的文件。特斯拉记忆力惊人，迅速读完一页书后，他能永远记住内容；他的眼前总是能浮现书中内容，并且学起来很方便。特斯拉的学习与普通人的学习不同。他不需要任何参考书，能回忆起读过的任一本书任意一页的内容以及所有公式、等式、对数表，这些都会在他眼前闪现。这为他节省了大量时间，使他能有更多时间用于研究。

特斯拉视觉化的能力是超常的，但也是十分自然的。大脑半球中记忆区域和视觉区域直接相连的结构特点，也许是特斯拉具有视觉化能力的原因。这使他能体验到有用的新感觉。

人类大脑由两部分组成，左半脑和右半脑。在某些时刻，两个半脑都可以独立运作；两个半脑也可以共同运作。大脑含有许多平行层，平行层之间由复杂的神经纤维相连，就像一片片洋葱被线缝合。大脑表层划分为许多区域，每个平行层的中部区域是控制感官用的。这块区域又划分为许多独立区域，分别控制——视觉、听觉、味觉、嗅觉，附近还有控制身体各部分肌肉运动的区域。大脑后叶似乎与记忆有关，大脑前叶负责一些高级综合功能，但人类目前尚不清楚是什么功能。

在正常的视觉过程中，物体在视网膜（即眼球后部的屏幕）上成形。视网膜连接着数千个神经纤维末端。这些神经纤维聚集在一起，就像一束芦笋茎。它们的末端有光敏结构，接触光线时，它们会通过视神经把信号传递给左右半脑的视觉区域。所有神经纤维末端共同合作，成功传输图像。因此，真正的视觉的过程是在大脑中发生的，而不是由眼睛完成的。当物体在大脑视觉区域出现时，视觉经历就会传递到大脑后部的记忆区域。其他感官活动过程也是如此。通常，这是单向过程，刺激向记忆区域传递，不会返回到感官区域。如果事实不是这样，我们的感官区域将经常重复体验以前的经历。旧经历与新经历混合，会造成恼人的混乱。

记忆区域完整地记录下我们所有的感官体验。在思考过程中，我们尚未理解的一种机制会连接记忆区域存储的各种印象，从而产生有用的经历组合，也就是新想法。记忆似乎是在潜意识下工作的，但它能够激活与相关点连接的神经纤维，从而连接记忆和意识层面。在这种情况下，我们可以回忆起所有经历，但它与记忆中记录的原始经历有很大差异。

然而，在回忆的过程中，如果连接视觉区域和记忆区域的神经纤维被激活，那么我们就能再次看见记忆中存储的物体。

创造性思维似乎是两种或更多感官体验的组合，却含有全新的特点。如果视觉区域的神经连接是双向工作的，我们就可以看见想象中创造的物体，就好像它真的存在一样，尽管这个过程受限于大脑。

上述情况好像适用于特斯拉的大脑，使他具有强大的创造力，普通人只能望尘莫及。是不是自然母亲制造了这个新发明，并对他进行了改造？

特斯拉并不懂这个奇怪现象背后的神经学和生理学过程。在他看来，看见想象中的物体是一种真实经历。他认为，大脑通过视神经将信号传递到视网膜上，他就能看到想象中的物体。而且，这种物体在他的视网膜上成像，只要方法恰当，别人也能看见——例如，使用类似于电视中的放大装置，就可以将它投影到屏幕上。他甚至建议制造这种装置（他想法中明显的错误之处就是：他认为视觉化是在眼睛中进行的，但实际是在大脑中进行的。记忆区域的反射运动在视觉区域就会停止，而不是像他认为的那样，继续通过视神经传递到视网膜）。

1921 年 4 月，《美国杂志》发表了一篇名为《让想象力为你服务》的采访文章，特斯拉在这次采访中向 M·K·瓦兹哈特描述了他的奇怪能力。他说道：

"在我的童年时期，视觉化现象让我很痛苦，它还经常伴随着闪光的出现。当人们提到一个单词时，我眼前立刻会出现生动的画面，我无法辨别它是真是假……即使我伸出手去穿越它，它仍然保持不动。

"为了使我从这些痛苦折磨中解脱出来，我尝试把思想集中于一些平静、安然的经历。这让我有片刻的安宁。但这样做了两三次以后，效果减弱了。然后，我开始进行精神旅行，不再局限于我自己的真实阅历——我看见了新地方、新城市、新国家，我一直努力使脑海中形象鲜明。我想象着自己居住在一个从未见过的国家，我想象中的朋友对我很友善，而且他们似乎真的存在。

　　"我一直这样做，直到17岁为止。那时，我的思想真正转变成发明。然后，我高兴地发现，我能轻而易举把物体视觉化。我不需要模型、草图或实验。我在脑海中就可以把它们都构想出来……

　　"年轻时，我努力尝试摆脱恼人的幻象，从而获得了视觉化的能力。我感觉，自己发现了一种实现创造性思想、概念的新方法。对于任何一位具有想象力的人来说，不管他是发明家、商人还是艺术家，这种能力都大有裨益。

　　"有些人想制造、操作设备时，在没有充分思考的前提下，就立刻开始动手。他们沉浸在细节之中，而非整体思想。他们也许会获得结果，但质量不会令人满意。

　　"我将简要地叙述我的方法：当想设计某种设备时，我可能或数月、数年时间思考问题。有时，我会随意想象，不用有意专心考虑这个问题。这是孕育新发明的阶段。

　　"然后，是直接考虑问题的阶段。我认真选择问题的可能解决办法。我一直在思索，并逐渐把思想集中在较小的一块研究领域。如今，当我专心思考问题时，我感觉很快就会找到答案。奇妙的是，当我有这种感觉时，我知道我真的解决了问题，将会获得我想要的结果。

　　"这种感觉让我信心满满，就好像我真的解决了问题一样。我认为，在这个阶段，我的潜意识已经找到了解决办法，尽管我真正意识到解决办法可能还需要好一段时间。

　　"在我画草图之前，所有的想法都是在脑海中进行的：我改变设备结构、改善使用效果甚至操作设备。在不画草图的情况下，我告诉工人的零件大小都正合适，制造完成后的所有零件没有一丝误差，就好像我事先画过草

图一样。不论我在脑海中操作机器，还是在工厂中测试机器，它对我而言都是真实的存在。

"用这种方法构思出的发明大多可以使用。三十年来，没有过例外。我第一次制造的电力发动机、真空管无线电灯、涡轮机以及其他许多设备，都是用这种方法发明出来的。"

特斯拉认为自己视觉化能力的原因在于，图像从大脑中返回到眼睛里。1893年，在圣路易斯，他为国家电灯协会会议发表了演讲。在这次著名的演讲中，他数次提到自己视觉化能力的上述成因。这次演讲的内容是关于无线电的发现，视觉化能力与这次演讲无关。他之所以提及自己的体验，是因为他想表明：这种奇怪的视觉化体验对他的发明具有巨大影响。他说：

"根据眼睛运动理论，我们可以推测以下事实：每一次形成外部印象，即每一次视网膜成像时，视觉神经末端一定处于压力或振动之中，然后将信号传递给大脑。当思想激活了一个图像时，不管反射作用多么微弱，它会给视觉神经末端造成压力，进而对视网膜造成压力。这一点似乎不是不可能。在光学设备或其他光敏设备的帮助下，人类是否有能力分析视网膜在受到思维或反射运动的干扰时的状况，获得准确的结果？如果可能的话，准确阅读人的思想就像阅读一本打开的书那样简单，也许比实证物理学都更加简单。许多科学家（即使不是绝大多数）都坚信这个问题会得到解决。

"赫尔姆霍茨表明，眼底本身是明亮的。在完全黑暗的状态下，他能借助眼睛发出的光看到手臂的运动。这是科学历史中最杰出的一次记录。也许没有多少人能够重复这样的实验，因为眼睛发光可能与大脑的特殊活动、强大的想象力有关，就好像是大脑发出的荧光。

"另一个事实对它也有影响。因为这个事实的阐述比较通俗，所以大家可能都注意到了，但是我没有发现实证记载。事实是这样的：有时，当人们突然产生一个想法或一个图像突然展现在眼前时，眼睛会发出光亮，即使在大白天也是如此。"

四十年之后，特斯拉仍然希望捕获思想的照片记录。他在采访中说，如果他的想法是正确的（思想被记录在视网膜上），也许就可以把眼底屏幕上的图像拍摄下来，然后放大图像。

特斯拉关于视觉化的推测和将视网膜上的图像投射出来的想法没有什么不合逻辑的地方。然而，他认为，反射运动从大脑一直传递到视网膜上。这点几乎没有可能。如果特斯拉学会信任他人，他就可以在眼科专家的实验室中做一些简单的测试，获得一些确切的实验证据，用于判断为思想拍照是否可行。

大约在 1920 年，特斯拉写了一篇文章，题为"令人震惊的发现"，但是这篇文章没有发表。文章含有一些他称之为"宇宙的"因素，还包括其他一些内容，海蒂的伏都教信徒和其他未受过良好教育的人应该能清楚地理解这些内容。既然学识渊博的特斯拉能推测出这个概念，那么其他超文化人群或许也能接纳这种概念。

然而，文章里的这种情况也许难以被接纳：没有灵魂的"物质和能量"机器人（特斯拉曾把人类归于这个类别）无法判断道德价值，也无法像主导道德法庭的教皇那样惩罚违法的人。

以下是特斯拉对"令人震惊的发现"的描述：

"虽然没能获得任何支持心理学家或巫师的观点的证据，让人满意的是，我证明了生命的无意识行为。这个结论不仅来源于对个人行为的持续观察，也来源于归纳。我认为这对人类社会而言是一个伟大的发现，我将简要地阐述一下。

"第一次想到这个发现时，我还很年轻，但多年来我一直把它当作巧合。也就是说，当我、我的亲属、我的事业受到别人不公正的伤害时，我会体验到一种奇怪、无法定义的疼痛，姑且称之为'宇宙的'疼痛；不久之后，伤害我的人也会感到悲伤。经历过许多次这种感受以后，我把它告诉了一些朋友，他们也相信这个理论的真实性。我提出的这个理论就是——

我们的身体结构大体相似，所处的外部环境也没有差异。这导致人们的总体活动是相似的、和谐的，这正是社会准则和其他准则的基础。我们是受到介质控制的机器人，就像漂浮在水面的瓶塞，却误以为我们有自己的意志。我们的活动总是为了保护生命。虽然我们之间彼此独立，但却被不可见的联系连在一起。只要有机体状态良好，就能准确对刺激物做出反应。但如果个人精神错乱，他的保护生命能力就会受阻。

"当然，大家都明白，如果一个人耳聋、视力弱、肢体受伤，他生存下去的机会就比较少。但如果大脑有缺陷，人重要的能力会受到影响甚至损毁，人生存的机会更加微乎其微。

"只要一个人身体完好无损，能顺应变化的环境，并且敏感、具有观察力，那么他就是一种超越机械意义的存在。这确保他会避免难以察觉的致命伤害。当他与控制器管完全错误的人接触时，他就会感到'宇宙的'疼痛。

"这个真理得到数百次的验证，我也请求大自然的其他学生帮助解决这个问题。我相信，通过成体系的共同努力，我将获得对世界无价的答案。"

特斯拉不擅长沟通，这使世界少了很多有趣的故事。毫无疑问，他与众不同，具有"超自然能力"。他坚决否认自己体验过超自然现象，但他阐述的事件显然属于超自然范围。他似乎担心，如果承认超自然能力的话，人们就会误以为他支持巫术或其他非"物质和能量"理论。

当谈到他的人生哲学时，他会详细阐述这样的理论：人类的身体是只会对外界做出反应的肉体机器。

一天晚上，在纽约克林顿州长酒店的大厅里，特斯拉告诉了作者他的肉体机器理论。它和维多利亚时代的唯物哲学论属于同一个类别。他认为，我们是由试管中发现的那些物质组成的。原子是我们身体的组成成分，我们只有原子的特点。我们称之为生活的"经历"，是我们的原子对外部反应的复杂综合。

这种哲学观点十分简洁，似乎这让提出者坚信它是正确的，使提出者的态度变得顽固不化。这样，我们就很难辨别哪些是强调的观点，哪些是真正的事实。

我向特斯拉说道："我一点儿也不相信你的理论。谢天谢地，我认为你也不相信自己的理论。我最有力的论据就是，特斯拉存在于这个世界上。按照你的理论，特斯拉就不会存在。特斯拉拥有创造性的思想，成就远远高于他人。如果你的理论是正确的，或者我们都会成为特斯拉那样的天才，或者我们都是思想平庸的肉体机器，对一致的、无生命的、没有创造力的外部因素做出同样的反应。"

特斯拉回答："但我们都是肉体机器，只不过我是一个更敏感的机器而已，能发现别人无动于衷的现象，并且能理解、解释这些现象。"他坚持说："我仅仅是比别人更加精致的机器人而已。"

我回应道："在我看来，你承认自己和他人有区别，这完全证明你的理论是错误的。你的敏感可能只是偶然事件。我们所有人都有可能获得这种偶然，一次甚至多次达到你一生中不断展现的天才成就。即使天才的才能是断断续续的，那么我们都属于天才的类别。天才的才能不会突然显现，因此在我看来，你的肉体机器理论是站不住脚的。如果你能坦诚对待我，就会把你的奇怪经历告诉我。这些经历你无法解释，也不符合你的肉体机器理论，所以你担心别人会误解你、嘲笑你。然而，我不会感觉你的经历奇怪、无法理解。有一天你会打开心房，告诉我那些经历的。"

每次我和他观点不同，都会有一段时间见不到他。这次也是如此。然而，这期间我和他打了许多通电话。我们的谈话似乎使他对我的态度发生了改变，下一次我见到他时，他对我吐露心声："奥尼尔，你比世界上任何人都更了解我。"我之所以提到这一点，是因为想证明我的观点是正确的：特斯拉是多面的，但他只想把超人的那一面展现给大众。

那时，我还不知道特斯拉"令人震惊的发现"，直到后来才了解他的一些经历。如果我知道的话，我们的讨论就会更加具体。

如前所述，特斯拉完全不相信灵异现象，但是他的许多经历却属于超自然的类别。他既不否认，也不承认它们的真实性。这种矛盾在他的方方面面都有体现。

例如，特斯拉完全否认心灵感应这种灵异现象，但他确信人们的思想可以进行直接交流。十九世纪九十年代早期，一位报纸记者询问他对心灵感应的看法，他回答说："心灵感应存在的证据只是巧合，但是人类大脑会观察，具有理性的工作模式，我对这一点很有兴趣，感到惊奇。"然后，他又补充了一句矛盾的话："假设我想谋杀你。你立刻就会知道这件事。这难道不奇妙吗？思想是怎样达到这一步的？"

简而言之，这次采访内容是：心灵感应并不是事实；但一个人的想法可以直接传递给另一个人，这很奇妙，值得科学研究。

这种矛盾源于：在特斯拉的时代，人们认为灵异现象都是逝去的灵魂造成的。这种理论与特斯拉的哲学思想格格不入，因为他不相信人会不朽，认为所有的现象都应该用物质和能量来解释。灵魂既不属于物质，也不属于能量。然而，按照特斯拉的理论，思考是由于大脑中物质和能量的相互作用。这个过程也许会在以太中产生波，一个人的大脑没有理由接收不到另一个大脑发出的波，这就导致了思想的传递。

但是，除了亲戚以外，特斯拉不会和任何人讨论他的灵异经历。有一次，他的预感拯救了三位朋友的性命。后来，他把这件事告诉了侄子萨瓦·N·科萨诺维奇。科萨诺维奇是这样叙述的："我听特斯拉说他有预感。他以一种机械的方式解释这种现象，说自己的感觉非常敏锐。他声称，每个人都是一个机器人，与外部环境相互作用。他告诉我，有一次，他在纽约为朋友举办了一场盛大的宴会。宴会结束后，几位朋友打算乘火车前往费城。但他有一种强烈的感觉：不应该让朋友们离开。所以，他强迫朋友们留了下来。朋友们错过了打算乘坐的那趟火车。这列火车在途中发生了事故，

186

造成了大量伤亡。这大概发生在十九世纪九十年代。"

他的姐姐安吉丽娜病逝后，他给家里发了一封电报，写道："我好像看到安吉丽娜出现、消失。我感觉事情有点不妙。"

在两份没有发表的手稿中，特斯拉自己也讲述了两个奇特的故事。有一次，由于过度工作，他的视觉化能力消失了，然后又重新出现。在重现时，他的眼前总是不断重复年幼时的事件，然后重复后来的事件；在视觉化能力达到高潮时，他看见一个从未发生过的事件，然后思想回到了现实时刻。

特斯拉的这次经历如下：

"我将讲述一次奇特的体验，也许会引起心理学学生的兴趣。我的地面发射机展现了惊人的效果，我想弄清楚它与地球传递的电流之间的关系。这项工作似乎没有希望，我持续不断地研究了一年多，却一无所获。这个深奥的研究完全吸引了我，我忘了其他一切，甚至包括我虚弱的健康状况。最后，在我快崩溃时，自然为我保存体力，使我进入严重的昏睡状态。

"清醒以后，我惊慌失措地发现，除了最早进入我意识中的婴孩时期的记忆，我无法回忆起其他事情。奇怪的是，那些记忆又以视觉化形象出现在我眼前，让我松了一口气。一夜又一夜，我总是在休息时看到那些记忆。越来越短的曾经的经历在我眼前展现。在缓缓展开的画面中，我的母亲总是主要人物，和她见面的想法越来越强烈。

"这种感觉十分强烈，我下决心暂停一切工作，满足自己的愿望。但我发现很难完全脱离实验室。而且，我过去所有记忆都恢复起来以后，好几个月的时间已经流逝，时间已到 1892 年春天了。

"在记忆遗忘期间，有一次，我看见自己在巴黎的和平酒店，刚刚从奇怪的昏睡中苏醒过来。那时，我接到了一封电报，传达我母亲去世这个悲伤的消息。我回想起这个情景时，能感受到曾经的痛苦和难过。

"奇怪的是，在那段时间，我能清楚地想起所有与研究有关的事情。我可以回忆起实验中的每个细节，哪怕是最不重要的现象。我可以背诵整页整页的文章和复杂的数学公式。"

正如之前章节所述，特斯拉在巴黎发表演讲之后，迅速返回家中，在母亲逝世前及时见到她一面。这是这次事件的预感。

第二次事件也与他的母亲有关，手稿中也有记录。他说：

"多年以来，我一直尝试解决死亡之谜，关注各种精神迹象。但我只体验过一次短暂的超自然现象，那是在我母亲逝世时。

"由于疼痛和长期失眠的折磨，我变得精疲力竭。有天晚上，我在离家两条街的大楼里。我无助地躺在那儿，心想：如果母亲去世时我不在她身边，她一定会给我发个信号。

"我曾在伦敦陪伴已故的朋友威廉·克鲁克斯，在那之前的两三个月，他经常谈起通灵术，我满脑子也都是这个问题。也许我很少受到别人影响，但是我在学生时代读过克鲁克斯的文章，他关于辐射的工作具有划时代的意义，从此我开始了自己的电气生涯。所以，他的言论对我影响很大。

"我认为能够预见未来是件好事，因为我母亲也是一位天才，拥有良好的直觉能力。整夜，我的神经都处于紧张状态，但什么也没发生。早上，我睡着了一小会儿，在睡梦中看见一位天使般的人物乘云驾雾而来，她慈爱地注视着我，缓缓显现出我母亲的样子。她慢慢从屋里飞过，直至消失。我醒来时，听到了许多甜美的声音。那时，我确定母亲刚刚去世了，尽管无法解释这种确信从何而来。事实果真如我所想。

"我无法理解事先感受到的巨大痛苦。虽然还处于这种痛苦之中、身体也很虚弱，我给威廉·克鲁克斯写了一封信询问原因。

"健康恢复以后，很长一段时间我都在寻找这种奇怪现象的外部原因。让人欣慰的是，经过几个月的努力，我终于成功了。有次，我在观赏一位著名艺术家的画作。这幅画作象征着一个季节，描绘一群天使站在漂浮的云上的图景。对此，我感到十分震撼。它和我梦中的景象类似，除了梦中出现的是母亲的面庞。附近的教堂里正在进行复活节早上的弥撒，传来阵阵唱诗班的音乐。这符合科学事实，合理地解释了一切，我对此感到满意。"

当然，特斯拉的这个"科学"解释完全不科学。它忽略了三个事实：第一，他认为自己经历是灵异事件，却对结论十分肯定，尽管无法用语言解释为什么肯定；第二，这次体验预示着母亲的逝世，至少他是这样认为的；第三，这次体验与母亲逝世的时间刚好重合。这种现象产生的机制是，特斯拉脑海中存贮的记忆（例如，对画作的记忆）以难以理解的象征形式展现在他梦中。此外，几个月之前，他就有一次预感。这次预感是回忆的高潮，因为母亲的形象总是浮现在他的脑海中。

特斯拉试图为灵异现象找到"科学"的解答，并且满足于不合理的解释。这表明，为了维持唯物主义的"物质和能量"超人形象，他内心进行着激烈的冲突；他具有对生活的精神洞察力，却想遏制这种能力。

特斯拉曾举办过一次奇怪的午宴，宴请拳击手弗里茨·日维科。那是1940年，午宴在纽约客酒店的一间私人餐厅里举行。弗里茨·日维科将在麦德逊广场花园参加一场拳击赛，争夺次中量级拳击赛的冠军。午宴的时间就是比赛那天中午。

弗里茨有五个兄弟，都是职业拳击手或摔跤手。他们的父亲在匹兹堡开了一家啤酒吧，他们都住在那座城市。他们都是在匹兹堡出生的，但父母都来自于南斯拉夫。他们将难读的斯拉夫姓氏缩写为"日维科"，以方便职业生涯使用。

特斯拉也宴请了其他五位兄弟。此外，还有《纽约时报》的科普作家威廉·L·劳伦斯和作者两位宾客。

三种不同类型的人聚集在桌边。六兄弟都体形健壮。他们身高中等，拥有强健的身躯、厚实的胸膛、宽阔的肩膀，所以看起来比较矮。所有人都眼睛明亮、肤色无瑕、轮廓鲜明，穿着保守的普通西服，戴着白色亚麻衣领。两位新闻界人士的形象与极为拳击手对比鲜明，然而特斯拉最与众不同。劳伦斯乌黑的头发笔直的向后梳着，就像一位音乐家。

特斯拉坐在桌首。他右边是弗里茨，弗里茨的另一边坐着三位兄弟。另两位兄弟和劳伦斯坐在对面。作者坐在桌尾。

特斯拉没有为午宴安排他最喜爱的烤鸭——他另有计划。大家都入座以后，特斯拉站了起来。相比之下，健壮结实的弗里茨看起来就像小矮人。特斯拉穿着黑色的轻质紧身普通礼服，看上去比平时更瘦弱。去年，他的体重减轻了很多，突显了他晚年瘦骨嶙峋的脸膛。他脸上一副苦行者的模样，头上已有缕缕银白发丝。他细长纤弱的手臂向弗里茨挥舞着。弗里茨抬起头来，对举止奇怪的特斯拉笑了笑。

"我为你准备了一份美味的牛排，有两英寸厚，你今晚将有足够力气赢得比赛……"

弗里茨双手都举了起来，试图打断手舞足蹈的特斯拉。

弗里茨抗议道："不，我还要训练，今天不能吃牛排。"

手舞足蹈的特斯拉就像是足球比赛的拉拉队长，他的声音无比坚定："听我说，我会告诉你如何训练。你应该吃完牛排以后训练。我帮你点了一份两英寸后的牛排，上面蘸着血，你可以……"

另外五位兄弟也加入到抗议的行列。

他们异口同声："他今天不能吃牛排。特斯拉先生，他会输掉比赛的。"

特斯拉大喊道："不，他不会输掉比赛。你必须想象我们塞尔维亚诗歌中的英雄。他们是热血方刚的汉子、勇猛的斗士。你必须为了塞尔维亚的荣誉而战，所以你应该吃蘸着血的牛排。"

特斯拉情绪激动，手舞足蹈，就好像现在是比赛最激烈的时刻，而他就站在场边。弗里茨和他的兄弟们却很镇定，不为所动。弗里茨回答说："我一定会赢的，特斯拉先生。我会为了南斯拉夫的荣誉而战。获奖时，我会对着麦克风说，我也是为特斯拉先生而战——但今天我不能吃牛排，特斯拉先生。"

特斯拉同意了："好吧，弗里茨，你想吃什么就吃什么。但你的兄弟们应该吃牛排。"

最年长的兄弟回答："不，特斯拉先生。如果弗里茨不吃牛排，我们也不吃牛排。他吃什么，我们就吃什么。"

弗里茨点了炒蛋吐司、熏猪肉、一杯牛奶，另外五位兄弟、两位新闻界人士也点了同样的菜。

特斯拉开心地笑了起来。在阵阵笑声中，他说："你们今天打比赛就吃这么一点儿？"

特斯拉，这位热血的83岁科学家，只为自己点了一杯热牛奶。在午宴期间，凭着这点食物的能量，特斯拉热情督促弗里茨，让他"给对手一点儿颜色看看"，在"第一局就把对手击倒"。

这次午宴很奇怪。虽然拳击手兄弟们人数多，而且拥有刚毅的脸庞、结实的身躯，而特斯拉瘦骨嶙峋、眼眶深陷、白发缕缕，但特斯拉占据了主导地位。兄弟们等待着即将带来的比赛，特斯拉热情洋溢，除此之外，大家都十分淡定。然而，虽然大家都很放松，却似乎有股奇怪的紧张气氛。我意识到这个问题以后，我好奇地观察着事态的发展。我以前也参加过类似场合，却从没感受过这种氛围。

《纽约时报》的劳伦斯坐在我的右边。午餐才进行到一半时，他开始变得不安。他好几次向桌下看去。然后，他摩擦了脚踝、膝盖、腿肚。他换了姿势。他又摩擦了肘部、前臂。我试着捕捉他的眼神。

我问："比尔，你不舒服吗？"我知道是怎么回事。

他回答："感觉怪怪的。"

几分钟之后，他又向桌子底下看去。

我问："感觉到了什么？"

他答："是的，我感觉碰到了热的东西。我能感受到温度，却看不到任何东西。"然后，他问："你也感觉到了吗？"

我安慰他："别担心。我知道是怎么回事，稍后再告诉你。现在你尽量自己观察一下。"

这种奇怪的感觉持续到午宴结束。在返回办公室的路上，我对劳伦斯先生做了解释：

"你经常嘲笑我轻易相信灵异事件的存在。现在，你自己也经历了一次。兴奋的特斯拉在午宴上慢慢冷静下来以后，我感觉周围有一种紧张气氛。有时，我的脸颊、手臂似乎感觉到了丝网状物，所以我猜测会发生一些不寻常的事情。

"那种场合很容易发生通灵现象。如果午宴时一片漆黑，我们就无法辨别出发生了什么。那儿有六位体格强健、关系亲密的人，他们体力充沛地等待着一项赛事，情绪一触即发。而且，特斯拉情绪激动，也许他此前从未表现过这种兴奋状态。他充满了一种不同的生命能量。特斯拉加剧了奇怪的气氛，以未知的方式释放了积聚的生命能量。这些能量以我们不知道的方式，通过有序的传导通道，从高电势地方传到了低电势地方。

"在这种情况下，我们就是低电势，我也有和你有一样的感受。空中的能量传导通道与我们身体的不同部位接触，我也感觉到皮肤某些点有强烈热量。

"你读过一些报道，其中有人感受过丝丝凉意。在那种场合下，情况刚好和我们相反，因为那些人的能量被介质有序吸收，然后在他人身上产生热量。

"在我们今天的体验中，拳击手们释放出一种微弱的能量流，流到我们体内——在报道提到的灵异事件里，那些人的能量传递到介质、或中心收集点。我曾就对灵异事件的观察写了一份报告，将这种能量流称为灵异流体，是新型灵异流体的简称。

"现在，你也有了灵异体验，你就能明白几年之前我为什么冒着被特斯拉痛骂的风险，告诉他：他之所以使用肉体机器理论解释自己经历的奇怪现象，是因为他害怕谈论那些灵异事件……"

在特斯拉去世的前几天，他再次体验了超自然的现象，但他完全没有意识到那个现象有什么特别之处。

一天早上，特斯拉叫来他最喜爱的送信男孩凯利甘，递给他一封密封的信件，让他尽快送达。信是写给"纽约，南第五大道35号，塞缪尔·克莱门斯"的。

凯利甘很快返回，说他无法送达信件，因为地址不正确。他说，没有南第五大道，第五大道35号也没有叫克莱门斯的人。

特斯拉非常生气。他告诉凯利甘："克莱门斯是一位非常有名的作家，笔名叫作马克·吐温。你应该能在我给你的地址找到他。他住在那儿。"

凯利甘把这件事告诉了办公室主任，表明了自己的困境。办公室主任说："你当然不可能找到南第五大道，它早在数年前就改名叫西百老汇了；你也不可能把信件送给马克·吐温，他已经逝世25年了。"

凯利甘回到特斯拉那儿，告诉他这些信息，这使特斯拉感觉很混乱。

特斯拉说："你竟然敢告诉我马克·吐温已经去世了。昨天晚上他还在我房间里，和我聊了一个小时。他现在经济困难，需要帮助。所以，你立刻去找这个地址，把这封信送到——直到你完成任务再回来。"（信件上的地址是曾经特斯拉第一个实验室的地址。）

凯利甘返回办公室。他打开了没有结实密封的信件，希望能找到如何送信的线索。信封里有一张白纸，包着20张5美元的钞票。当凯利甘试图把这些钱还给特斯拉时，特斯拉非常生气，他让凯利甘要么把钱送到，要么自己留下。

特斯拉生命中的最后二十年，经常出现无法支付酒店账单的尴尬情况。在特斯拉的心中，这种状况似乎被转移到了马克·吐温身上。

考虑到特斯拉能将思想中的物体视觉化，这件事可以简单地解释为：马克·吐温出现在他的视觉化中。特斯拉和马克·吐温是好朋友，特斯拉没有理由不知道马克·吐温已经逝世。如果是这样的话，那么特斯拉怎么能忘记马克·吐温逝世的事情？一个客观理论也许是正确答案，也许不是。

特斯拉的记忆中含有许多马克·吐温的画面，可以追溯至他年轻时。那时，他阅读了马克·吐温的一本书，并且从重病中恢复过来。二十年后，当特斯拉谈到这件事时，马克·吐温深受感动，哭了。然后，他们之产生了亲密的友谊，相处十分愉快。关于马克·吐温的每件事都记录在特斯拉的脑海里。他的大脑如何记录这些事，我们不得而知，但我们可以假设：这些记忆已是陈年旧事，以时间顺序依次排列，后一件事摞在前一件事上，最近的事位于记忆记录的最上面。当特斯拉幻想马克·吐温在他的房间时，（这也许是潜意识在起作用），他穿越了一摞记忆记录，直到找到令他满意的一件事为止。然后，一股集中的生命能量把这件事的记忆传递到大脑中视觉化区域，这使得摞于其上的记忆记录被麻醉、损毁、烧尽。因此，特斯拉的记忆中没有关于马克·吐温后来的记忆。后来的记忆都被抹掉了，所以他也不记得马克·吐温逝世这件事。在特斯拉看来，马克·吐温还活着，这是符合逻辑的。

目前流传的有几个版本，它们拥有共同之处：特斯拉认为马克·吐温仍然活着；他最近联系过马克·吐温；他想寄一些钱给马克·吐温，以帮助他渡过难关。

虽然特斯拉被剽窃、欺骗、遗忘（W·H·埃克尔斯博士在 1943 年 2 月 13 日刊的《自然》（伦敦）上发表了一份讣告："在他长达 85 年的生命中，特斯拉很少关注自己的成功，从不重复记载自己以前的工作。虽然不断被剽窃，却几乎没有争夺过优先权。他具有丰富的创造力，能完成实用的成就，却如此克制。"），晚年的他仍然继续工作，希望自己能合理安排事务，以便为脑海中的各种宝贵发明筹措资金。他的骄傲不允许他承认自己遭遇了经济窘境。因为没钱支付住宿费用，他总是被迫离开酒店。特斯拉的朋友 B·A·贝伦德是《感应发动机》一书的作者，这本书向工程师们阐释了特斯拉的理论。每当贝伦德到达纽约、发现特斯拉已经离开上次他们见面的那家酒店，他总是会帮特斯拉付清欠款，让特斯拉把行李转给他。

二十世纪三十年代早期，经济窘境本来应该使特斯拉失落，然而他却像往常一样乐观。他说："我的实用发明已经成为历史事实，它们不断督促我取得更大成就。任何人都无法理解我从中得到的灵感。我知道，我的多相系统已经遍布全球，减轻了人类的负担，增加了人类的幸福感；而且，我的无线系统的各种特点已被人们使用，为世界各地的人们带去欢乐。这些让我充满了无法表达的满足感。"

当提到无线电系统时，他没有因无线电计划的失败而表现出憎恶感，而是以哲学的口吻回答："也许我有一点超前。当我的多相系统能够满足人们的需要时，人们从不考虑无线系统。然而，一旦人们产生需要，我早已提供了可供使用的系统。"

在他 80 岁生日时，他被问及是否期待能制造、操作最近宣布的发明。他引用歌德《浮士德》里的一个诗节，用德语答道：

> 上帝住在我的胸膛里，
> 触动我内心深处的灵魂，
> 给予我的思想以动力，
> 却无法控制外部世界。

特斯拉有写自传的意图。他希望自传里的记录准确无误，认为只有自己才能做到这一点。他声明，在把所有主要发现转变为应用之后，他才会开始写自传。好几位作者希望帮他写自传，却遭到了拒绝。科普作家肯尼斯·斯维齐与特斯拉密切接触了好几年，人们认为特斯拉会愿意让他帮自己写自传。在特斯拉 75 岁生日时，斯维齐收集了世界各地顶尖科学家和工程师的 70 封祝贺信，把它们制成纪念刊送给特斯拉。人们用南斯拉夫语再次打印了这些信件，促成了南斯拉夫的特斯拉研究所的建立。特斯拉逝世时，斯维齐忙于战事，准备服役于海军。否则，也许他会承担为特斯拉写传记的任务。特斯拉84岁时，仍然认为自己身体健康，能活到下个世纪。因此，他也许没有开始为自己写传记。目前，我们无法确认他是否写了一些内容。虽然特斯拉是美国公民，但他所有的记录都被外侨财产管理局密封了。

在他生命中的最后六年，特斯拉研究所在贝尔格莱德建立，研究所的资助者南斯拉夫政府每年赠予特斯拉7200美元奖金，因此特斯拉不用担心开销问题（在特斯拉快80岁时，人们在贝尔格莱德组建了特斯拉研究所基础协会。它受到学者、政府、商人、大众的支持。政府和个人的捐款足够建立、配备一个实验室，并维持它的日常运转。为庆祝特斯拉的80大寿，特斯拉研究所于1936年成立。南斯拉夫举行了整整一周的庆典。正式的庆祝仪式于5月26日~5月28日在贝尔格莱德举行，5月30日在萨格勒布举行，6月2日和7月12日在特斯拉的家乡史密里安举行）。然而，即使有了这一笔资金，而且他的活动也有限（主要是受限于他房间的大小），特斯拉最后两年仍然无法付清酒店的费用。因为特斯拉太过慷慨，哪怕有人为他提供一点点服务，他也会慷慨地给予小费；听到有人需要帮助，他也会毫不犹豫地伸出援助之手。

1942年的下半年，特斯拉大多时间卧床不起，他的思维仍然活跃，身体却很虚弱。他不允许访客进入他的房间，即使是早年关系亲密的人也不可以。他坚持对酒店员工说自己没病，拒绝别人让他看医生的建议。在没有得到他的许可的情况下，他要求酒店员工也不要随便进入他的房间。

1月5日，星期二，特斯拉叫来女佣，让她密切看守房间，以防被人打扰。女佣听从了他的意愿。特斯拉经常要求长时间不被打扰，所有女佣也习以为常了。星期五早上（1月8日），一位女佣预感不妙，冒着惹怒特斯拉的风险，进入了特斯拉的房间，发现他已经去世了。他看起来很安详，就好像在休息一样，纤瘦的脸颊显露出一丝微笑。这位超人活着时茕茕孑立，逝去时也孤苦伶仃。

警察发出通知，特斯拉去世时孤身一人，没有受到医疗照顾。法医宣布死因是衰老等自然原因，去世时间为星期二晚上，即1943年1月7日，比女佣进入房间早几个小时。联邦调查局的特工也来了，打开了他房间里的保险柜，搜寻一份也许可以用于战争的重要秘密发明。特斯拉的遗体被送往位于麦迪逊大道和第81大街交界的坎贝尔殡仪馆。

　　1月12日（星期四）下午4点，葬礼在圣约翰大教堂举行。主教曼宁主持了葬礼的开场仪式和最后的祷告。在葬礼之后，遗体被移至纽约阿德斯里的芬克里夫墓地，随后进行了火葬。

第五部分

落日的余晖

虽然特斯拉一直独身，在自己的思想世界里隐居，却具有社交魅力。他能够胜任任何工作，曾挖过沟渠、做过苦力。那段时间，他在任何可以找到的地方睡觉，吃任何可以获得的食物。毫无疑问，这段经历给他留下了深刻印象。他从来不愿意谈论那段时光，证明了他当时的境遇多么糟糕。然而，这段经历也许对他有益处——磨炼了他，使他变得温和，但这段经历也羞辱了他的人格，因为他的价值只能体现在蛮力上。这使他十分痛苦。

　　因为向威斯汀豪斯出售专利，特斯拉获得了一笔资金。从此以后，他一直保持着高贵的姿态。他知道如何穿着打扮才能给人留下印象；他身材高大，比别人具有优势；他体格强健，别人不敢随意冒犯；他英语出色，说话时小心谨慎；此外，他还掌握了其他几种语言。这一切使他树立起学者的形象。而且，他的交流电发明为他带来良好声誉，大家认为他实现了伟大的科学成就。他总是向世人提及自己的发明的价值，却从不夸耀自己是如何伟大，这也使他受到人们的喜爱。

　　十九世纪九十年代，特斯拉颇受欢迎，但他却不喜欢抛头露面。然而，知名的报刊记者经常打破障碍，写出他的"专题"文章。按照当时的标准评判，富兰克林·切斯特写的那篇关于特斯拉的文章是最出色的。这篇文章于 1897 年 8 月 22 日在《市民》上发表。文章中描写特斯拉外貌和活动的部分如下：

"从外貌方面来看，每个看到他的人都能感受到他的力量。他身高超过 6 英尺，身材纤细，却身强力壮。他的手掌很大，拇指很长，这是高智商的象征。他的头发乌黑笔直，散发着光泽；耳朵两边散落着一些发丝，看起来就像锯齿状的山脊。

"他的颧骨高高凸起，这标志着他是一位斯拉夫人。他的皮肤就像年久泛黄的大理石。他深陷的眼睛是蓝色的，就像燃烧的火球。他的实验设备产生的奇怪光芒似乎也是从他眼睛里发出的。他的头呈楔形，下巴尖锐。

"从来没有人像他那样高尚，也从来没有人像他那样持续不断地刻苦努力，无私地为了整个人类的利益而工作。特斯拉不富裕，丝毫不关心钱的问题。如果效仿爱迪生，他也许会成为世界上最富有的人，而且特斯拉年仅 40 岁。

"最重要的是，特斯拉态度严谨。毫无疑问，他至少是全纽约最严谨的人。然而，他也具有幽默感，举止彬彬有礼。他是天才中最谦逊的人。他从不嫉妒别人，从不贬低别人的成就，也从不拒绝荣誉。

"他说话时，你会侧耳倾听。你不明白他在说什么，却对他的话充满兴趣。即使你不理解话的涵义，也知道它很重要。他的英语十分完美，没有口音，用词准确。他能良好使用八门语言。

"自从他来到纽约后，他日复一日地重复着每天的生活。他住在格拉克一个安静的家庭旅馆，位于第 27 大街，在百老汇和第六大道之间。他早上九点之前到实验室，整天都待在那个奇怪的世界里，捕获新能量，收获新知识。

"陌生人没有看过他工作的场景。没有人知道他的助手是谁。他偶尔会在实验室里演示实验，但不可能容纳数千人观看。

"通常，他工作到下午 6 点，也有可能待得更久。自然光的消失不会影响他，因为他在实验室中制造光芒。

"8点整，他来到沃尔多夫旅馆，穿着无可挑剔的晚礼服。冬天，他从来不穿晚会便服，总是穿着燕尾服。

"10点整，他吃完晚饭，然后离开旅馆，或者回到房间学习，或者返回实验室继续熬夜工作。"

亚瑟·布里斯班是赫斯特的著名编辑，他曾经采访过特斯拉，并在1894年8月22日的《世界》上发表了文章。这篇文章是他写过的关于名人的文章中最长的一篇。他宣称特斯拉是"一流的电气学家——甚至比爱迪生还伟大"。以下是他描述特斯拉的部分内容：

"他的眼睛深陷，颜色很浅。我问他，作为一名斯拉夫人，为什么他的眼睛却是浅色的？他告诉我，他的眼睛本来是深色的，但大量用脑使它们的颜色变浅。我经常听说，用脑过度会使眼睛颜色变浅。特斯拉的事例证实了这个理论。

"他很瘦，有6英尺多高，不足140磅重。他的手很大。然而，即使相对于这样的大手来说，他的拇指也显得特别长，真的特别长。这是个好兆头，拇指代表智力水平。猿类的拇指很小，如果你仔细观察，就会注意到这一点。

"尼古拉·特斯拉的头顶呈扇形，整个头呈楔形。他的下巴很尖，就像碎冰锥。他的嘴巴很小。他的下巴虽然不单薄，也不太结实。我们不能以评价其他人的标准来评价他的面孔，因为他不追求实用主义。他的生命集中在他的大脑，那儿空间无限，能迸发出各种思想火花。他的头发乌黑笔直。他有点驼背——大多不趾高气扬的人都会这样。他只存在自我之中。他痴迷于自己的工作，他的自爱自尊能确保他获得成功。他与其他声名远扬的人不同，因为他总是把自己的想法贡献给世界。"

当然，特斯拉富有幽默感，喜欢开小玩笑。在他成为沃尔多夫阿斯托利亚酒店的常客之前，他经常去德尔莫尼克酒店吃晚餐。德尔莫尼克酒店是当时纽约最好的酒店，也是上流人士的聚集地。特斯拉是这些顾客中最著名、最特别的一位，但他总是独自一人进餐。他从来不会加入任何团体，也不会邀请别人和他一起吃饭。饭后，他经常返回实验室工作。

一天晚上，他的几位朋友认为他工作太过投入，应该放松一下，邀请特斯拉和他们一起打台球。他们认为特斯拉一直忽略了玩游戏，所以一到台球室，他们就向他解释怎样握球杆、怎样击球和其他游戏规则。特斯拉有十多年没玩过台球了，但他在格劳姆茨的第二年，由于提前一年完成学业，所以他晚上经常在咖啡馆度过，成为了专业的台球手。在德尔莫尼克的专家给他指导时，他问了一些"愚蠢"的问题，有意把球打歪。当他与一名选手比赛时，他仍然问着没头没脑的问题，却尝试用最困难的方法击球，以展示自己的业余爱好者的水平。令专家意外的是，球进了。然后，他又和另外几个人比赛，都以绝对优势获胜。他说，打台球给了他一个实践抽象数学理论的机会。德尔莫尼克的专家传出了这个故事：科学家特斯拉在一夜之间掌握了打台球的技术，成为整个城市最优秀的选手。报纸刊登了这个故事。特斯拉拒绝再打台球，因为他觉得自己有可能会对它上瘾，从而影响研究工作。

特斯拉经常光顾沃尔多夫阿斯托利亚酒店和德尔莫尼克酒店。除此之外，他也喜欢去包厘街，与他的休斯敦实验室仅有几条街的距离。一天下午，他来到这条街的一家酒吧。此前不久，这条街的一位居民史蒂夫·布罗迪声名大振，因为他从布鲁克林大桥跳下去了。特斯拉举起一杯威士忌酒，对服务生说："你知道史蒂夫跳下大桥前说了什么吗？"同时一口把酒喝光。

附近的一位（也可能是好几位）饮酒者误解了特斯拉的话，以为他听到了史蒂夫的遗言。他冲到特斯拉那儿，帮他买了一杯饮料，然后他的朋友也加入进来。特斯拉笑着离开，冲出了酒吧的大门。而那位饮酒者一边追特斯拉，一边喊："让他停下，他是史蒂夫。"大街上的行人误解了这位大舌头的话，也加入到追赶特斯拉的行列，叫喊道："让他停下，他是窃贼。"由于特斯拉腿长，他把众人远远甩在后面，冲进了一条胡同，越过了一道篱笆，从大楼的逃生出口爬了进去，从窗户进入实验室，迅速穿上铁匠围裙，开始捶打一块金属棒。追赶他的人完全找不到他的踪影。

特斯拉被纽约的塞尔维亚人视为偶像。许多人都说自己和特斯拉是远房亲戚，或从属于特斯拉家族，或从属于曼德奇家族；那些和特斯拉没有亲属关系的人也同样崇拜他。但是，特斯拉从来不接受他们的邀请，也不参加他们的社交活动或其他活动。

有一天，一位兴奋的塞尔维亚工人来到沃尔多夫阿斯托利亚酒店，进入特斯拉的公寓里，祈求特斯拉给予他帮助。他之前和另一位塞尔维亚人打了一架，被打的那人发誓一定要让警察逮捕他。他想逃到芝加哥去，但是没有路费，所以想向特斯拉借钱。

特斯拉说："你打了人，现在却想逃脱惩罚。你也许能逃避法律，但是你逃不了惩罚。你现在就会受到惩罚！"特斯拉拿起一根手杖，抓住他的后颈，满屋子追打着他。最后，他哭着求饶了。

特斯拉问他："你能否在芝加哥成为一位更好的人，不再打架？"他对特斯拉做了保证。特斯拉就给了他一些钱，比他所需的路费还多几美元。

特斯拉在十九世纪九十年代十分受欢迎，许多人到沃尔多夫的"棕榈间"就餐，实际是为了看特斯拉一眼。特斯拉通常6点离开实验室，但在离开之前，他会给餐厅的服务生领班打电话，预定好自己的晚餐，而且总是强调一道餐点也不能少。晚餐要在8点准备好。在此期间，特斯拉回到自己的房间，换上正式的衣服——戴上白领带，穿上燕尾服。他总是独自一人就餐，偶尔为了社交的需要，他也会邀请一群人共餐。

特斯拉厌烦与钱有关的事情。1888年以后的15年间，他的钱财能够满足需要，生活无忧无虑。1902年以后，他的经济状况开始变得糟糕——但那时的他更加有名，如果希望重新获得钱财，他必须得保持自己的生活水准。出于社交的目的，他仍然经常在沃尔多夫举行大型的宴会，但他也不得不面临资金短缺的困境。有一次，他想在一间餐厅里举办一场大型的晚宴。服务生领班低声告诉他，他订的餐点已经制作完毕，随时可以上菜，但财务部门坚持让他先付账。特斯拉愤怒地说："接通经理室摩根先生的电话，我马上就到。"很快，一位信差送来一张支票，数额远远多于所需。据说，这种情况发生过很多次，但总是被经理室摆平。通常，外人也不会干预。

在与罗伯特·安德伍德·约翰逊相处的过程中，特斯拉能感受到家庭的温暖。罗伯特·安德伍德·约翰逊是一位外交官、诗人，也是《世纪杂志》的编辑。他家坐落于麦迪逊大道，位于时尚的默里山地区。特斯拉和约翰逊是亲密的朋友。他们有一些共同爱好，喜爱诗歌是其中之一。约翰逊曾写过一首短诗，发表于1895年4月的《世纪》上，叙述他拜访特斯拉实验室的事情。这促成了特斯拉和约翰逊的合作。特斯拉能凭着记忆背诵数千行塞尔维亚诗歌，把它们直译过来，再由约翰逊润色加工。约翰逊出版的《诗集》收录了四十多页这样的诗歌，特斯拉为这本书写了序言。

各行各业的杰出人士经常到约翰逊家做客，约翰逊也经常举办正式宴会招待他们。只要特斯拉受到邀请，他就会去约翰逊家做客，但尽量避免正式场合。然而，他总是出其不意地到访，选择的时间也不寻常。有时，特斯拉会在午夜到约翰逊家，扰了约翰逊一家人的清梦。然后，"鲍勃"和"尼克"会聊好几个小时，交流彼此的重要看法。对特斯拉来说，这些状况都不足为奇（按照记载，约翰逊和"威利"·K·范德比尔特是唯一称呼特斯拉名字的人）。

特斯拉会在约翰逊家待好几个小时。他乘坐一辆两轮轻马车而来，要求马车在外等他，因为他返回酒店时还需要马车，尽管酒店距离约翰逊家只有几个街区。乘此机会，在特斯拉允许的情况下，约翰逊的孩子们会乘着马车在中央公园溜达一圈。

特斯拉喜欢歌剧，曾经经常观看歌剧表演，可随意使用威廉·K·范德比尔特的剧场包厢以及城中其他人的剧场包厢。他偶尔会欣赏戏剧，最喜欢的女演员是埃尔西·弗格森。他评价说，埃尔西·弗格森知道如何穿着打扮，是舞台上最优雅的女人。后来，他慢慢放弃对歌剧和戏剧的喜爱，转而喜欢电影，但很少去电影院。他不看悲剧，只享受喜剧和电影轻松愉快的一面。

海军少将里士满·皮尔逊·霍布森和特斯拉关系亲密，是美西战争中的英雄。后来，只有霍布森能够劝特斯拉暂停熬夜工作，去看一场电影。

特斯拉不信仰任何宗教。早年，他与教堂断绝了关系，不再参加宗教活动。在他70岁的寿宴上，他说所谓的灵魂只是机体功能的一部分，人逝世以后，灵魂也随之消亡。

一个人很少会被自己的秘书当作英雄。特斯拉70岁时关闭了他的办公室。在此之前，多萝西·F·斯凯里特一直是他的秘书。在她眼中，特斯拉就是一位神圣的超人。那时，她认为，特斯拉具有磁铁一般的人格，这和三十年前各种文章的作者的感受如出一辙。她写道："当人们走近特斯拉时，看到的是一个高大而憔悴的人。他似乎是神圣的人。他70岁时仍然身板直挺，穿着颜色柔和的、简单干净的衣服。他从不戴领带别针或戒指。他浓密的黑发从中间分开，从前额向后梳理。他的前额宽大突起，因他长期沉思于科学问题而布满深深的皱纹。他突起的眉毛下面是深陷、钢灰色的眼睛，他的眼神柔和，却能渗透人心。当他热情地谈论到需要征服的领域、将要获得的成就时，他的脸上会绽放出空灵的光芒。听众跟随着他的思路，将从现在的普通世界穿越到未来的想象王国。他温和的笑容、儒雅的举止呈现出绅士的特点，这些特点早已深深根植于他的灵魂中。"

此外，特斯拉对衣着极为讲究。他知道怎样穿着得体，也的确做到了这一点。1910年，他对一位秘书说，他是第五大道穿着最好的人，并且打算一直保持这个标准。这并不是他爱慕虚荣的表现。衣着的整洁讲究与他的人格完全一致。他的衣物不多，也不戴珠宝。良好的衣着与他温文尔雅的举止相符。然而，他发现，人们对衣着和外貌的看法不尽相同，所以在不讨人喜欢的人的面前，他就不会过分在意自己的举止，尽量让自己放松。

特斯拉偏爱马甲。但是，不论穿什么服装，他都会显现出安然优雅的气质。他只戴一种类型的帽子：黑色常礼帽。他拄着手杖，通常戴着灰色羊皮手套。

特斯拉愿意花费 2.5 美元买一双手套，即使手套和刚买时一样新，也只戴一个星期就扔掉。他对领带有自己的标准，总是喜欢戴着打活结的领带。他对领带的样式不太讲究，但颜色只局限于红色和灰色。他每个星期买一条领带，花费 1 美元。

特斯拉只穿白色丝绸衬衫。他的其他衣物，比如睡衣，大多在左胸方向上绣着他名字的首字母。

特斯拉大量购买手帕，因为他从不会把手帕送去洗衣店。使用一次之后，他就把手帕扔了。他喜欢上好的亚麻材质，并购买了一个标准的品牌包。他也从不洗衣领，每个衣领只穿一次。

特斯拉总是穿着高系带鞋。他要求鞋型长而窄，并且能长期保持锥形方形鞋头的形状。毫无疑问，他的鞋都是订制的，因为鞋沿高达腿肚，这种鞋在鞋店里是买不到的。他身材高大，鞋能支撑踝关节，这点对他来说是件好事。

只使用一次的物品不仅包括手帕和衣领，还包括餐巾。特斯拉有细菌恐惧症，就好像他的生命机器里有无数小沙粒似的。他要求酒店为他提供一个仅限他使用的餐桌。每次进餐时，必须换一块新桌布；餐桌左边必须摆放二十多张餐巾。银餐具和菜碟在上桌前，必须在厨房高温消毒。他会用餐巾捏着每一个餐具，然后用另一张餐巾擦拭。随后，他会把两张餐巾都扔在地板上。即使简单的一顿饭，餐巾通常也会被用完。他最憎恶苍蝇。只要有一只苍蝇停在他的餐桌上，桌上所有东西都必须撤下，换上全新的食物和餐具。

特斯拉住在沃尔多夫阿斯托利亚酒店时，服务生领班是彼得森。后来特斯拉搬到宾夕法尼亚酒店住了几年，彼得森恰巧也在那儿当服务生领班。

207

因此，特斯拉是幸运的。人们流传着这样一个故事：不管是在沃尔多夫酒店，还是在宾夕法尼亚酒店，都有一位特别的厨师为特斯拉准备饭菜。但彼得森说这个故事并不真实。

早年，特斯拉喜欢精致的厚牛排，特别是菲力牛排，一顿饭能吃下两三块。后来，他偏爱羊肉，经常点烤羊里脊。通常，烤羊里脊有好几个人的分量，但他只吃中间的一小块。此外，他也喜欢吃小羊排的顶部，以及带有坚果馅的烤乳鸽。在家禽方面，他最喜欢烤鸭。他要求，烹制烤鸭时，烤鸭上面必须盖一层芹菜茎。这种烹制方法是他自己创造的。在设宴招待朋友时，他经常以烤鸭为主题，并且会去厨房监督烤鸭的烹制过程。这种方法烹制出的烤鸭味道鲜美。但就烤鸭这道菜而言，他只吃两侧胸骨上的肉。

几十年过去了，特斯拉的饮食不再以肉为主。他把鱼类当作肉类的替代品，经常吃煮鱼，然后完全不吃肉食了。后来，他也不再经常吃鱼，转而以蔬菜为主。他经常喝牛奶。在他生命中的最后一段时光，温热的牛奶成为他的主要饮食。

年轻时，特斯拉喜欢喝咖啡。虽然他逐渐意识到咖啡的副作用，却发现难以打破这个习惯。后来，他终于下定决心远离咖啡。尽管他遵守戒掉咖啡的意图，却发现自己对咖啡的渴望仍然存在。为了对抗想喝咖啡的欲望，每次进餐时他都会点一壶咖啡，倒一杯出来，让自己弥漫在咖啡的香气中。十年之后，他开始厌烦咖啡的香气，所以他觉得自己再也不会需要咖啡了。他认为，茶和可可对身体也有害。

特斯拉年轻时烟瘾很大，吸得最多的是雪茄。特斯拉二十岁左右时，他的一位姐妹患了重病。她说如果他放弃吸烟，她就会努力好起来。他立刻戒掉了烟瘾。后来，他的姐妹的身体康复了，他再也没有吸过烟。

特斯拉喝威士忌，因为他认为威士忌可以提供能量、延长寿命。他觉得，也许祖先的长寿都要归功于威士忌。二十世纪初，他说喝威士忌能使他活到150岁。第一次世界大战时美国禁酒，他谴责这项规定侵犯了公民权利，令人无法忍受。然而，他立即放弃了喝威士忌和其他酒类的习惯，只喝牛奶和开水。但是，他认为戒掉威士忌会使他的寿命减为 130 岁。

特斯拉说，自己不需要喝酒精饮料以帮助思考。一次轻快的散步更有利于他专注思考。在步行时，他似乎处于做梦状态。即使与一位熟识的朋友擦肩而过，而且他的眼睛似乎直盯着那位朋友，他也注意不到朋友的存在。他的思想早已云游四方。显然，正是这种状态导致了一次车祸的发生。1937 年，他被一辆出租车撞了，伤势严重。事实上，早在两年前的一次采访中，他就说过，自己可能会因为随意乱走而被卡车或出租车轧死。

特斯拉的净体重为 142 磅。从 1888 年到 1926 年，除了短暂的生病时期，他体重的变动幅度不超过 1 磅重。1926 年，他有意将体重减轻了 5 磅。

多年以来，特斯拉一直喜欢头皮按摩。他每周会去理发店三次，让理发师帮他按摩头皮半小时。他坚持让理发师在椅子上铺一块干净毛巾，奇怪的是，他不反对使用公用的剃须杯和剃须刷。

特斯拉总是声称，他每天的睡眠时间不超过 2 个小时。他凌晨 5 点休息，上午 10 点起床，但其中只有 2 个小时是处于睡眠状态的。有一年，他承认自己每天睡 5 个小时——这为他储备了大量精力。他说，即使在睡眠中，他也从未停止工作。爱迪生说自己每天只睡 4 个小时，特斯拉对此嗤之以鼻。特斯拉说，爱迪生经常坐在实验室中打 3 个小时的盹，而且每天打两次盹。特斯拉很可能也以这种方法补充睡眠，却没有意识到这个事实。酒店的工作人员声称，他们经常看见特斯拉一动不动地站在房间里数个小时，对周围的一切视而不见。即使他们在他的房间里走动，他也毫无觉察。

特斯拉的办公室总是附带一间独立洗手间，只限他自己一人使用。他动不动就会洗手。每次洗手后，他都让秘书递给他一条洗过的干净毛巾，用来擦手。

为了避免握手，他的做法有些过火。当有人走近他时，他担心别人想和他握手，就会把手放在背后，这经常令人尴尬。如果一位访客碰上他没有防备，和他握了手，他就会心烦意乱，无法集中注意力听访客讲话，经常在访客话还没说完之前就打断他。然后，特斯拉立刻冲向洗手间，清洗手掌。看到满身灰尘的工人吃午饭的场景，特斯拉总是感觉恶心。

特斯拉对珍珠也有恐惧感。如果他邀请参加宴会的一位女士戴着珍珠首饰，他就会吃不下饭。总的来说，特斯拉厌恶光滑的圆形表面，学会忍受台球也花费了他好一段时间。

特斯拉从没头痛过。虽然他遭受了几次重病的折磨，他独立生活后从没看过医生。

特斯拉的恐惧症是有原因的，但是这些原因并不为大家熟知。他的细菌恐惧症可以追溯到他年少时的两次重病，那两次似乎都与霍乱有关。在特斯拉的故乡，霍乱是一种盛行的疾病，由不洁净饮用水和人与人之间传播的细菌导致。

特斯拉清楚自己的癖好，他也意识到这些癖好引发了日常生活中的一些小摩擦。然而，它们是特斯拉不可分割的一部分，戒掉这些习惯无异于砍断他的右臂。也许是他的独居生活造成了这些习惯，也许是这些习惯导致了他的独居生活。

特斯拉的头脑似乎处于一种爆炸式压力之下，无数的想法呼之欲出，他似乎也跟不上自己的思想洪流。他的设备不足，研究项目无法全部转变为成就。即使他拥有一批训练有素的助手，仍然无法赶上自己的思想洪流。因此，他的工作人员都感觉压力重重。但是，不论就工资而言、还是工作时长而言，特斯拉总是很慷慨。他经常要求助手加班，但是会为此支付大量报酬。

然而，为特斯拉工作并非易事。他极为重视整洁，而且要求所有助手也必须如此。他是一位出色的工程师，要求所有工作都必须以高标准完成。他十分赞赏助手们的聪明才智，当他们成功解决难题后,特斯拉会奖励他们;但他对愚蠢粗心的行为却没什么耐心。

虽然特斯拉雇有绘图员，但他在机器设计过程中从不使用他们。特斯拉之所以保留他们的职位，是因为他们可以和其他组织接触，而这些接触是不可避免的。当制造一些自用机器时，他会对每一部分给予指导。特斯拉会把制造机器的工人召集到桌边，在一大张纸的中间画一张小型的草图。不论机器的细节多么复杂、体积多么庞大，草图的长度不会超过一英寸。如果特斯拉不小心出现笔误，他不会把画错的地方擦掉，而是换另一张纸重画。他会口述机器部件的大小。草图完成以后，他不允许工人把草图带到工厂。特斯拉会毁掉图纸，让工人凭借记忆制造机器。特斯拉能记住所有的细节，从不会把心中的完整方案写在纸上，用以指导机器制造——他认为，只要足够努力，大家都能做到这一点。因此，他要求工人在没有图纸的情况下工作，以迫使他们努力增强记忆。

和特斯拉一起工作的人都十分羡慕他的超强记忆力，他能记住同时进行的几个项目在不同阶段的所有细节。员工只会获得完成一个项目的必要信息。没有人知道一台机器、一种物件的用途是什么。特斯拉说，爱迪生从助手那儿获得的想法比他自己的贡献更多，所以特斯拉极力避免这种情况的发生。他认为，自己是世界上最富有想法的人，不需要吸收别人的想法。而且，他刻意阻止别人向他提供想法。

就这一点而言，特斯拉对爱迪生的评价是不公正的。特斯拉和爱迪生属于完全不同的两类人。特斯拉缺乏大学精神：与他人共同获取知识、开展研究的精神。爱迪生更富有合作精神和管理能力，他会把创造性研究项目的主要部分委派给聪明的助手。他就像催化剂，激励助手产生思想创意，从而增强了自己的创造力。如果特斯拉也具有这些能力，他的成就将会增加数倍。

特斯拉缺乏与人共事、分享计划的能力，这是他的一大缺陷。这使他与同时代的其他知识人士隔离开来，因为他无法把所有想法都转变为发明，世界因此失去了大量的创造性想法。训练学生，让他们继续进行未竟之业，这是大师的责任——但特斯拉拒绝接受这项责任。在特斯拉最活跃的时期，如果他愿意教导几位天资聪颖的年轻科学家，他们会推动特斯拉与工程界、科学界紧密相连。虽然特斯拉声名显赫、成就杰出，但由于他的古怪性格，他几乎是与工程界、科学界隔离的。特斯拉美名远扬，助手的成功不会影响他的名誉。这位大师本应该因助手的成就更加负有盛名。他也本应该聚集一些务实的年轻人在自己身边，让他们承担开发一些重要发明的任务，并且从这些发明中获得足够收益，用以支付实验室的开销。由于特斯拉的隐士性格，世界失去了许多重要的发明，这一点不容置疑。毫无疑问，他只是间接启发了许多年轻人，促使他们成为发明家。

特斯拉对同事的个人特质反应强烈。当他不喜欢某人的特质时，就无法忍受他出现在自己的视野范围内。例如，当他在密尔沃基的阿利斯·查默斯工厂进行实验时，因为不喜欢一些员工的相貌，他坚持要求他们离开涡轮机工作小组，因此他不受大家欢迎。之前曾提到过，他曾忽略那座工厂里的工程师，直接去找总经理和董事会，从而触怒了那些工程师。所以，涡轮机工作一直在缺少合作的氛围中进行。

在资金方面，特斯拉也完全没有务实精神。当他投身于联合硫黄公司的涡轮机项目时，他有权在白天免费使用一艘轮船。但如果傍晚 6 点之后使用这艘船只，每个小时就得支付 20 美元。他从没在傍晚 6 点之前出现过。除此之外，他每天晚上还得为船员支付 10 美元的晚餐费。在一年的工作历程中，这些开销累计达 12000 美元，在很大程度上增加了开支。这些花费并不是全部。几乎每天晚上他都会给主要助手 5 美元的小费，每周给所有员工一次小费。当然，对特斯拉而言，这种慷慨不完全是损失。因为他对助手要求严格，所以这笔钱可以看成是必要的报酬。

针对酒店员工的调查显示，特斯拉对待服务员的态度就像骑士。他接受服务时态度严酷，却会立即给服务员大量小费。

然而，他总是非常体谅女士以及办公室里的员工。如果某位员工出色地完成了一项工作，他会告知其他所有员工；批评工作却只是在私下里进行。

特斯拉坚持一个原则：为他办公室服务的所有信差都将获得 25 美分的小费。每周他为此得花费 10 美元。

如果年轻女秘书和打字员必须加班几个小时，他会邀请她们在德尔莫尼克饭店吃晚餐。他会为女孩们雇一辆出租车，自己跟在另一辆出租车里。安排好晚餐的费用，并且事先预付小费之后，他才会离开。

特斯拉每天中午准时到办公室。他要求秘书立刻站在门内侧迎接他，接下他的帽子、手杖和手套。他的办公室 9 点开门，所有日常事项必须在他到来之前处理好。在他到办公室之前，所有窗帘必须拉上，确保外面的阳光无法照射进来，产生一种夜间的效果。之前曾经说过，特斯拉是一个"夜猫子"。他在夜晚的状态最好，白天状态不佳；反正，他更喜欢在夜晚工作、消遣。

只有在电闪雷鸣时，特斯拉才允许拉开窗帘。他租赁的办公室面对着开阔的空间。他的办公室位于西第 40 大街 8 号，布莱恩特公园的南边；公园的东部是低矮的纽约公共图书馆。从 20 层的窗户向外看，他能俯瞰城市中的屋顶景，或仰望宽广的天空。

当预示着闪电的雷声在远方阵阵响起时，特斯拉不仅允许拉开窗帘，而且要求必须这样。特斯拉喜欢看闪电。他会让人把黑色的马海毛沙发移到窗边，躺在沙发上，欣赏北边或西边的天空。他总是自言自语，但在闪电时却滔滔不绝。他在这些场合的讲话没有任何记录。他希望独自观看这宏伟的场景，秘书也愿意看到他如此满足的样子。精密设备的使用，再加上时间计数，他能计算出每一个闪电的距离、长度和电压。这些闪电比他在科罗拉多实验室里制造的闪电长很多倍，他看见这些巨大的火花，一定非常激动！他成功地用电力模拟了自然的火花，但他的火花尚未超越自然的火花。

古罗马人升华了对自然力量的理解，创造出朱庇特这个万能神的概念。

朱庇特具有产生闪电、向大地放电的能力。特斯拉拒绝接受这种想法，但他也像古罗马人那样创造了一种概念。他创造的是一位超人，丝毫不逊色于罗马人的统治神，能够控制自然力量。特斯拉十分享受闪电。他曾躺在沙发上为闪电鼓掌。他赞赏闪电，甚至有点嫉妒闪电。

特斯拉一直未婚，除了他的母亲和姐妹，其他任何女人也无法在他的生活中占有一席之地。他赞美母亲和姐妹的知识成就。他的妹妹马里卡具有非凡的数学才能，背诵长篇文章的能力也比他好。他认为自己的发明能力归功于母亲，经常赞赏母亲为家里制作的小用具，感叹她生不逢时，她本应该向更多人展示她的创造才能。他清楚女人能为男人带来价值，因为他深知母亲为父亲带来了很多幸福与快乐。然而，他却按照自己年幼时规划的蓝图，把所有的精力都投入到发明创造中，丝毫不受感情的影响。

从爱情的角度来说，年轻的特斯拉具有吸引力。他有些瘦高，外形无法与美男子阿多尼斯媲美，但是他的其他资质弥补了这个不足。他相貌英俊，具有吸引人的性格，但他很安静，甚至容易害羞；他轻声细语，接受过良好教育，即使手头拮据也会穿着得体。然而，他极力避免浪漫邂逅，或任何可能导致浪漫邂逅的场合。他刻意这样做，就好似其他男人会刻意追求浪漫邂逅。他不允许自己的思想游离到感情方面，成功地控制了思想以后，控制行动就不是一件难事。他并不憎恶女人，相反，他把她们理想化了。

他避免浪漫事件的一个典型事例发生在巴黎，已经成名的他回巴黎做一个关于交流电系统的演讲。那时，他的奇妙发明是人们津津乐道的话题。不论在哪儿，他都是人们瞩目的焦点。特斯拉对这种情况感到很满意。大约十年前，大陆爱迪生公司的高管们在巴黎拒绝了他的交流电系统，而且没有给他应得的报酬。现在，返回巴黎的他已在美国获得了认可和财富，享誉全世界。在巴黎，他受到了英雄般的款待，整个世界都在他的脚下。

有一次，他和一位男士朋友在户外咖啡厅聊天，周围穿着时尚的人们也在谈天说地。这时，穿着华美礼服的一位年轻女士款款而来，满头时尚的红色染发。特斯拉立刻认出她是莎拉·贝恩哈特，著名的法国女演员"神圣的莎拉"。在离特斯拉的咖啡桌还有几英寸的地方，她的蕾丝手帕掉了。

特斯拉立刻站立起来。他一手捡起手帕，另一手拿着帽子，深深鞠了一躬，说道："夫人，您的手帕。"他甚至都没抬头看看莎拉·贝恩哈特的笑脸，就直接回到了自己的座位，继续和朋友谈论无线电力传输实验。

一位记者曾问过特斯拉不结婚的原因，这次采访后来被刊登出来，他的回答是：

"我计划把全部人生都用于工作，为此，我不会接受一位好女人的爱情和陪伴以及其他。

"我认为作家和音乐家应该结婚。他们能从中获得灵感，取得更大成就。但发明家的工作强度很大，需要投入狂野和激情。如果一位发明家结婚了，他会放弃一切，无法专注于他选择的领域。遗憾的是，我们有时也会感到孤独。

"在学生时代，我体验过 48 小时不间断地待在游戏桌旁边，情绪激动。在大多数人看来，这种情绪应该是最强烈的一种，但它实际上平淡乏味，无法与崇高的时刻相比：当你看到几周的努力换来成功的实验，证明你的理论是正确的，你会特别幸福……"

记者说："尼古拉·特斯拉曾多次感受过那种超级幸福，而且他以后也会有相同的感受。他的生命成就不可能在 40 岁就终结。他的能力似乎刚刚成熟。"

特斯拉感激许多女士的关心。她们真诚地希望他能够幸福，努力使这位不适应社会生活的科学家生活得更好、更愉快，尽管他只想逃离社会生活。他神采奕奕地谈起克拉伦斯·麦凯夫人、约旦·L·莫特夫人，以及里伯思黛尔女士的美貌（原约翰·雅各布·阿斯特夫人）。他赞美充满活力的安妮·摩根小姐所具有的理想主义精神；但是，这些情况与爱情没有一丝关联。

他对身材高挑、优雅迷人的玛格丽特·默林顿小姐印象深刻。她是一位钢琴家，也写一些与音乐有关的作品。她是约翰逊家晚宴的常客。

有天晚上，特斯拉直截了当地问她："为什么你从不向其他女士那样佩戴钻石、珠宝？

她回答："我别无选择。如果我有足够的钱买钻石，也许会把钱花费在其他方面。"

特斯拉问："如果你有那笔钱，你用它做什么？"

默林顿小姐回答说："我希望在乡村买一栋房屋，但我不喜欢在城市和郊区之间往返。"

"啊！默林顿小姐，等我有几百万美元，我会帮你解决这个问题。我将在纽约买一块方形街区，在中心为你建造一座别墅，然后把别墅周围种上树。这样，你就拥有"乡村房屋"，且不用离开城市。"

特斯拉十分慷慨地分配他尚未获得的百万美元。如果他有足够的资金，他任何朋友的愿望都将被满足。然而，他的承诺总是以"等我有几百万美元"开头。

就如人们所认为的那样，特斯拉对女士的穿衣打扮有自己的看法。他对女士的体型也有清晰的观点。他不喜欢身强体壮的类型，十分讨厌肥胖的女士。他最憎恶浓妆艳抹、穿金戴银、在酒店大厅中打发时间的女士。他喜欢身材高挑、体型纤细、举止优雅、反应敏捷的女士。

特斯拉的一位秘书身材比例很好，举止优雅，是一位皮肤白皙、金发碧眼的女孩。有一天，她穿着最近流行的连衣裙来到办公室。这件裙子是由一件漂亮的印花织品做成的夏装，腰线很低，一直延伸到臀部，比正常的衣服低好几英寸，可以把它看作一件短裙。从颈部到臀部，这件裙子就像一个平常的气缸。裙子的样式是新款，虽然流行时间短暂，却很受人们欢迎。这位秘书做针线活的能力不错，她自己裁制了这条裙子。她对此感到骄傲。

特斯拉叫来这位秘书。她迈着轻快的步伐，走进了特斯拉的办公室。

虽然她不知道特斯拉是否会赞美她的裙子，却希望他会如此。

他说："小姐，你穿的是什么？我希望你去完成一项任务，这样的着装可不行。我希望你把一张便条送给城里一位著名的银行家，如果我办公室里出来的人穿着这样的奇装异服，他会怎么想？时尚设计师们只关注你买的服装的样式。小姐，你具有良好的判断力和品位，为什么会同意商店里的售货员强迫你穿这件衣服？如果你像我姐姐那样聪明，自己裁制裙装，你就不会被迫穿这样样式糟糕的裙子了，你可以为自己制作合适的裙装。在设计衣服时，一定要遵循自然的规则，不要因为样式设计而贬低自然，否则你会变得不堪入目、失去魅力。小姐，现在请你雇一辆出租车，别让大家看到你，立刻回家换一件裙子，然后尽快返回，把这封信送到城里。"

特斯拉从不以教名或姓氏称呼他的女雇员。他只使用"小姐"称呼她们。他说这个词的时候，发音好像"Meese"。当一位秘书穿着他讨厌的礼服时，他的称呼像是"Meeeeeeesssse"的发音。有时，他也可能突然说一句缩略的咒骂语。

当他的年轻女雇员准备离职结婚时，他会对剩下的员工简短地说两句话："不要太早结婚。如果你们年轻时就结婚，男人看重的很可能只是你们的美貌，十年后你们的美貌消失了，他们就会对其他人感兴趣。"

特斯拉对待女人的态度是充满矛盾的。他把女人理想化（认为她们令人尊敬），却也以一种纯粹的客观、唯物观的方式看待女人，就好像她们的妆容下面没有任何精神理念。毫无疑问，这是他矛盾人生的外显：他既以一种健康的态度对待女性朋友，又冷静地规划着自己的人生，拒绝任何女人在他生命中占有一席之地。

只有最优秀的女士才可能成为特斯拉的朋友，他可以毫不费力地把她们理想化。他会想象她们已经绝育，从而避免陷入爱情当中。至于其他的女人，他根本不会花费任何心思，因为她们对他一点儿吸引力也没有。

特斯拉幻想未来会出现一种超级人种，数量很少，但智商相当高。虽然剩下的人类只是进行着繁殖、再繁殖的过程，却也比现在的状况大有改善。在他年少思想的形成时期，唯物观和不可知论十分盛行，他试图从这种观念中获取理想主义。在他晚年的时候，这种观念并非难以打破。虽然他承认精神因素的确存在，也应该被包括在计划内，但是唯物观、不可知论已经深深根植于他的心中，因为它们象征着以工程方法解决人类问题。

1924年，约翰·B·肯尼迪采访了特斯拉，并将文章发表在《科利尔》上。这是特斯拉对女性的观点的唯一一次公开刊登：

"女性争取性别平等的斗争将以一种全新的性别秩序终结，女性将更具有优势。现代女性在提倡女权的道路上只进行着肤浅的工作，它们仅仅是人类深层变革的表面现象。

"女性若想获得平等地位，进而占据优势，关键不在于在体力方面与男性一分高下，而在于以智力取胜。

"女性具有与男性相同的思维能力，随着一代又一代的传承，这种能力还会进一步扩展。普通女性也会像普通男性那样接受良好教育，然后知识水平更高，这是因为她们的大脑已经休养了数千年，思维活动会更强烈。

"女性将以她们的进步反抗先例，震惊世人。女性将逐渐在新领域占据领导地位，这会减轻、最终消解女性的多愁善感，阻止她们的母性特质，因此结婚和成为母亲将变得令人厌烦，人类文明将慢慢向蜜蜂的完美文明靠拢。

"这一点的重要性在于主导蜜蜂行为的原则（在所有非理性动物当中，蜜蜂具有组织性最强、协作性最好的体系），它把不朽置于至高无上的位置，所以母性具有神圣的特点。

"所有蜜蜂的中心都是蜂王。蜂王并不是通过继承权控制着整个蜂巢，因为任何一个蜂卵都可能被孵化成蜂王，真的原因在于它是整个蜂族的发源。

"也有许多不能繁殖的蜜蜂，它们唯一的目标是努力工作。这是完美的共产主义、社会式的合作生活。在这种体系下，一切都是共有财产，幼蜂也包括在内。

"此外，蜂巢里还有雏蜂。为了防止无法繁殖的蜂王给整个蜂巢带来灾难，因而还会有从蜂王的卵中选出、孵化、保存的雌蜂。当然，还有雄蜂，它们数量较少，习性不良，它们的存在仅仅是为了和蜂王配对……

"受孕的蜂王返回到蜂巢，带着数以万计的蜂卵——它们将组成未来的蜜蜂之城，然后蜂王开始了再繁殖的循环，孕育一代又一代幼蜂。

"把人类与神秘超凡的蜜蜂文明相比，这种想法令人望而却步。但如果我们考虑人类种族传承的本能如何控制生活的方方面面，我们就会发现，由于女性具有智力优势，所以人类很可能效仿蜜蜂的生存方式，虽然听起来很可笑，但这是合理的可能。但是，人类的习俗需要数个世纪才能打破，从而向简单、科学、有序的文明发展。"

只要特斯拉对生物学有一知半解，他也许就不会把效仿昆虫作为解决人类社会结构问题的答案。昆虫永远无法使用工具，无法利用远远超过它们自身能量的自然资源，也就无法掌握自己的命运。更重要的是，蜜蜂没有高级智商，因此永远无法改善自己的生物地位，但人类可以做到这一点。如果他掌握了更多的生物学知识，他或许会发现，个人生命延续的生理过程与整个人类延续的过程密不可分。特斯拉使用唯物主义的工程原理设计超人，如果他也能使用生物学知识和精神洞察力的话，他也许会成为一位更全面、更有能力的超人，通过对人类事业更透彻的理解，把发明创造与人类现实生活更好地融合在一起。

特斯拉试图向世界证明自己成功的割舍了爱情和浪漫，但他并未成功。特斯拉生活中的一个秘密足以证明他的失败（从另一个角度看，它或许也是一种成功）。

特斯拉偏爱在公共场合喂鸽子，他的这个嗜好众所周知。他的朋友知道他喜欢喂鸽子，却不知道为什么。第五大道的行人熟悉特斯拉的身影，因为他经常出现在第 42 大街公共图书馆的广场上和第 50 大街的圣帕特里克大教堂前。他轻轻吹一声口哨，蓝色的、褐色的、白色的鸽子从四面八方飞来，停落在他面前的路上，就好像一层地毯似的，一些鸽子甚至落在他身上；他会向地面撒鸽食或允许鸽子啄食他手中的食物。

在他生命中的最后三十年间，也许看见他的上万人中也没有一位认识他的。他的名气已经衰退，熟知他的那一代人已经成为过去。虽然报纸每年都在头版头条报道特斯拉以及他关于科学发展的预测，却没有人会把"特斯拉"这个名字与这样一位瘦高的人联系起来：他穿着过时的衣服，几乎每天都会出现在喂鸽子的地方。在大都市形形色色奇怪的人当中，他只是其中一个。

没有人知道他何时养成了喂鸽子的习惯。起初，他喂鸽子时会穿着时尚的衣服，人们经常看到世界名人陪伴他左右，与他一起撒鸽食。后来，他渐渐不再讲究着装，穿的衣服也越来越过时。

白天，第五大道上行人、车辆川流不息，而午夜的第五大道则不同，相当冷清。走完几个街区，除了警察，也见不到其他路人。午夜时，在去图书馆的途中，作者有几次碰巧在第五大道遇见特斯拉。假如是在白天，特斯拉通常愿意和作者一起散散步、聊聊天，但在午夜时，他总是希望自己一个人。他会突然打断刚刚开始的谈话，说道："你可以离开了。"对于这种情况，一个自然的假设就是：特斯拉正在思考问题，他希望把思想都集中在难解的科学问题上，不想被打扰。然而，这种假设与事实相距甚远！很久之后我才知道，他在午夜时是去喂鸽子的。只要他轻轻呼唤一声，即使正在栖息的鸽子也会飞到他身边。午夜去喂鸽子这件事对他而言无比重要！

特斯拉整天忙于重要的科学发展，工作时间是普通人的两倍，几乎没人明白他为什么要花时间去喂鸽子。《纽约先驱论坛报》里的一份社论认为："他会暂停实验，在先驱广场喂食那些不重要的鸽子。"

每周的某一天，特斯拉都会派一位秘书到城里去买油菜籽、大麻籽、

220

金丝雀草籽。他在办公室里把这些籽混合，每天用一个小纸袋装好，然后出发去喂鸽子。

如果特斯拉有时无法抽空去喂鸽子，他会找到西部联盟公司的一位信差，付给他费用以及一美元的跑路费，让他代替自己去喂鸽子。

除了喂街上的鸽子，他在酒店里也养了一些鸽子。在他的房间里，有篮子制成的巢穴，可供一到四只鸽子使用。此外，还有一小桶喂鸽子用的草籽。这间房的窗户从来不会关上。

1921年的一天，在位于第40大街的办公室里，特斯拉感觉很不舒服。他不能继续工作，所以躺在沙发上休息。他的病症越来越严重，甚至无法返回瑞吉酒店的住处。他叫来秘书，向她传递一条"重要"命令。他说话时，要求秘书重复他的每一句话，以防出错。他一向要求秘书重复他的话，但那天他太虚弱了，全身乏力，几乎无法一次把话说完。

他低声说道："小姐，给瑞吉酒店打电话。"

她回答："是的，先生，给瑞吉酒店打电话。"

"联络到十四层的管家。"

"联络到十四层的管家。"

"告诉他到特斯拉先生的房间里去。"

"告诉他到特斯拉先生的房间里去。"

"喂鸽子。"

"喂鸽子。"

"她全身洁白、羽翼稍带浅灰色。"

"她全身洁白、羽翼稍带浅灰色。"

"让他一直这样做。"

"让他一直这样做。"

"直到秘书再次收到我发出的消息。"

"直到秘书再次收到我发出的消息。"

"特斯拉先生的房间里有许多鸽食。"

"特斯拉先生的房间里有许多鸽食。"

他以恳求的语气说道："小姐，这很重要。为了确定没有出错，你可以把所有的话再重复一遍吗？"

"给瑞吉酒店打电话，联络到十四层的管家。告诉他到特斯拉先生的房间里去喂鸽子，她全身洁白、羽翼稍带浅灰色，让他一直这样做，直到秘书再次收到我发出的消息。特斯拉先生的房间里有许多鸽食。"

特斯拉眼睛放光，说道："啊，是的。如果我明天不在，你必须再次向酒店传达这些话，每天重复这样做，直到再次收到我的消息为止。现在就执行，小姐——它很重要。"

特斯拉的员工总是严格遵守他的命令。因为他一再强调这件事的重要性，所以秘书这次尤其认真谨慎。他现在手头上有许多重要工作，在生病的情况下，他却完全忽视了这些重要问题，一心只想着鸽子，所以秘书和其他雇员认为他这次病得很严重。他们觉得，他一定是神志不清了。

几个月后的某一天，特斯拉没有出现在办公室里。秘书给他所在的酒店打电话，特斯拉在电话中告诉她，他状态良好，但是他的鸽子生病了，他担心鸽子需要他，所以不敢离开房间。他在房间里待了好几天。

大约一年以后的某天，特斯拉提早到达办公室，满脸愁云。他挎着一个包。当遇到不寻常的事情时，特斯拉总是喜欢找机械师朱利叶斯·茨透帮忙。他给茨透打了电话，让茨透到自己的办公室来一趟。茨透住在郊区。特斯拉简短地告诉茨透，包里是一只在酒店房间里死去的小鸽子，他希望能把这只小鸽子埋在茨透的土地里，以方便照顾小鸽子的墓地。几年后，茨透讲述这件事时，说：离开特斯拉办公室后，在回家的途中，他想把包裹扔到他看到的第一个垃圾箱里，但是他打消了这个念头，把包裹带回了家。在他尚未埋下小鸽子时，又接到了特斯拉的电话，让他第二天早上把包裹送回去。没人知道特斯拉是如何处理小鸽子的尸体的。

1924 年，特斯拉的经济状况一落千丈。他完全破产了，没有足够的资金支付房租，还因一些欠款而被法庭通告。有一天下午，一位副警长出现在特斯拉的办公室里，想没收他办公室里的全部物件，以清偿欠款。特斯拉和副警长谈了谈，劝他晚一些没收自己的物件。副警长走后，特斯拉仔细思考了自己的状况。他已经两周没向秘书支付工资了，转眼这一周又快结束。他在银行里没有一点儿存款。他打开了保险箱，里面只有金质的爱迪生奖章可以换钱，这枚奖章是 1917 年美国电气工程师研究所授予他的。

他对两位秘书说："两位小姐，这枚奖章大约值一百美元。我把它切成两半，你们一人一半；或者你们其中一个人先拿着它，我稍后再支付另一个人的工资。"

这两位年轻的女士是多萝西·F·斯凯里特和穆里尔·阿伯斯，她们拒绝损坏奖章，想用自己为数不多的资金帮助特斯拉，但特斯拉谢绝了她们的好意（几周之后，她们收到了每周 35 美元的工资。特斯拉还多给了她们两周的工资）。

那时，特斯拉的现金抽屉里只剩下 5 美元多一点——这是他拥有的所有财产了。

他说："啊！小姐，这些钱还够买鸽食的。我一点儿鸽食也没有了，早上你可以去城里买一些，然后把它送到我住的酒店里。"

特斯拉再次找到自己信任的助手茨透帮忙（因为特斯拉欠着茨透 1000 美元的工资，所以茨透才被迫离开特斯拉），希望他能立刻清空自己的办公室。几个小时之内，特斯拉办公室里的所有物件都被搬到附近一栋楼里储藏起来。

不久之后，他被迫离开瑞吉酒店的公寓。他拖欠住宿费有一段时间了，但当前最主要的问题与鸽子有关。酒店房间已经变成他的办公室，他待在房间里的时间也更长，并且花费了更多的时间喂鸽子。一大群鸽子穿过窗户，飞到他房间里。鸽子在大楼内外都留下了污垢，这对酒店的管理和女佣的工作带来不便。特斯拉把鸽子们放进一个大篮子里，让乔治·舍尔福把它们带到位于韦斯特切斯特的家中。三周之后，当鸽子们第一次获得自由时，它们又飞了回来，其中一只飞了半个小时就完成了行程。特斯拉不得不面临选择：或者停止喂鸽子，或者离开酒店。于是，他离开了。

随后，他搬到了宾夕法尼亚酒店。在那儿待了几年后，他再次面临与欠款和鸽子有关的窘境。然后，他搬到了克林顿州长酒店——一年后，相同的问题再次上演。1933 年，他搬到了纽约客酒店，在那儿度过了人生中的最后十年。

1937 年秋季的一个午夜，特斯拉离开纽约客酒店，准备照常去大教堂和图书馆广场喂鸽子。在离酒店几个街区的十字路口，他发生了意外事故。至于事故的起因，我们并不清楚。虽然特斯拉很敏捷，却无法躲避一辆行驶中的出租车，他被重重撞击后摔落在地面上。他没有追究这是谁的责任，也拒绝了医疗救助，仅仅要求另一辆出租车把他送回酒店。

到达酒店后，他躺在床上休息。在身体刚刚恢复之时，他就来到附近的西部联盟办公室，给他青睐的信差凯利甘打电话。他给了凯利甘一包鸽食，让他去做自己因意外事故而没有完成的事情。

第二天，他无法像以前那样进行日常散步，这种状态明显会持续好几个月。因此，他雇佣凯利甘六个月，让他每天去喂鸽子。特斯拉的背部严重扭伤，肋骨也断了三根，但大家无法知道他的全部伤势，因为他拒绝看医生，这个习惯几乎伴随了他一生。他患了肺炎，但还是拒绝治疗。他卧床不起好几个月，无法通过窗户喂食房间里的鸽子。很快，鸽群不再飞到他的房间来了。

1938 年春季，他能够下床走动了，立刻重拾喂鸽子的爱好，但是因为他的活动范围有限，只好经常让信差替他喂鸽子。

在熟悉特斯拉的人看来，喂鸽子不过是这位古怪科学家的一个爱好而已。如果他们探究特斯拉的内心，或阅读他的思想，就会发现，他们见证了世界上最奇特却又温柔可悲的爱情。

特斯拉是一位自制超人，有着自己的局限。他智力超群，才能非凡，他制造的超人比自己的形象高大得多。但这种高度是以其他维度为代价的，宽度、厚度的减少造成了缺陷。

年少的他思想正处于塑造、成型阶段时，不可知论和唯物主义盛行。因此，正如我们所见，他吸收了这种观念。如今，科学不再是神秘的不可知论或唯物主义的奴隶，而是把它们作为理解自然的全面方法的和谐部分。但科学还没有学会如何控制无形物质，而神秘主义者正是以无形物质为基础，建造了他们的科学构架。从古至今，虽然科学家们的自然哲学观过于简单，但只要他们发现人类体验与他们的逻辑不符，就会否决那种体验。虽然他们可以否决，却无法消除或阻止那些体验的发生。虽然宗教人士也不理解那些奇特现象，却会接纳它们，把它们与神秘的宗教混合在一起，从而达到为宗教服务的目的。这是因为，未知可以成为更多未知的基础。

不论圣人们持有何种信仰，他们的体验都证明了生命现象的自然功能具有力量。他们向更高层级的发展程度不同，所以体验的展现程度也不尽相同。

特斯拉的发展水平相当之高。他感受过许多特异体验，却拒绝接受它们的合理性；他从这些体验中获益良多，却不愿意正视它们的存在。情况的确如此。例如，当特斯拉在布达佩斯的公园里漫步时，突然灵感迸发，这次启发使他创造了许多有价值的发明。另一个事例是，在去大马士革的路上，索尔看到了炫目的光芒。特斯拉、索尔以及其他人的类似体验仅仅是程度和类型不同，本质却是一样的。

特斯拉的唯物主义观点使他对奇怪的现象装聋作哑，但他正是从这些现象中获得了启发，所以他十分感激那些启发带来的价值。特斯拉被自然赋予了超群的智力，却需要超人般的努力才能实现他获得的启发，而且这种努力与结果相关联，所以我们不能认为那些启发只是巧合。

特斯拉的态度却恰恰相反。他计划远离爱情和浪漫，压抑自己的生活。正如他尽力挖掘自然启发背后的物理秘密，他也尽力压抑爱情和浪漫的力量，但这不是他能控制的，它们反而显现出来。他对自然哲学的态度也是如此：压制所有自然现象的精神层面，把自己局限于纯粹的唯物主义层面。

他压抑着人类本能的爱情和浪漫以及自然哲学观中的精神层面。当这两个因素与他的工作相冲突时，他会把这些因素禁锢于心，但它们却想找到外在出口。它们成功地显现了自己，然而特斯拉却没能意识到它们的存在。特斯拉拒绝与女性建立恋爱关系，认为自己完全消除了爱情的因素。他没有因为人类的本能而陷入爱情，但是当这种本能发挥作用时，它通过某个方面爆发了所有能量。特斯拉在奋力前行时，对这一方面放松了警惕。

爱情和灵异的合力导致了一种奇特的现象，这也许是人类历史上独一无二的存在。这个小故事是特斯拉自己告诉我的，但如果当时只有他和我在场，没有别人证明我的叙述是真实的，我可能就会把它当作一场梦。这个故事与特斯拉的爱情有关。从他奇怪的浪漫中，我立刻明白了他风雨无阻去喂鸽子的原因，以及午夜时他想独自一人的原因。我回想起：有几次午夜，我在人烟稀少的第五大道遇见他，当我和他说话时，他回答："你现在可以离开了。"他讲述故事的方式简洁，不加修饰，但他的声音却富含感情：

"多年来，我一直坚持喂鸽子，上千只鸽子，没人可以辨别它们。

但有一只鸽子与众不同。她十分漂亮，全身纯白，羽翼呈浅灰色。她是一只雌鸽。不论她在哪儿，我都能发现她。

不论我在哪儿，那只鸽子也能找到我；当我需要她时，我只需轻轻呼唤一声，她就会飞到我的身边。她理解我，我理解她。我爱那只鸽子。"

他自言自语："是的，是的，我爱那只鸽子，就像男人爱慕女人，她也爱我。我能感受到她生病了。她来到我的房间里，我陪着她待了好几天。我看护着她，直到她恢复健康。那只鸽子是我生命中的快乐之源。如果她需要我，其他任何事情都不再重要。只要我拥有她，我的人生就充满意义。

一天晚上，我躺在床上，像平时那样思考问题；她从敞开的窗户中飞了进来，站在我的桌子上。我知道她需要我，她想告诉我重要的事情，所以我起身，走近她。

我看着她，我知道她想说——她快要死了。当我读懂这一点的时候，她的眼里闪着光芒——那是一束强烈的光芒。"

特斯拉继续自言自语："是的，那是一束真正的光芒，强烈、耀眼、炫目的光芒，比我实验室中最好的电灯发出的光芒还要强烈。

那只鸽子死去后，我的生活像是缺失了什么。之前，不论项目目标多么远大，我总是确信自己可以完成所有工作，但当生活中缺失了什么以后，我知道自己的工作生涯已经结束。

是的，多年来我一直在喂鸽子。我继续喂鸽子，上千只鸽子，毕竟，谁能辨别……"

故事已全部说完，我们默默离开。当时，我们站在纽约客酒店夹层楼面的角落里。《纽约时报》的科普作家威廉·L·劳伦斯当时也在场，我和劳伦斯一直安静地走着，直到第七大道才开口说话。

特斯拉会在午夜出门，他召唤着栖息在哥特式大教堂窗饰上，或希腊神庙般的图书馆屋檐下的鸽子。我们不会再对此充满好奇。在上千只鸽子中，他寻找着……

这一切来自于一个现象，比如特斯拉的经历——当鸽子从午夜的黑暗中带着夺目的光飞入他的房间，同时带给他来自布达佩斯公园灼人烈日的启示，让他明白了宗教的神秘故事都是人为创建的。但他没有理解到另一层意义：如果不是他自己长期压抑着祖先传给他的、能让他灵感丛生的那些神秘特质，他也许早就能理解鸽子的象征。

227

特斯拉回忆录

我的少年生涯

从很大程度上来讲，人类的进步是由发明创造所决定的。发明创造是人类智慧最重要的产物。它的最终目的是要用智慧彻底控制物质世界，让人类得以通过操纵自然力来满足自身需求。对那些经常被误解而又得不到应有回报的发明者而言，这是非常艰巨的任务。可是，这些发明者在发挥智慧进行发明创造的过程中，体验到了极大的快乐，获得了足够的精神补偿，他们依靠自己的知识而享受某些特权。如果没有他们，人类恐怕早已灭绝于恶劣的自然环境中了。很多年来，我始终从发明创造中获得持续的满足，体验着无上的快乐。人们说，我是工作最努力的人，如果思考也算是一种劳动，那么或许的确如人们所言。因为每一天，除了睡觉的时间，我几乎都在思考。然而，如果工作指的是在特定的时间按照特定的标准所进行的某些特定的行为的话，那么我或许就是一个标准的懒鬼了。

人的能量会因工作的压力而耗损。然而，我却从未遇到过这样的情况。相反，我的智慧会因思考而越发丰富。虽然我很不情愿，但是我有必要在这本传记中讲述一下我年轻时所经历的环境和事件，以及我从中受到的影响，因为它们对我此后职业生涯的确立起到了关键作用，并且能够让这本传记的记录更加连贯、可信。人们在幼年时期的所有行为，都是出于纯粹的本能，这些行为活力十足又不可控制。而随着年龄的增长，我们越来越具有理性，我们的行为也越发有计划、有条理。虽然那些早期的冲动无法立即产生效果，但它们却是最重要的东西，甚至有可能会对我们的命运起到决定性作用。其实，如今的我早已确信，倘若当初我没有压抑这些冲动，而是理解它们并且培养它们，那么我对世界的贡献将会更大。然而，一直到长大成年后，我才真正意识到自己是一个发明者。

这个曲折的过程是由多方面因素造成的。首先，我有一个天才哥哥。他的才华极其罕见，就连生物学家都难以对其进行解释。可惜他英年早逝，我的人间父母因此整日郁郁寡欢（我将在后文中解释"人间父母"这一说法）。一位好友曾经送给我们家一匹阿拉伯纯种马，它血统高贵，并且极通人性。有一次，我父亲遇到危险，它救了他一命，因此，我们全家都非常宠爱它。

那是一个冬季的夜晚，天气寒冷，我父亲接到紧急任务，要赶去做法事。在经过一处深山时，遇到了一群狼的侵扰。马受到了惊吓，落荒而逃，父亲从马背上摔了下来，昏迷过去。马跑回家时，已经累得筋疲力尽，浑身都是伤。然而，它向我们发出警报后，又立即奔跑着原路返回，去救我父亲。当马回到事发地点时，父亲已经恢复了意识，但却不知道自己已经在雪地里躺了好几个小时。父亲骑上马回家，路上遇到了刚刚赶来的搜救队。我的哥哥就是被这匹马弄伤，最终不幸身亡的。我曾亲眼目睹那悲惨的一幕，虽然很多年过去了，但当时的情景仍然在我脑海中挥之不去。在我的印象中，哥哥是个非常优秀的人，我的所有努力在他面前都会黯然失色。无论我取得什么样的成就，都只会让父母更加怀念哥哥，陷入深深的痛苦中。因此，幼年时期的我是极度自卑的。

然而，有一件事却可以证明我绝对不是一个笨孩子。这件事情我一直记忆犹新。那天，我正在和几个孩子一起在街上玩，一群市政官刚好路过。

这些可敬的绅士当中年纪最大的那位富人停在我们面前，给每个孩子发了一枚银币。然而，轮到我的时候，他突然停下来，用命令的口吻对我说："看着我的眼睛！"我看着他的眼睛，伸出双手，打算接受那枚贵重的银币。让我失望的是，他并没有给我银币，而是对我说："你太聪明了，我不会给你任何东西的。"

人们总是喜欢讲一件与我有关的趣事。我有两位姑妈，她们满脸皱纹，其中一位长着两颗象牙一般的龅牙，每次亲吻我的时候，龅牙都会扎到我的脸，把我弄得很疼。这些"丑陋"的亲戚虽然非常疼爱我，但却让我感到恐惧。有一次，母亲抱着我，问我两位姑妈哪位更漂亮。我仔细地打量着她们的脸，然后指着其中一位说："她不如另一个丑。"

除此以外，家人一直希望我长大以后能够继承父亲的职业，做一名牧师，这让我非常苦恼。我的理想是做一名工程师，但是父亲却毫不松口。我的爷爷曾经是拿破仑军队中的一名军官，父亲还有个兄弟在一所著名大学当数学教授，父亲和他都是从小接受爷爷的军事教育。然而，不可思议的是，后来父亲竟然当了牧师，并且颇具声望。父亲知识渊博，是一位真正的自然哲学家、诗人以及作家。他布道时口才极佳，据说能够与亚伯拉罕·阿·桑克塔·克拉拉相提并论。他的记忆力惊人，能够用好几种语言背诵大段的经典著作。他经常开玩笑说，如果一些经典著作绝版了，他完全可以凭着记忆把它们重新写下来。他的写作风格也是人人称道。他写出的句子简洁明了，而且富有智慧和幽默感。他总是用幽默的口吻表明独到的见解。或许，我可以举一两个简单的例子来进行说明。

一个名叫梅恩的斜眼仆人在一家农场工作。有一天，他正在劈柴，父亲刚好站在他旁边。就在他举起斧头的时候，父亲感到非常担心，于是提醒道："梅恩，看在上帝的分上，千万不要往你看到的东西上砍，要往你想砍的东西上砍。"

还有一次，父亲驾车带着一个朋友外出兜风，那个朋友穿着一件昂贵的皮大衣，不小心蹭到了车轮。父亲立即提醒道："你注意一些，别用你的大衣弄坏我的车轮。"

父亲喜欢自言自语，经常一个人变着语调和自己聊天，或是和自己展开激烈的辩论。如果有人刚好听到，一定会误以为房间里有好几个人在说话。

虽然从本质上来讲，我的创造能力受母亲的影响更多，但是父亲的教导对我来说也是大有裨益。他对我进行了多种训练，例如：揣摩别人的想法，发现某些表达形式的欠缺，复述长句以及心算。这些简单的训练都是为了提高记忆力和推理能力，特别是判断力。毋庸置疑，它们对我后来的发展起到了很大的帮助作用。

我的母亲出身于传统的农村家庭，家族中有几位成员是发明家。她的父亲和祖父都曾经发明了很多家用、农用或其他用途的工具，以供自家人使用。我的母亲非常伟大，她有着很强的能力，性格坚毅、勇敢，无论遇到什么样的艰难困苦，她都有勇气去面对。在她 16 岁时，她居住的地方受到了瘟疫的侵袭。外祖父被叫去为将死的病人做最后的圣餐礼。他外出时，母亲独自一人去帮助那些感染了瘟疫的邻居。她为死者洗净身体，换上干净的衣服，把尸体摆放好，并且按照当地的习俗用鲜花做装饰。当外祖父回来时，母亲早已把一场基督教葬礼的准备事项都做好了。

我的母亲是一位出色的发明家。我坚信，倘若她能够走进现代社会，接触到更多的机会，那么她一定能够发明出更多的好东西。她发明创造出了各种各样的工具和设备，并且用自己亲手纺出的棉线织出了精美的图案。她还亲自种植植物，并且从中提取纤维。她每天从早忙到晚，一刻不停地忙碌着，家人穿的衣服和屋子里摆放的家具大都是由母亲制作的。即便到了 60 岁高龄，母亲依然心灵手巧，甚至可以把一根睫毛打上三个结。

还有一个重要的原因导致了我的后知后觉。在少年时期，我的眼前经常会出现某种奇特的画面，它们往往伴着强光出现，对我的视力造成困扰，让我无法看清眼前的物体，给我的思维和行动带来了严重的干扰，使我感到无比痛苦。那些画面并不是我想象出来的，而是真实存在的，都是我曾经亲眼所见的。当我听到一个词时，这个词所指的事物就会生动地在我眼前浮现出来。有些时候，我根本无法分辨自己眼前的事物究竟是有形的还是无形的。这给我带来了很大的困扰，让我感到非常恐惧。我咨询过很多生理学家和心理学家，然而却没有人能够为我解释清楚这到底是怎么一回事。这种现象似乎非常罕见，但也许这只是我过于武断的想法，因为据我所知，哥哥以前也曾遇到这种情况。我自己总结出来的结论是：这种现象是在高度兴奋的状态下，大脑的反射活动作用于视网膜所产生的结果。它们绝非疾病或精神折磨所导致的幻觉，因为我并没有其他的不良反应，也没有任何情绪上的波动。举例来说，当我参加葬礼或是看到其他刺激性场面时，就会出现这种情况。当夜晚来临，我的眼前就会浮现出那些奇特的画面，它们栩栩如生，并且怎么赶都赶不走。如果我得出的结论是正确的，那么我们就有可能把人们想象出来的事物投射到屏幕上，展现出来。如果能够实现这种预想，那么人与人之间的关系就会因此发生革命性的变化。我坚信这个预想是可行的，而且必定会在将来得以实现。补充一句，对于这个问题，我已经花费了大量时间思考解决方法。

我曾经试图将浮现在自己头脑中的画面传递到身处另一个房间的另一个人的头脑中。为了摆脱这种痛苦，我强迫自己把注意力集中到那些曾经见到过的事物上。这种方法往往能够暂时缓解我的痛苦。然而，为了不让痛苦卷土重来，我必须持续地想象新的画面。不久，我发现自己头脑中的画面储备已经耗尽了，"电影胶片"已经播放完毕了，因为当时的我对这个世界了解得并不多，我所见识过的事物也仅限于家中有限的那些物品。当我反复进行这种脑力活动，逐一回忆各种画面时，缓解的功效就会逐渐削弱，直到完全消失。因此，出于本能，我开始了远足，从自己已经熟悉了的小世界走出去，去发现更加广阔的天地。一开始，这些新的画面非常模糊，难以辨认；当我竭尽全力把注意力集中到这些画面上时，它们却会迅速消失。然而，渐渐地，它们变得越来越清晰，最终呈现出真实且具体的形象。很快我就发现，如果我持续地将自己的想象范围扩大，不断获取新的画面，那么我精神上的痛苦就会获得有效的缓解。于是，我开始旅行，当然是在头脑中旅行。每个夜晚（有时是白天），当我独自一人的时候，我便开始了自己的旅程。我畅游陌生的国家和城市，游览未知的地区；我居住在所到之处，结识当地人，了解他们的生活，和他们成为朋友。即使这令人难以置信，但其实他们都对我很友好，相处得与现实当中的人并无区别，同样的真实和生动。

我就这样持续到了 17 岁，此后便集中精力开始进行发明创造。我高兴地发现，这种罕见的能力可以帮助我进行想象。我可以在头脑中清晰地描绘出一切细节，完全无须任何模型、图纸或是实验的辅助。就这样，我在不经意间形成了一种新的发明理念和思路，并且与纯粹的试验方法截然不同。在我看来，我的方法更加快捷有效。

当一个人创造出某种装置，打算用其对某个粗略的想法进行试验时，总会不由自主地更加关注装置的细节。在不断改进和重造装置的过程中，他的注意力就会逐渐转移，甚至连基本的设计原理都会忽略掉了。最终他们或许能够取得某些成果，然而却难以保证设计质量。但我的设计方法却与之截然相反。我不会急于开展实际工作。当我有新的思路时，就会立即通过想象构建出模型，并且不断修改、完善，还会在头脑中尝试着操作它。我会在头脑中创造出一台涡轮机，并且对其进行测试，这一切都是想象出来的。我甚至能够详细地想象出涡轮机会出现哪些故障。不管怎样，这些想象与实际情况都是完全一致的，得出的结论也是完全相同的。通过这种设计方法，我无须接触任何现实物品，就能够迅速地完成和完善我的设想。当我的设计再也挑不出毛病，已经能够体现出我所能想到的全部合理改进时，我才会将头脑中的成品真正地制作出来。这些最终制作出来的装置在实际运行时，全都与我的想象毫无区别，试验结果也与我的设计计划完全相符，20 年来无一例外。为什么会如此呢？工程、电气和机械的结果全都与我的想象一致。在我看来，无论是可实践的理论还是实际数据，都是可以在头脑中进行预先测试的。而那些将粗略想法付诸实践的做法，则完全是在浪费时间、精力和资金，没有任何意义。

不仅如此，少年时期的痛苦还让我获得了另一种补偿。长期持久的脑力活动使我的观察能力得到了提高，我因此发现了一个极其重要的事实。我注意到那些出现在我头脑中的画面都是对以前在某些异常情况或是极其特殊的条件下出现的实际画面的反映。而且，我每次都会迫使自己去定位这些画面的来源。没过多久，这种努力几乎可以自发进行了，我可以轻易地将事情的原因和结果联系起来，并且越来越熟练。很快我就意识到，我的所有想法和行为都是从外界事物中获得启示，这让我非常诧异。时间越久，我越清楚地意识到，我只不过是一台自动装置，我从感官的刺激中获取力量，然后进行相应的思考，并且采取行动。我由此提出了"遥控自动学"这个概念，让我的这项发现具有了实际价值。可惜，时至今日，这种技术尚未得到完善。但不管怎样，我坚信"遥控自动学"有着巨大的发展潜力，并且终将展现在人们面前。多年来，我始终在设计"自动控制机"。我相信，具备智能功能的机械装置必定会被制造出来，它的出现，会引发商业、工业等各个领域的革命。大约是在 12 岁时，我第一次有意识地将一个画面从我的头脑中成功地赶了出去。然而，我始终无法控制我曾提到过的闪光现象。这也许是我生命中最奇特、最无法解释的体验。那些闪光会突然出现在我身处危险或痛苦，或是情绪异常兴奋的时候。在某些情况下，我会看到四周的空气中燃烧着熊熊烈火。随着年龄的增长，我所看到的闪光强度丝毫没有减弱，反而越来越强，并且在我 25 岁时达到了顶峰。

1883 年，我在法国接受了一位著名的法国制造商的邀请，去参加狩猎活动。在此之前，长期的工厂生活让我十分压抑。此次郊外之行，让我呼吸到新鲜的空气，感觉焕然一新。那天晚上，在返城途中，我明显感觉到一团火正在我的脑袋里燃烧，就像一个小太阳一样。我感到万分痛苦，用了一整晚的时间冷敷头部，试图缓解。最终，那些闪光出现的频率和强度逐渐减少，三个多星期后才彻底消失。此后，再有人邀请我参加狩猎活动，我都会断然拒绝。

每当我有了新的思路，头脑中就会持续出现闪光现象，然而它们已经不如往日那般强烈，也不再让我感到兴奋了。当我闭上眼睛，最先看到的是一片均匀幽深的蓝色背景，就像没有星星的晴朗夜空一样。过了几秒钟，这片蓝色背景就会鲜活起来，无数火花闪耀着绿色的光芒，一层一层地朝我飘过来。然后，右边会呈现出两种漂亮的图案，组成一个直角，上面排列着间隔紧密的平行线，颜色通常是黄色、绿色和金色。接下来，那些线条变得明亮起来，整个背景都被密布的闪烁亮点占据着。这个画面缓缓穿过我的视野，大约十秒钟后，在左边消失。此后，背景变成了沉闷无趣的灰色，直到下一个画面出现。每当我睡觉之前，我的眼前就会掠过人和事物的影像。它们的出现预示着我很快就要睡着了。如果它们始终没有出现，那么我必定面临着一个失眠的夜晚。至于想象对我的早年生活到底产生了多大的影响，我可以用其他一些奇特的经历加以说明。

小时候，我和其他孩子一样喜欢跳跃，并且渴望被某种神奇的力量托举起来，停留在空中。有时候，一阵强风从山里吹来，我的身体就会轻得像块软木，然后我跳起来，在空中飘浮一阵子，这种感觉真是奇妙极了。直到我明白了这只不过是一种主观欺骗，我才感到无比失落。童年时期的我养成了很多奇怪的习惯，还形成了独特的好恶感，其中一些或许是受外界原因的影响，而其他一些则无法加以解释。我非常讨厌女人戴耳环，但是却喜欢手镯等其他饰品。当然，这种喜欢也取决于饰品的图案和设计。每次看到珍珠，我都会感觉很不舒服，但是闪烁的水晶和有棱有角的物品却让我无比痴迷。我厌恶触碰别人的头发，看到桃子就会身体不适，无法忍受待在有哪怕一小片樟脑的屋子里。即便到了现在，我仍然对这些物品非常敏感，它们让我心神不宁。如果往一个装满液体的盘子里放入一把碎纸片，那么我就会感觉口中有种奇怪恶心的味道。我喜欢数着步子走路，吃饭时喜欢估算容器的体积和食物的份数，如果不这样做，我就会吃得无滋无味。我做某个动作的次数或做某件事情的频率必须能够被 3 整除，一旦弄错了，我就会强迫自己重做一遍，哪怕会浪费几个小时的时间。8 岁以前，我的性格一直都是脆弱和优柔寡断的。我没有勇气也没有魄力去塑造果断的性格。我的情绪起起伏伏，持续不断地摇摆在两个极端之间。我的愿望像九头蛇的脑袋一样只增不减，消耗了我大量的精力。死亡、神灵以及生命中的痛苦都会让我感到恐惧。迷信的思想控制着我，让我整天心惊胆战，害怕遇到怪物，害怕黑暗之中会蹿出可怕的猛兽。后来，我的性格一下子发生了翻天覆地的变化，甚至改变了我的整个人生。

我非常热爱读书。父亲有一间很大的书房，我总是想尽办法溜进去读书。然而，父亲禁止我这么做，一旦被他发现，就少不了挨骂。为了阻止我溜进去偷偷读书，他把我的蜡烛藏了起来。他担心读书会损伤我的视力。但是我也有对策，我用牛油做成灯芯，把它们粘合起来放在一个锡器里。每到夜晚，我都会溜进书房，遮挡好门缝和锁眼，点亮油灯，开始安心读书。我总是一读就读到太阳初升。此时，所有人还沉浸在睡梦中，只有母亲早早起床，开始了一天的劳动。

有一次，我无意间找到了一本小说，名字叫《阿奥菲》，作者是匈牙利著名作家约西卡，我找到的是原作的塞尔维亚语译本。不知为什么，这本书激发了我的意志力，我开始自发进行自我意识控制训练。一开始，我的决心如春雪一般转瞬即逝，但没过多久，我就克服了弱点，并且感受到从未有过的快乐。我终于能够遵照自己的意志做事了。

随着时间推移，这种积极的心理训练逐渐演变为我的另一种性格。起初，我不得不压抑自己的愿望。但是，逐渐地，愿望可以和意志达到一致了。就这样，几年过去了，我已经可以完全掌控自己的意志，甚至可以随意控制自己的某些爱好，这些爱好往往就连意志最坚定的人都难以抵御。有段时间，我迷上了赌博，父母都为我感到担忧。然而，我却从中感受到了最大的乐趣。父亲一直过着健康积极的生活，他无法容忍我沉迷于恶习中。在他看来，这种浪费时间和金钱的行为愚蠢透顶。当时，我虽然有着坚定的意志，但对人生的理解却是错误的。每一次提到赌博，我都会对父亲说："只要我想停，就随时可以停下来，但是这种快乐只有在天堂里才找得到，放弃它岂不是太不值得了？"对此，父亲心中充满了愤怒，时常会对我发泄一番，然而母亲却采取了另一种做法。她太了解男人了，知道一个人的救赎必须依靠他自己的努力。有一天下午，我把口袋里的钱全都输光了。我很不甘心，想要再赌一把，企图翻盘。这时，母亲走了过来，在我面前放上一沓现金，对我说："去尽情享受吧，把钱输光，越快越好，我知道你一定会想明白的。"她说得没错，我顿时就控制了欲望。唯一让我后悔的是，如果那种欲望再强烈一百倍就好了，这样就更能体现出我强大的意志力。我不但克服了赌博的恶习，而且将它从内心深处斩草除根，没有留下一丁点儿痕迹。

从那次开始，我就像剔除牙缝里的杂物一样，对任何一种赌博形式都不再感兴趣。还有一段时间，我犯了烟瘾，甚至对健康构成了威胁。于是，我再一次发挥自己的意志力，不仅成功地戒掉了烟瘾，还把所有不良嗜好都戒掉了。很久以前，我就患上了心脏病，直到我发现病因是由每天早上喝咖啡的习惯引起的，我立马就戒掉了这个习惯，即使这并不是件容易的事。我以这样的方式戒除了各种恶习和欲望，不但好好地活了下来，而且从中获得了巨大的满足，即使在人们看来，我的生活方式如同苦修，似乎毫无乐趣可言。

在格拉茨理工学院和布拉格大学完成学业之后，有段时间我的精神彻底崩溃了。在病中，我发现了很多奇怪的、无法解释的现象……

早期的发明

　　我将简单地描述下这些奇怪的经历，因为心理学家和生理学家有可能会对此感兴趣，这一时期的痛苦经历对我个人心智的发展以及后来所从事的工作起到了非常重要的作用。可在这之前，我会先描述下那时的环境和情况，因为我觉得也许我们能从中发现与这些经历有关的一些原因。

　　从很小的时候开始，我的父母就严格要求我凡事自省。这让年少的我非常痛苦，可我父母却认为这是对我先苦后甜的生活训练。在他们看来，这种训练能够让我认识到自省对今后的人生有着无上的价值，同时有助于我人生成功。因为现代社会将通过职业压力以及庞杂的外界因素从各个方面给我们带来危害，而很多人只会过多地思考外部世界，根本不在乎自己的心理层面，以致数以百万计的人因此早早地离开人世。即使是注重养生的人，也普遍会犯一个错误，那就是逃避想象，并且忽略正在逼近的危险。这一说法看似只适合个人，其实它也多多少少适合每一个人。

　　我始终不喜欢禁欲，然而我的确从自己经历着的以及愉快的经验中获得了很多回报。为了使我的告诫和信念更有说服力，我在这里讲下我所经历的一两件事。

　　前不久的一天晚上，我正赶往下榻的宾馆。天气非常寒冷，路面又湿又滑，又打不到计程车，因此我只好步行。一个男人在我身后不远处赶路，看得出来，他和我一样想早点回家。这时我的双脚忽然离开了地面。一瞬间，我大脑闪过一丝意念，神经立即做出了反应，肌肉紧缩，身体在空中旋转了180°，双手撑地倒立起来。重新站稳之后，我又继续向前走，就像没有任何事情发生过。这时，我后面的那个男人追上来，用惊讶的眼神看着我，问道："您多大岁数了？"

"我59岁了，怎么问这个？"我回答他说。

"天啊。"他说，"你刚才的动作我见过猫做过，可从来没想到人也可以这样做。"

大概在一个月前，我准备给自己买一副新眼镜。因此，我去眼科医生那里做了全面检查。检查过程中，医生的表情充满了怀疑，因为即使距离很远，我也可以轻易地说出视力表上最下面一行的小字。可当他知道我已经六十多岁时，他更是吃惊得张大了嘴，一句话都说不出来。我的朋友常常说我身上的衣服很合体，就像手套那样贴身。可他们并不知道，我的这些衣服都是按照我15年前的尺寸定做的，而在这15年里，我的身材没有丝毫改变，体重也没有一点增减。关于这件事，我还有一个故事可以讲给大家听。

1885年，一个冬天的晚上，爱迪生先生、爱迪生照明公司董事长爱德华·H·约翰逊和经理巴特切罗先生与我一起到第六十五弗思大道的办事处办事。期间有人提议大家互猜体重，爱迪生看了看我说："特斯拉的体重应该是152磅。"他猜得八九不离十，因为我当时的身体净重为142磅，到现在也是。我吃惊之余，小声地问约翰逊："爱迪生怎么能如此准确地猜到我的体重？"

约翰逊小声回答我说："嗯，我告诉你可以，但你千万别告诉别人。因为爱迪生曾在芝加哥的一家屠宰场工作过一阵子，每天要给几千头猪称重。这就是他的本领所在。"

我朋友昌西·M·迪普曾给我讲过一个故事，说的是一个英国人在听昌西讲自己早年的趣事时，一脸困惑的表情，直到一年后才觉得此事可笑。现在我必须承认，要想听懂约翰逊的笑话，我也得花费更长一点的时间来消化。如今，我能够身心健康，完全归功于极度规律的生活方式。如果人们知道我年少时曾三次得过重病的话，他们或许会感到惊讶。除了这些，我的无知无畏和自信乐观也多次让自己陷于窘境、危机和困难中，所幸后来都化险为夷了。我迷过路，曾经差点被淹死、被活埋、被冻死。我曾在疯狗、野兽面前死里逃生。我得过难以治愈的病，遭遇过种种稀里古怪的灾难，但我现在依然活得好好的，精神抖擞，真算得上是奇迹了。但是，如今每次回想起我所经历的事，我都会觉得自己能侥幸活着绝不是偶然的，一定有种神秘的力量在帮助我。人类努力发明的真实目的就是为了拯救生命，不管是利用能量、改善设备还是创造更加舒适便利的生活，其实质就是为了提高人们生活的安全性。和普通人相比，发明家是敏锐的，他们有足够的智慧和能力在逆境中保护自己。然而，我没足够的证据证明自己身上具有这样的品质，但我的个人经历可以做一些证明。在这里，我会提供一两个事例，读者们可以据此进行判断。

14岁那年，有一次，我在游泳时想吓唬下自己的朋友。因此，我准备下水后先躲在一个漂浮的建筑物下，然后偷偷游到他背后去。当时，我有着高超的游泳和潜水技术，和野鸭的水平差不多，因此我相信自己能实施这一计划。我跳进水里后，趁大家不注意就掉转方向快速地游到了那个水上建筑的下面。我一直以为那儿很安全，因此想站到上面去，可我一不小心撞到了一根横梁。我只好潜进水里，迅速向前游，累得筋疲力尽。当我第二次露出水面换气时，我的头又撞到了漂浮物的横梁。在这一刻，我彻底失望了。就在我拼尽全力尝试着第三次露出水面时，我再一次撞到了横梁。恐怖和窒息感让我难以忍受，我的大脑因缺氧而开始发晕，身体也逐渐往下沉。那一刻，我已到了绝望的边缘。突然，我的头脑中出现了一道闪光，伴随着漂浮物的结构形象。不知是山丁猜测还是亲眼所见，我发现了水面和放置横梁的木板间的那道空隙。就这样，在我快要丧失意识时，我从水底游了出来，将嘴巴贴近木板呼吸。然而，一个浪头打过来，让我又呛了口水。我就像是身在梦里，试着换了几口气，将悬着的心渐渐放了下来，恢复了镇定。接下来，我试图通过潜水摆脱困境，可都没有成功。我迷失

242

了方向，但好运气伴随着最后一次努力，帮我摆脱了这场噩梦。而这时，和我一起去游泳的朋友们都绝望了，他们以为我肯定被淹死了，正忙着四处找寻我的尸体。那次游泳因为我的莽撞差点成为了我无法摆脱的噩梦。可这次教训很快就被我抛到了脑后，不到两年的时间，更糟糕的事情又在等着我去经历。

那年，我在一座附近有河流的城市上学，河上有一座大型面粉厂构筑的大坝。平时，大坝的水相当浅。因此，对我来说，在那儿游泳只是锻炼身体而已，不存在什么危险。我乐此不疲。

有一天，我和平常一样一个人去那里游泳，在我快要游到堤坝的时候，突然发现河水上涨了，水流也变得很急，我被卷入了一个漩涡。当我想要摆脱的时候已经晚了。不过还好我的双手已经牢牢地抓住了堤坝壁，这样才没被湍急的水流冲倒。巨大的水流压着我的身体，我的头也只是勉强露出水面。四周没有一个人，我求救的声音也被水声淹没了。我逐渐感到精疲力尽，双手已无法继续抓住堤坝壁。

就在我快要被水流冲走时，一道闪光伴随着一张我熟悉的水压原理示意图出现在我头脑中，它显示出水流压力和受力面积是成正比的，因此我马上把身体转向左侧面。一下子，我感到压力变小了，同时我发现保持这种姿势更容易与水流的力量抗衡，但危险并没有消失。即使我的求救声能够引起人的注意，可没有人能帮得上忙，水流迟早会把我冲走。虽然当时我可以轮流换手抓住墙壁，但我的右手已经完全没有了力气，我只能依靠我的左手。因此，我不敢轻易地将身体转向另一侧休息，只能缓缓地沿着大坝移动。我处在磨坊的正面，如果我不改变姿势，身体所承受的水压就会越来越大，因为那边的水流更急，水也更深。我承受着这些，在快要到达堤坝壁尽头时，又一次差点失败，这真是痛苦而漫长的考验。我使尽了最后一点力气挪过去，刚刚爬上河岸就昏睡过去了。

不久后，路过的人发现了我。我左半边身体的皮肤几乎全部刮伤，几个星期过去后，我的高烧才退，我再一次出人意料地康复了。这只不过是我众多经历中的两件事，但它们足以证明，如果不是出于发明家的本能，恐怕我就不可能活着给大家讲这些经历了。

很多人对我感兴趣，他们经常会问我，我是什么时候、在什么情况下开始发明创造的。我想我只能根据现在的记忆来回答他们的问题了。第一次发明时，我野心很大，那次发明包括一个装置和制作的方法。装置是前人就做过的，而方法却是我的独创。

事情的整个过程是这样的。我的一个朋友获得了全套钓鱼用品，这在当时的村子里是很有轰动效应的事。第二天一早，很多孩子一起跟着他去钓青蛙。因为我和这个朋友吵了架，他们丢开我走了。在此之前，我从来都不知道钓钩是什么样子，因此把它想象得很奇特精美。当时，我为自己没能加入他们的钓蛙行动而伤心。在情急之下，我也不知道从哪里找来了一截软铁丝，用两块石头把铁丝的一端砸成锋利的尖状，然后将它弄弯，再用一条结实的绳子固定好。我砍了一根树枝，又找来蚯蚓做诱饵，然后就沿着小溪找到青蛙多的地方开始钓蛙。可过了很久都没有青蛙上钩。在我将要放弃的时候，我看见我那摇晃着的钓钩前有一只青蛙。起先，它看起来一点都不精神，像生了病，可没过多久，那只青蛙就鼓起了它布满血丝的眼睛，身体也随之胀大，它凶狠地朝我的钓钩扑去，一下子咬住。就这样，我钓到了第一只青蛙。接着，我一次次地重复这种方法，每次都成功了。虽然我那个朋友有好的钓蛙工具，可他们最后什么也没钓到。

当他们看到我的战果，都很嫉妒我。我在很长一段时间里独自享受着这个秘密，直到圣诞节那天才告诉他们。就这样，每个男孩子都知道这种钓蛙方法了。结果，次年夏天，村子里的不少青蛙都遭了殃。

在此之后，我的发明几乎都是在一种原始本能的推动下完成的，它竟然成为了我发明创造的原动力，这种本能就是利用自然能量为人服务。我做过一个以五月虫（美国人称其为六月虫）为媒介的发明。众所周知，五月虫是害虫，它们数量庞大，经常会借助群体的重量压断树枝，绿色的灌木丛也经常因为爬满了五月虫而变成黑色。我将四只五月虫黏在一个十字架上，让这个十字架在一个轴承上转动。然后，我再将它们放到一个大一些的圆盘上转动，这一来它们所产生的能量就更大了。五月虫很能干，它们一旦动起来就不会停，就这样接连几个小时不停地转，它们的身体也越来越热，活动的劲头也就越来越足。我的试验进行得非常成功，直到一个性格古怪的男孩来找我，他是一个奥地利退役军官的孩子。他一过来就直接将五月虫吞掉了，就好像在吃最好吃的蓝点牡蛎一样。这情景让我顿时感到非常恶心，从此我再也没有碰过包括五月虫在内的任何一种昆虫了。

从此以后，我就以拆装祖父的钟表为乐了。一般都是拆卸很顺利，可一到组装，我就非常狼狈。后来，祖父也不能容忍我的这一行为，经常会很没有风度地阻止我。因此，我拆装过的第二只钟表是在三十年以后了。

不久，我又对玩具气手枪感兴趣了，并且开始制造这种用一根真空管子和一个活塞以及两个插栓组成的东西。在射击时，它的活塞会冲向管腹，带着两个手柄的管子迅速后移，两个插栓间的空气由于受到挤压，温度升高，其中的一个就会被射出去。这装置的关键就在于选择合适的管子，我用的是在自家菜园里找来的中空材料。这支气枪被我做得很精致、很实用，因此，家里的窗子遭了殃，家人都纷纷劝我不要再玩气枪了。

倘若我没记错的话，有段时间我还迷上了刻剑，把木条从家具上取下来作为原材料。那时候，我特别喜欢读塞尔维亚的诗歌，对诗歌中主人公的高超武功佩服不已。我经常把长在地里的庄稼玉米秸秆当作对手，用自制的宝剑放肆砍杀。其结果就是换来了母亲的一顿狠揍。

以上都是我在 6 岁之前完成的壮举，像这样的事例当然还有不少。那时我们全家住在一个叫史密里安的村子里，当时我已读完了小学一年级。后来，我们又搬到了一个叫戈斯皮奇的镇子。于我而言，这次搬家就是不幸的开始。在斯米连，我们家养了小鸡、鸽子和绵羊，还有成群的鹅。每天早上它们迎着朝阳起来，直到落日的傍晚才回家。它们排着整齐的队伍，就连现在的军队都无法与之相比。可是，我们搬了新家后，我就如同变成了一个囚徒，只能透过窗子看外面陌生的世界。我是个内向的人，宁愿独自面对一只愤怒的狮子，也不想看到在街上到处乱晃的小混混。每到礼拜日，父母要求我必须穿戴整齐参加礼拜仪式，这真让我感到非常难受。在那个镇子，我还遭遇了一些事情。很多年之后，每当我回忆起这些，我的血液就会像凝固成陈年的酸奶一样。那次是我第二次去教堂冒险。前一次，我就曾被困在一座古老的教堂里，待了整整一个晚上。那座教堂建在高山上，很难爬上去，每年只对外开放一次。虽然那次的经历非常可怕，但相比这次的经历，就不值一提了。

我们镇上有个很有钱的女人，她善良却爱慕虚荣。每次去教堂之前，她都要精心打扮一番，长长的拖裙后跟着一批佣人。那个礼拜天，我在教堂的钟声响起时就冲了出去，刚好那位贵妇路过，我的脚踩到了她的拖裙，刺啦的一声，拖裙被撕开了，那声音比一队新兵开枪还要响亮。我父亲见此情形气得脸色发白，走过来给了我一个耳光，但力气很轻，这也是父亲唯一一次对我体罚。我的脸顿时就火辣辣地疼了起来，那种尴尬和难堪无法用语言来形容。从此，镇上的大人们都不愿意理睬我，直到另一件事情发生后，我才在他们那里找回了尊严。

一个热心公益的年轻商人组织了一个消防队，还买来新的消防车，每一个消防队员都是经过严格训练的。为了举办检阅仪式，队员们都穿上了新服装，连消防车也漆上了红黑相间的油漆。那天下午，仪式开始之前，他们把消防车开到运河边，镇子上的男男女女老老少少都跑来看热闹。在全部演讲、仪式都结束后，组织者让消防队表演喷水，可消防喷头一滴水都喷不出来。虽然在场的都是专家里手，可消防故障一直无法排除。在我赶到现场时，他们还是没有找出故障的原因。说实话，我也不了解是什么故障，更不懂机械原理，只不过我猜到是空气压力出了问题。因此，出于本能，我在水里寻找胶皮管，并且发现消防喷嘴不喷水的原因是胶皮管的脱落。我在水里摸索着接好胶皮管，然后消防喷嘴就喷出水来了。结果就不用多说了，很多人的衣服被喷出的水弄湿了。这一次的成功真的不亚于阿基米德光着屁股在锡拉库扎街头高声喊着"我明白了"的轰动程度。当大人们把我抬起欢呼时，我感觉自己就像一个凯旋的英雄。

我们家在小镇定居后，我就去了一所师范学校，开始了为期四年的读书生活，这是为我今后进入正规学院或者实科高等中学读书做准备。而这一时期又是我调皮捣蛋制造诸多麻烦的时期。

这里要特意说明的是，当时我已经在小镇有了捕乌鸦冠军的称号。我抓乌鸦的方法十分简单，就是跑到树林里，在灌木丛中躲起来模仿乌鸦叫。一般我会听到其他乌鸦的回应，随后就会有乌鸦飞过来，落在我附近的灌木丛里。我所要做的就是，把准备好的硬纸板丢出去吸引它的注意力，然后突然跳起在它藏身的灌木丛抓住它。我用这个方法抓住过很多只乌鸦。可后来因为一件事，让我对这种鸟类产生了敬畏。那天，我和我的伙伴抓到了两只很漂亮的乌鸦，在我们要离开树林时，成千上万的乌鸦忽然包围了我们，并发出可怕的啼叫，随后它们在我们的周围飞舞。刚开始我还觉得很好玩，可在后脑勺遭到乌鸦的攻击后，我才意识到事情很严重。接着，无数只乌鸦都开始对我发起攻击。于是，我放掉了那两只被抓的乌鸦，这才得以逃脱，与躲到山洞里的朋友会合。

我就读的学校有不少机械模型，它们引起了我的关注，其中最让我感兴趣的是那台水轮机。我以前就制造过很多台水轮机的模型，并从中获得了很多的快乐。我在确立人生目标时都有偶发性，我在这所学校的经历也许是个正面例子。我有个叔叔很不喜欢我从事发明创造，经常就此指责我。有一次，我在报纸上看到关于尼亚加拉大瀑布的文字，顿时就被其吸引住了，我的脑海里一下就闪现出这样的画面：一个庞大的水轮机被飞流直下的瀑布推动运转着。我将这一想法告诉了叔叔，说自己要去美国实现这一构想。

事过 30 年，我的这一构想终于在尼亚加拉大瀑布实现，这不禁让我感叹人的想象力是多么神奇和不可预测。

除此以外，我还做了其他一些装置和发明，其中最为出色的是弩。我制作的弩射出的箭很快，瞬间就消失在眼前。倘若距离近的话，箭能穿透一英寸的松木板。时间一长，经常练习拉弓使我的肚子上磨出了像鳄鱼皮那样的茧子。直到今天，我的肠胃消化功能还很好。不仅如此，我还练就了抛掷的绝活。我相信，即使是在古希腊竞技场，我的技术也会震撼全场观众。而现在我要讲的是我依靠这门绝活创造的成就，我想，读者们看后也一定不会相信。

有一天，我陪叔叔在河边散步，边走边练习我的抛掷绝活。夕阳下，河里的鲑鱼在嬉戏玩耍，不时地跃出水面，即使在远处也能看见藏在礁石下的鲑鱼身上的鳞片的闪光。在这样的有利条件下，只要有合适的工具，任何孩子都能击中水里的鲑鱼，可我要做的是让自己完成这个艰巨的任务。我对叔叔说，我要用一块石头打中水里的鲑鱼，而且还要让它在礁石上断成两截。我捡起一块石头飞快地抛掷出去，分毫不差地完成了我的设想。叔叔像见到魔鬼那样看着我，吓得半天都没说话。紧接着他大叫起来："快从我身边走开，你这魔鬼！"之后的好几天，叔叔都不敢和我说话。还有一些离奇的经历，但都随着时光的流逝被我遗忘了，它们的数量之多，足以让我自豪地讲上一千年。不过从此以后，我再也不会杀生了。

构想旋转磁场

我在 10 岁时进入了一所新建的实科中学，那里有着齐全的教学设备。物理部里有各式各样经典的科学仪器，例如电学仪器和机械仪器，一应俱全。

老师的专业示范和试验让我非常着迷，它们无疑使我在发明方面产生了强烈的欲望。而且，我对数学非常感兴趣，速算水平极高，经常得到教授的称赞。这主要由于我喜欢在头脑中想象数字和数学运算，因此锻炼出了很强的数学能力。这种习惯并不是源于直觉，而是与现实生活完全结合在一起。对我来说，再复杂的数字组合也是小事一桩，无论是写出来还是心算都没有什么区别。但我非常反感手工绘图课，因为我实在无法花费好几个小时的时间集中精力绘图。这种情况的确有些奇怪，我们家族的大部分成员都很擅长手工绘图。也许是因为我在思考时不喜欢受到干扰，所以才会如此反感它吧。如果不是因为班上还有几个愚蠢得什么都不会做的男孩子，我这门课程的成绩一定会是倒数第一。

当时的教育制度规定绘图课是必修课，如果成绩不合格，就意味着存在严重缺陷。这种缺陷会对我的整个职业生涯造成影响，为此，父亲大费周折。

在实科中学读书的第二年，我一直在思考有关"利用稳定气压推动持续运动"的问题。前文中所说的消防车事件引起了我强烈的想象兴趣，我从中深刻地认识到真空状态有着无穷的能量。我迫切地想要利用这种取之不尽用之不竭的能量。然而，我在很长一段时间内都是盲目地摸索。无论如何，我已下定决心发明一个装置，并渴望因此而获得超凡的成就。我设想出一个可以在两个轴承上自由旋转的圆柱体，它的一部分紧密环绕着矩形凹槽。凹槽的开口处装着一个隔板，将圆柱体分隔成两个部分，这两部分被一个气密式滑动接头完全分开。其中一部分是密封的，一旦抽空里面的空气，另一部分就会自动开启。如此一来，这个圆柱体就可以永久旋转了。至少我认为是这样的。

此后，我用木头按照尺寸做了一个模型，并且小心翼翼地把它连接到气泵上。当模型真的有了转动的迹象时，我兴奋得像个疯子一样。除此以外，我还曾试图完成机械飞行，并且留下了一些令人失望的回忆：我曾经打着伞跳下屋顶，结果狠狠地摔了一跤。过去的每一天，我都想象自己能够在天空中翱翔，飞到很远的地方，即使我完全不知道应该怎样做到这一点。如今，我已经把实体模型制造出来了。接下来，我要制造一架飞机，这需要转轴、扑翼，以及可以提供无穷能量的真空。如果能够实现这个愿望，我将会乘坐舒适豪华的飞行工具，每天在空中畅游，这种感觉或许可以与所罗门国王的奢华生活一较高下。直到很多年以后，我才了解到，圆柱体表面受到的大气压力是垂直的，而我所看到的转动迹象仅仅是漏气引起的。虽然我是逐渐了解到这个原因的，但仍然大受打击。

勉强从实科中学毕业之后，我立即大病了一场。准确地说，我是同时患上了十几种疾病。当时的情况非常危险，就连医生都拿我没办法了。那段时期，我持续地阅读从公共图书馆借来的书籍。这家图书馆并不起眼，我在那里谋得了一份为图书分类和编制目录的工作。

有一天，我拿到了几本新书，它们与我以前读过的书完全不同，让我深深地着迷，我甚至把自己糟糕的身体状况抛在了脑后，它们都是马克·吐温早期的作品。或许是这几本书的缘故，后来我竟然不可思议地康复了。25年后，我有幸与克莱门斯（马克·吐温本名）阁下相识，并成为好朋友。当我向他讲述这段经历时，他竟然痛哭起来，让我感到非常诧异……

后来，我进入一所实科高中继续读书，学校坐落于克罗地亚的卡尔施塔特，我有一个阿姨在那里居住。她是一位优秀的女性，丈夫是身经百战的陆军上校。我在她家生活了三年，那段时光我永远无法忘记。她家的纪律比军队还要严格。在那里，我就像一只家养的金丝雀一样。每天的饮食都是质量最好、最美味的，但是分量却被严格控制，仅仅相当于我正常食量的十分之一。阿姨把火腿切得像薄薄的纸片一样。每当上校打算多分一些食物给我时，阿姨就会夺走那些食物，并且激动地对他说："注意一点，尼科（特斯拉的昵称）吃不了那么多东西。"

其实，我的食量很大，我就像坦塔罗斯（希腊神话中的故事，坦塔罗斯被关在地狱中，头顶有果实，头下有水，但却无法吃喝）一样忍受着折磨。

当时，我所居住的环境文雅而又富有艺术气息，在那个时代和社会条件下，这是极其难得的。那里地势低矮潮湿，到处都是沼泽，我虽然服用了大量的奎宁，但仍然不幸染上了疟疾和高烧。有的时候，河水上涨，大量老鼠被带入民宅，它们四处啃噬，就连最辣的辣椒都不能幸免。对我来说，消灭老鼠是一种乐趣。我想尽各种手段来灭鼠，甚至在当地赢得了"捕鼠者"这个不怎么文雅的称号。最终，我从高中毕业了，也结束了痛苦的生活。这一纸毕业证书把我带到了人生的十字路口。

多年来，父母从未放弃让我从事牧师工作的愿望，这让我非常恐惧。学校里的物理课程已经引发了我对电学的强烈兴趣。那位物理学教授是个极具创造才能的人，他亲手制作了很多装置，并且用这些装置为大家演示，论证原理。我记得他曾经制作过一个包着锡纸、能够自由旋转的球体装置。每当连接静电起电器时，球体就会飞速转动。当我看到这神奇的一幕时，我的心情激动得难以形容。每一次的试验都强烈地震撼着我，在我的头脑中引起大量的回声。我痴迷于电学的神奇力量，渴望了解得更多，渴望做试验、搞研究，但残酷的现实只会让我心情沉痛。当我准备返回遥远的家乡时，父亲却传来消息，让我去参加远途狩猎活动。这完全出乎我的意料，因为他一直都强烈反对这种活动。过了几天我才得知，原来是家乡爆发了霍乱。但我没有听从父亲的安排，坚决回到了戈斯皮奇。每隔 15 到 20 年，当地就会爆发一次霍乱，人们对霍乱爆发原因的认知非常肤浅。他们认为霍乱的起因是由于空气中传播着大量刺鼻的气味和烟雾。不仅如此，它们还无知地饮用受到污染的水源，然后大批大批地死去。刚回到家，我就染上了疟疾，在床上躺了整整 9 个月，一动都不能动，虽然最终没有丧命，但是也已经耗尽了全部精力，在死亡的大门前徘徊了一阵子。

当我几乎挺不过去的时候，父亲冲进病房。虽然他极力掩饰焦虑的情绪，一个劲儿地安抚我，但是我仍然看到他苍白的面孔，听到他变了调的声音。

我对他说："也许，如果你同意我学习工程技术，我就会很快好起来。"
他严肃地承诺道："我会把你送进世界上最好的工学院。"我知道他没有
骗我。我终于放下心来，如释重负，但如果不是一种苦豆汁药救了我一命，
那么父亲的承诺或许就来得太迟了。我像拉撒路（圣经中的人物）一样起
死回生，出乎所有人的意料。

父亲执意让我用一年时间进行户外体育锻炼，帮助恢复身体健康。于是，
我带上书籍和狩猎装备，踏上了游历四方的旅途。在与大自然亲密接触的
过程中，我不仅锻炼了体能，还锻炼了思想。我的想法层出不穷，大部分
都是不切实际的，我的想象力虽然清晰，但是掌握的知识原理却极其有限。

我想到了一项发明——在海底铺设管道，把信件和包裹放进圆形容器，
利用水压强力推动容器，从而实现跨海传递邮件。我还精心设计了推动管
道水流的泵站，对各项数据进行了精确计算，完善了所有细节，但是唯一
忽略掉了一个小地方。为了使装置效果完美，我把海底的水流速度设定为
任意值，并且一再提高这个速度。可是，经过反复思考后，我发现自己无
法解决管道对水流的阻力，只好把这项发明让给他人。

我还想到了另一个方案：绕着赤道建造一个自由悬浮的圆环，它可
以飞速旋转，并且依靠反作用力运转。这样一来，人们就可以实现每小时
一千英里的旅行速度，这个速度是火车无法企及的。或许读者们会嘲笑我
的想法，觉得这些都是天方夜谭。我承认，这个方案的确很难实现，但是
纽约的一位著名教授所想到的方案比我的还要糟糕。他想把热带的空气抽
到温带去，却完全忽略了上帝早已创造出一个巨大的机器来实现这个目的。

我还有另一个更重要、更有趣的方案：从地球的自转中获取能量。我
发现，地球的自转使得其表面物体时而顺着水平方向运动，时而逆着水平
方向运动。这个现象能够带来巨大的动量变化，我们可以轻易地加以利用，
从而为世界上每一个角落提供动力。后来，我发现自己面临着与阿基米德
一样的困境：他曾试图在茫茫宇宙中找到一个固定的支点，却徒劳无功。

意识到这一点后，我根本无法描述那种巨大的失落感。

结束了旅行之后，父亲专门为我挑选了历史悠久、名声在外的奥地利斯蒂里亚省格拉茨市的理工学校，把我送到那里读书。我终于实现了自己期待已久的心愿，开始正式学习工程技术，并且获得了足够的资金支持。我下定决心，一定要取得一番成就。我有着扎实的基本功，比同学们的平均水平超出很多，这要归功于父亲对我教育以及我曾经历过的众多事情。我精通好几种语言，读遍了好几家图书馆，多多少少学到了一些有用的知识。更重要的是，我终于可以按照自己的意愿来选择科目，再也不会受到手工绘图的困扰。

我决定给父母一个惊喜。在学校里的第一年，我总是凌晨 3 点就起来学习，一直学到晚上 11 点，周末和假期也不例外。我的同学们大都可以在考试中轻易拿到合格的分数，而我却可以拿到全科最高分。那一年，我通过了 9 门考试。教授们一致认为，满分已经不足以说明我的水平。他们在成绩证明上写满了赞美的话，我带着这张证明回家度假，希望与父母分享这份荣耀。但令我失望的是，父亲对我的努力成果并不感兴趣。我感觉这是一种莫大的耻辱。

这件事几乎摧毁了我的所有抱负。直到父亲去世后，我整理遗物时发现了一包信件，都是教授们寄来的。他们在信中劝说父亲把我从学校带走，不然我很可能会过劳而死。当时我悲痛欲绝，从此开始专攻物理学、机械学和数学，把空闲时间都用在了图书馆里。

我在做任何事情的时候都会处于狂热状态，并且强迫自己尽快完成，这种习惯让我常常陷入困境。有段时间，我在读伏尔泰的著作，这些著作都是由小号字体印刷的，总共差不多有 100 本。这位"怪人"为了完成这些著作，每天要喝 72 杯黑咖啡。得知此事后，我决定把它们都读完。当目标完成的那一刻，我松了口气，心想："我再也不会读第二遍了。"

由于成绩优秀，我和学校里的几位教授都成为了朋友，其中包括教几何和算术的罗格纳教授、教理论物理学和实验物理学的珀施尔教授，以及教积分学并且擅长微分方程的阿勒博士。阿勒博士是我见过的最有才华的讲师。他特别关心我的学业，经常在教室里待上一两个小时，给我出各种各样的题做，这让我非常开心。我向他详细介绍了我构想出来的飞机，它基于合理的、科学的原理，并非出于凭空的幻想。通过我的"涡轮机"，它已经可以成为现实，并且很快将会面世。罗格纳教授和珀施尔教授都是怪人，前者的表达方式十分独特，每当说到关键的地方，他总是会停下来一会儿，引起大家的好奇。珀施尔教授是一位有条有理、认真严谨的德国人。他的手脚都很大，就像熊掌一样，但是他在做实验时却很细致，精确得几乎没有误差。在理工学校的第二学年，学校收到了一台巴黎产的格拉莫动力机，它有一块马蹄铁形状的叠片磁铁，还有一个缠绕着金属丝、装着整流器的电枢。接通之后，电流的各种效果都能够展现出来。可是，当珀施尔教授把这台机器当作发电机来演示的时候，电刷突然出了毛病，迸出剧烈的火花。我提出，也许电机无须这些装置也可以正常运转，但珀施尔先生认为这么做行不通。他让我在课堂上针对这个问题阐述自己的看法，然后评论道："特斯拉先生有取得巨大成就的潜力，但是在这个问题上，我敢肯定，他的想法根本无法实现。这就如同要把恒定的牵引力，比如重力，转化为一种旋转力。这个方案关系到永动概念，是永远都不可能实现的。"然而，直觉是不受知识限制的。我们的头脑中无疑存在着某些神奇的神经纤维，在它们的作用下，我们可以发现真理，这是包括逻辑推理在内的任何主观努力都达不到的。

我曾一度几乎屈从于教授的权威，但立即又坚信自己是对的，并且将青春的热情和无尽的信念都投入到了这项研究中。我开始在头脑中想象直流发电机，启动它，并且观察电枢中不断变化的电流。然后，我会按照同样的方式想象交流发电机，并且对其进行研究和完善。最后，我想象出一个综合了电动机和发电机的装置，并且以各种方式操纵它。

我想象出来的画面对我而言相当真实，就像摆在眼前的实体一样。在理工大学剩余的时间里，我一直埋头于紧张的研究工作，但始终毫无进展。最后，我几乎放弃了，不得不承认这个问题是无法解决的。

1880年，我来到波西米亚的布拉格，实现了父亲的遗愿，在那里完成了大学学业。就是在那座城市，我的研究工作取得了决定性进展。我从发电机上拆下整流器，以全新的角度来观察产生的现象，但依然没有得出有效的结论。在接下来的一年里，我对生活的很多看法突然发生了改变。

我意识到家人已经为我牺牲了太多，于是决定减轻他们的负担。当时，美国的电话浪潮刚刚波及欧洲大陆，匈牙利的布达佩斯要建立一个电话系统。这对我来说是个不可多得的发展机会，况且我有一个朋友是这家电话公司的负责人。

就在那段时期，我的精神彻底崩溃了，我在前文中提到过这段经历。患病期间，我体验到了常人难以想象的状况。我的听觉和视觉总是极度敏感，即便是常人根本无法看到的远处的事物，我也可以清晰地辨别出来。小时候，我多次在睡梦中听到隔壁发出着火时微弱的劈啪声，而邻居却依然沉浸在睡梦中。我大声叫喊，帮助他们脱离险境。1899年，我已经四十多岁了，正在科罗拉多继续进行我的实验研究。我可以清楚地听到550英里以外的雷声。因此，我听力的敏感度相当于普通人的13倍。然而，这一切都无法与我患病期间的听力敏感度相提并论。

在布达佩斯，我可以隔着三个屋子听到钟表的嘀嗒声；当苍蝇降落在我房间的桌子上时，我的耳中就会像被闷雷撞了一下似的；当几英里外驶过一辆马车，我就会浑身发抖；当二三十英里外的火车鸣响汽笛，我就会感到自己正坐着的椅子或凳子在拼命震动，脚下的地面也在剧烈晃动，我几乎无法忍受这种痛苦。为了能够入睡，我只好把床用橡胶垫垫起来。无论从哪里传来喧闹声，我都会感觉有人在我耳边说话，我必须把它们分辨清楚，否则就会陷入恐惧之中。当阳光一会儿强一会儿弱的时候，我就会感觉大脑被猛烈撞击着，甚至会晕过去。当我从桥梁或是高楼底下经过时，我必须集中所有意志力，因为我会感觉有千斤重物压在头顶。在黑暗中，我会感觉额头上似乎有虫子在爬，我可以像蝙蝠一样察觉到 12 英尺以外的东西。我的脉搏在每分钟几次到 260 次之间徘徊不定。我的五脏六腑都在痉挛颤抖，这让我忍无可忍。一位著名医生让我每天服用大量溴化钾，并且断言我的病前所未有且无药可救。

遗憾的是，当时我没有向生理学家和心理学家咨询我的症状。我竭尽所能，想要保住性命，但是完全没有指望能够康复。有谁会相信这具无药可救的躯体竟然可以变得精力充沛、顽强坚毅，可以连续 38 年毫不间断地工作，并且依然身强体壮，思维活跃？但，这就是我的真实情况。我有着强烈的求生欲，渴望继续工作，并且得到了一位运动员朋友的细致协助，这一切成就了我生存的奇迹。我不仅重获健康，并且恢复了思维的活力。

后来，当我回忆起这段经历，我甚至遗憾于这场"斗争"结束得太快。我尚未完全利用起我那过剩的能量。对于这项任务，我的做法完全异于常人。对我而言，这事关生死存亡，如同神圣的契约。我知道，一旦我败下阵来，我的生命之火也就燃烧殆尽了。如今，我意识到自己已经赢得了这场斗争。我的头脑中深藏着这项任务的解决方法，然而却无法准确地将其描述出来。

在我的记忆中，一天下午，我正和朋友一起在城市公园里一边散步一边背诵诗歌。当时的我可以把书本中的内容全部背下来，并且不会出一点错。歌德的《浮士德》就是其中之一。我望着夕阳西下的美景，想起了《浮士德》中的一个章节："落日西沉，白昼告终，乌飞兔走，又促进新的生命流通。唉，可惜我没有双翅凌空，不断飞去把太阳追从！ 一场美丽的梦想！太阳已经远去。唉！肉体的翅膀，毕竟不易和精神翅膀做伴。"当我背诵出这些令人振奋的句子时，一道闪光突然划过我的脑海。一瞬间，真理显现在我面前。我当场蹲在地上，用树枝在沙子里画起图来。6 年后，我在美国电气工程师学会演讲时公开展示了这张图表。那天和我一起散步的朋友没能完全理解这张图的含义。我头脑中的画面极其清晰具体，就像真实存在于眼前的事物一样。于是，我向他讲解道："看这儿，这是发动机，我可以把它翻过来，就像这样。"当时我的心情如此兴奋，即使皮格马利翁看到他的雕像有了生命，恐怕也不会比我更加兴奋。即使我可以轻而易举地发现大自然中的一千个秘密，我也愿意把它们全部拱手相送，只为换得这一个发现，我是如此的珍惜它，甚至情愿以生命作为代价……

发明特斯拉线圈和变压器

有段时间，我沉迷于在想象中绘制机械图和设计新机型，并且从中获得了极大的享受。这是我一生当中最愉快的精神体验。我的头脑中源源不断地涌出创造的灵感，对我来说，唯一的难事就是要想方设法把它们牢牢地抓住。在我看来，我构思出来的装置都是绝对真实的，所有细节一应俱全，甚至包含了最细微的标识和磨损出来的痕迹。当我想象发动机在不停运转时，就如同看到了一幅美妙的风景，这种感觉令我兴奋不已。当一个人的兴趣爱好逐渐转变为强烈的欲望时，他就会迫不及待地向着目标飞速前进。我用了不到两个月的时间，设计并改进了几乎所有类型的发动机和系统。如今，世界各地的人们都在使用这些以我的名字命名的装置。在生存压力的迫使下，我暂时中止了这项消耗心力的工作，这也许也是一种幸运。

我在阅读了一份电话业研究初期报告之后来到了布达佩斯。然而，也许是老天和我开了个玩笑，我虽然在匈牙利中央电报公司谋得了一份工作，但职位却是制图员，而且薪水少得可怜。幸运的是，没过多久，我就获得了总监察的赏识，开始负责设计和评估新设备的安装，以及计算各项数据。后来，当电话局开始正式运营时，我已经成为了这些工作的主要管理者。

从这份工作中，我获得了丰富的知识和实践经验，并且充分发挥了自己的发明创造才能。我完善了电话局的设备，将电话中继器也就是扩音器做了改进。虽然这项技术没有注册专利，也从未公布于众，但时至今日，它的诞生依然应该算作我的功劳。公司的创始人普斯卡斯先生对我超高的工作效率大加赞赏，在布达佩斯公司被收购之后，他帮我在巴黎安排了一个职位，我欣然接受了。

巴黎是座浪漫的城市，给我留下了深刻的印象，让我永生难忘。初到那里时，我深深地陶醉于它的异国风情，接连好几天在美丽的街头游荡。那里到处都是吸引人的事物，我难以抵抗它独特的魅力。然而，薪水总是刚到手就立即被花光了。当普斯卡斯先生问我是否适应了新环境时，我非常形象地回答道："每个月的最后29天最难熬。"我过着干劲十足的日子，这种生活方式如今通常被称为"罗斯福式生活方式"。每天早上，不管天气怎样，我都会从我居住的圣马塞尔大道出发，来到塞纳河畔的一家游泳馆，纵身跃入水中，游上27圈，然后再步行一个小时到达公司工厂所在地伊夫里。7点半，我会在工厂像伐木工人一样吃早餐，然后焦急地等待午餐时间的到来。在此期间，我要协助公司经理查尔斯·巴彻勒的工作。查尔斯先生是爱迪生的好友兼助理。我打台球水平很高，因此在工厂里赢得了几位美国人的喜爱，并且和他们成为了朋友。他们中的一位是机械部的负责人坎宁汉先生，我向他介绍了自己发明的装置，他建议我开一家股份公司。这样的建议对我来说似乎有些荒谬。我完全不明白什么叫股份公司，只知道那是美国人的创业方式。这件事就这样不了了之了。在接下来的几个月中，我奔波于法国和德国之间，负责发电站的维修工作。

回到巴黎后，我向公司管理人之一劳先生提交了一份改进发电机的计划书，并且得到了他的批准。我成功地完成了这项计划，获得了公司董事们的认可。他们授予我开发自动稳压器的特权，这恰恰是我梦寐以求的。此后不久，阿尔萨斯地区斯特拉斯堡市新火车站的照明设施出了些毛病。

当老皇帝威廉一世在火车站开幕仪式上亮相时，照明配线突然短路，引发了爆炸，当场就炸毁了一大片墙壁。德国政府得知此事后，取消了这种照明设备的订单，法国公司因此面临着巨大的损失。因为我会讲德语，而且表现一贯出色，公司便把这个难题交给我来解决。就这样，我于1883年年初前往斯特拉斯堡，去完成这项艰巨的任务。

在斯特拉斯堡经历的一些事情给我留下了不可磨灭的记忆。非常巧合的是，很多后来声名显赫的人，当时也居住在那里。每当我回忆起这件事，就会说："那座古老的城市里有很多能让人走向伟大的细菌，其他人都染上了这种细菌，唯独我没有。"我每天没日没夜地忙着处理问题，与政府官员沟通、谈判，后来终于有了一点闲暇时间，我把从巴黎带来的一些材料拿到火车站对面的一家机械厂，在那里组装了一台简易电机。可是，由于工作繁忙，我的试验直到那年夏天才有了成果。我成功地在没有滑动触电和整流器的情况下，用不同相位的交流电运转了我的电机，这让我非常高兴，因为它完全符合我此前的设想。但是，这种高兴完全无法与此后第一次演示成功带给我的兴奋相提并论。

我结识了斯特拉斯堡市的前任市长索辛先生，并且和他成为了朋友。我向他展示了我的这个装置以及其他一些发明。他竭尽所能地为我提供支持，帮我四处拉赞助，把我的方案拿给一些有钱人看，他的热情让我十分感动。可惜那些有钱人没有任何回应，这让我感到非常羞愧。我永远不会忘记索辛先生为我提供了帮助，即使有些帮助并不是金钱方面的，但我依然心怀感激。例如，1917年7月初，索辛先生请我品尝了1801年生产的上好的圣埃斯蒂菲酒，这些酒是1870年德国人入侵斯特拉斯堡时，索辛先生亲自埋藏起来的。当时，他对我说，只有我才配得上喝如此名贵的酒。这件事让我难以忘怀。他劝我尽快返回巴黎寻求赞助，我也是这么想的，可是手头的工作一再拖延我的时间，让我感到无比沮丧。在此，我想通过一件有趣的事情来简单说明一下德国人的严谨和"效率"。

我接到任务要在走廊上安装一盏 16c.p. 的白炽灯，于是，我让电工先铺设电线。他干了一会儿之后，突然觉得必须先向工程师做个请示，工程师过来看了看，提了些反对意见，最终要求把灯安装在我指定位置两英寸以外的位置。于是，工作重新开始。然而，过了没多久，那位工程师又打断了我们，说他要先向质检员埃夫戴克做个报告。于是，我们把质检员请过来，他做了一番实地观测，然后又和我们激烈地讨论了一阵子，最终决定把灯的安装位置后退两英寸，也就是我最初指定的位置！但这还没有结束。埃夫戴克很快就犹豫了，他让我们先停止施工，因为他要先向质检督察希罗尼穆斯做个通报。过了几天，督察终于抽出了点时间。经过了两个小时的漫长讨论，他最终决定将安装位置再移动两英寸。上帝保佑，我真希望他们不要再变卦了。然而，这位督察却回来对我说："冯克委员是个很挑剔的人，没有他的明确指示，我不敢妄下结论。"因此，我们又要等待这位委员的决定。为了迎接他，我们从一大早就开始做扫除，把所有物品都擦得干干净净，并热烈欢迎他的到来。我们和冯克讨论了两个小时，他突然想起了什么，大叫一声："我得走了！"然后，他指了指天花板上的一个地方，让我把灯安装在那个位置。那就是我一开始指定的位置！就这样，在执行这次任务的过程中，我每天都要面临各种变动，但我已经决定无论如何都要完成任务。我的努力最终获得了回报。

　　1884 年春天，一切问题都摆平了，德国政府终于接受了设备，我也如愿回到了巴黎。此前，公司的一位负责人已经做了承诺，只要我成功地解决了问题，就会发给我一笔奖金，而且还会根据我在发电机方面做出的贡献给予相应的报酬。我真心希望能够得到一大笔钱。为此，我拜访了公司的三位负责人，为了便于叙述，我把他们分别用 A、B、C 来指代。当我找到 A 时，他让我去找 B，因为 B 对此事有发言权。而当我找到 B 时，他又让我去找 C，因为只有 C 才能决定这件事。但当我找到 C 时，却得知 A 才是决策的最终实施者。就这样，我的事情被他们来回地踢皮球，几个回合下来，我终于明白，我想要得到的那笔钱只不过是一座空中楼阁。

后来，我试图集资的努力也彻底失败了，这给了我沉重的打击。因此，当巴彻勒先生建议我到美国去为爱迪生设计新机型时，我便决定到那个黄金遍野的国度去试试运气。可是，我差一点就错过了这次机会。我变卖了自己仅有的一些财产，订了火车票。可是当我来到车站时，却发现火车马上就要出发了。在这个紧急关头，我又找不到自己的钱和车票了。我顿时慌了神，只能眼睁睁地看着火车离我远去。我的脑子里一片混乱，就像电容器里疯狂震动的电流一般。突然，一个念头闪过：我可以搭乘轮船，虽然不如火车舒适，但是价格却很低廉。因此，我带着剩余几样简单的随身物品、自己写的几首短诗和文章、亲手绘制的飞机图纸以及一捆未解的数学难题，搭乘轮船前往纽约。在旅途中，我多数时间都坐在船尾，等待救援那些不小心从船上掉下去的乘客，然而却毫不在意自己的安全。后来，当我受到美国式务实思想的影响，回忆起自己当时的做法，不由得有些后怕，并且对自己愚蠢的想法感到震惊。

与爱迪生见面是我人生当中尤其值得纪念的事情。我非常敬重这位伟人，也对他充满了好奇，他并不是天才，也没有接受过正式的科学教育，然而却取得了那么多的成就。我掌握了十几种语言，阅读过很多部文学作品和艺术作品，并且在图书馆里饱览各种资料，从牛顿的基本原理到保罗·德·科克的小说，凡是能找到的书籍，都在我的阅读范围内。我总是认为大量的阅读让我浪费了很多宝贵时间，但很快我就意识到，这或许是我做过的最正确的事情，因为它让我积累了丰富的知识。在与爱迪生相处的几个星期中，我顺利地赢得了他的信任。

"S.S. 俄勒冈"号是当时速度最快的客轮，然而由于船上的两套照明用发电机出了毛病，起航日期被一再推迟。客轮的上部结构是在发电机系统安装完毕之后才建成的，因此根本无法把发电机从船舱里卸下来。故障的严重程度让爱迪生都感到十分棘手。当晚，我带上必要的工具登上客轮，连夜解决故障问题。发电机的状况不容乐观，很多地方都发生了短路和磨损。在船员的协助下，我成功地解决了所有难题，把发电机修好了。

第二天凌晨五点，我穿过第五大道回到爱迪生的工作室，遇到了正要回家休息的爱迪生、巴彻勒以及其他几个人。爱迪生一见到我，就对大家说："快看，咱们的巴黎人不知跑到哪里闲逛了一晚上。"我告诉他，我花了一晚上的时间，刚刚修好了"俄勒冈"号的两台发电机。爱迪生默默地注视着我，然后沉默地走开了。然而，我听到他在远处对巴彻勒说："这家伙真不错。"从此，我可以完全自主地处理工作了。在接下来的一年中，我每天从上午10点半一直工作到次日凌晨5点，天天如此。爱迪生对我说："我的每个助手工作起来都很卖力，但没有一个能比得上你。"

在此期间，我用短磁芯和相同的方案设计了24台规格各异的标准机，以此来取代旧机型。公司经理向我承诺，只要我完成了任务，就可以获得5万美元的奖金。然而，事实证明，我再一次被耍了。我痛苦而绝望，毅然辞去了这份工作。

过了不久，有几个人找到我，想要以我的名义创办一家弧光灯照明公司。我接受了他们的提议，以为自己终于可以研发电机了。然而，当我提出这项计划的时候，却遭到了他们的反对，他们说："我们只想做弧光灯，对你说的交流电设备并不感兴趣。"1886年，我发明的弧光灯系统取得了成果，被工厂和市政府先后采用。然而，我却从那家公司辞去了职务。离开的时候，我只得到了一张印刷精美的空头股票权证，除此以外什么都没有。此后，我在自己并不熟悉的领域工作了一段时间，最终等到了一次机会。1887年4月，特斯拉电气公司成立，我终于得到了属于自己的实验室和试验设备。我在那里设计出了完全符合我原先设想的发电机。我并没有刻意地对设计进行改进，只是当头脑中出现新的思路时，就把它按照原样复制到现实的设备中，并且获得与我的设想完全相符的实际效果。

1888年初，我和威斯汀豪斯电气公司签订协议，开始大批量生产我设计的发电机。然而，我依然面临着很多困难。我所设计的系统是建立在低频电流基础之上的，然而威斯汀豪斯公司却采用了 133 赫兹电流的方案，以此来获得变电优势。他们坚持自己的设备标准，因此，为了适应他们的条件，我不得不想尽办法改造我的发电机。此外，我必须利用两根电线设计出一种能够高频率工作的新机型。要想做到这一点，其实并不容易。

然而，到了 1889 年年底，我已经无须在匹兹堡工作了。我回到了位于纽约格兰街的实验室，立即开始继续设计高频机。这是一个崭新的领域，从未有人构思过这种设备。因此，我难免会遇到各种问题。我没有使用感应发电机方案，因为它很可能无法产生完美的正弦波，而对于共振作用来说，正弦波是必不可少的。如果不是考虑到这一点，我就不会如此大费周折。高频交流发电机还有一个不足就是速度变化无常，这很可能会限制了它的实际应用效果。我在向美国电气工程师学会做演示时，就曾出现过几次调谐问题，需要做进一步调整。过了很久，我找到了一种方法，能够使这种电机在恒定速度和极限负载条件下工作时，每个周期内的速度变化限定在极小的范围内。经过多方面的考虑，我认为应该设计一种能够产生电流振荡的简单装置。

1856 年，开尔文男爵提出了电容器放电原理，可惜这个重要理论尚未与实际工作结合起来。我看到了它的潜在应用价值，并且开始根据这个理论研发感应式电机。我很快就取得了跨越式进展，在 1891 年的一次公开演示中，我用一只线圈制造了长达 5 英寸的电弧。我当场向工程师们坦言，以这种新方法传输电力存在着火花间隙损失的缺陷。此后的研究表明，无论采取哪种介质，包括空气、水银蒸汽、液体、油液、电子束等等，功效都是相同的。这是符合自然规律的，就像机械能转换也存在着这种规律。我们可以让物体从一定的高度垂直下落，也可以让它按照任一曲线滑落，但依据当前的研究情况来看，这个缺陷所带来的影响并不大。所幸它不会导致严重障碍，只要能够合理安排共振波，就可以使电路的输电效率达到

85%。从我最早公布这项发明直到现在，很多行业都已经广泛应用了这项技术，并且取得了革命性进展。但是，它仍然具备很多尚未被发掘的潜力。

1900 年，我在全球范围内制造了一次 1000 英尺的人工闪电，引起了极大的轰动。当时，我回忆起第一次在格兰街实验室里制造出来的微小电火花。那种兴奋的感觉，就像当初发现旋转磁场时的感觉一样。

发明放大发射机

回首自己过去的人生经历，我发现影响我命运的力量都是那么的微妙。我少年时期经历的一件事就能证明这一结论。有一年冬天，我和我的朋友们去爬一座险峻的高山。虽然山上的积雪很厚，可当时刮的是温和的南风，因此很适合爬山。一路上，我们玩掷雪球的游戏。雪球被投掷出去后就掉到地面向下滚，滚动时多多少少会沾上一些雪，我们以雪球滚出去的距离远近来定输赢。有一个雪球突然越滚越大，不一会儿就超出了我们的想象，最后变得和房子一样大了，并且发出巨大的响声，快速地冲下山谷。一时间，整个山谷和地面都在颤抖。我们被这情景吓得目瞪口呆，完全不知道发生了什么事。几个星期后，当我看到报纸上刊登的雪崩的照片时，不由得问自己：那么小的一个雪球究竟为什么会变得那么大呢？

经历那次事件之后，我开始对微弱力量放大的问题感兴趣了。没过几年，当我开始兴致勃勃地试验和研究机械与电气共振时，我发现自己的热情与那次经历多少都有着某种关联。也许，倘若不是那次雪崩经历让我难以忘怀，我或许不会注意到线圈中出现的微小火花，也不会对此追根究底地研究，更不会创造出我最伟大的发明了。我会在后文中讲到这段经历。

不少专业技术人员很擅长处理自己专业行业里的问题，可他们的思维过于迂腐，而且目光短浅。在他们看来，除了感应电动机，我的其他发明并没有什么实际价值。他们的这一想法犯了极其严重的错误。因为，要想对一个新概念的价值进行判断，绝对不能以短期的直接效果作为根据。我在一个绝佳时期发明出了交流发电和传输系统，解决了工业界困扰依旧的问题。虽然还有不少问题需要我们去克服，各方面也需要协调好，但如同其他的很多发明一样，必须尽快进行商业推广，绝对不能拖延。此类情况和我发明涡轮机时的情况差不多。可能会有人觉得，我发明的这些简洁实用，又具备理想发电机应有的各种优质特征，应该马上进行推广和使用。可这一发明的推广也同样遭遇到了我前面经历的波折。

然而，旋转磁场的预期效应非但不会淘汰已有的设备，而且还能让这些设备更具实用价值。这一系统不仅适用于新企业的生产，而且也能促进老企业更换新设备。我发明的涡轮机有着崭新的面貌，强有力地推进了世界的发展。有人以为这一新发明的成功预示着企业要抛弃掉已经投入巨资购置的原始设备，这种观点是极端错误的。在这样的情况下，它必须一步一步循序渐进地推广和发展，其中存在的最大障碍，或许就来自某些心存偏见的专家的集体阻挠。

就在前几天，发生了一件让我感到沮丧的事。一个叫查理斯·斯科特的朋友来看我。他以前是我的助手，现在担任耶鲁大学电子工程系教授。我们已经很长时间没有见面了，因此，我们都想好好地叙叙旧。不一会儿，我们的话题就转到了涡轮机上了。我越说越激动。"斯科特，"我高声说，就如同看到了自己的辉煌未来一样，"我发明的涡轮机将让全世界的热力发电机都成为没用的破烂。"听到我这么说，斯科特只是用手摸了摸下巴，沉思了片刻。然后他说："那样的话，就会出现堆积如山的废料。"说完这句话后，他就转身走了。

说实话，我的所有发明都不过是对现有技术的改进。在改进它们时，我被自己天生的本能推动着，因此依然没有考虑到更长远的需求。但在放

265

大发射机的研发上，我的终极目标是解决人类的长远需求，而非为了眼前工业的快速发展。因此，这项研究持续了很多年。

假如我记忆没有出错的话，我于1890年11月做了一个最特殊、最壮观的试验，《科学》杂志还对此次试验做了专门报道。我在进行高频电流现象试验时意外地发现，在一定的空间里，只要电场足够强，就可以将无极真空管点亮。然后，为了对这个理论进行验证，我在之前的设备中增加了一台变压器，并且在第一次的测试里获得了圆满成功。当时，我们对此类奇异现象的意义很难做出评估。我们总是希望出现新的轰动效果，但很快又会对新的发现变得冷漠。那些前一天还被视为奇迹的发现，往往到了第二天就会被人们当作平淡无奇的现象。在我第一次公开展示真空管的时候，人们对此的惊讶几乎是无法描述的。我拒绝了无数诚恳的邀请，以及无数荣誉和诱惑。直到1892年，我实在推辞不过，才前往伦敦，为英国电气工程学会做了一次演讲。

完成这次演讲后，我原计划马上赶到法国巴黎再做一次这样的演讲，可詹姆斯·杜瓦爵士态度坚决地要求我到英国皇家学会去做学术报告。虽然我一直有着坚定的意志，可架不住这个伟大的苏格兰人的苦苦劝说，最后同意了他的邀请。他将我按在一张椅子上，在我面前的杯子里倒上半杯奇怪的褐色饮料。这种饮料在杯子里闪动着好看的光泽，喝起来也非常可口。詹姆斯对我说："现在，你就坐在法拉第以前坐过的位子上，还喝着他喜欢的威士忌。（其实我本来对威士忌这种烈酒并不感兴趣）"就这样，次日晚上，我在皇家学会做了学术报告。报告结束后，雷利勋爵慷慨激昂地给在场的听众致辞，他的言辞给了我很大的鼓励。离开伦敦后，我来到了巴黎，为了避开追捧我的人们，我又从巴黎逃回到自己的家乡。回家后不久，我就开始受到疾病的折磨和痛苦的考验。

在身体恢复健康后不久，我立即为自己制订了工作计划，继续在美国的科研实验。至此，我从未发自内心地认为自己在发明方面拥有任何卓越的天赋。然而，雷利勋爵却对我大加赞赏。我始终将他尊为杰出的物理学家，倘若真如他所言，那么我认为自己应该集中全部精力进行一些重大的科研项目。

那一刻，就如以往的很多时刻一样，我记起了我妈妈对我的教导。她说，一个人的聪明才智是上天和神灵赐予礼物，假如我们将精力集中在这一真理上，那么就会与那些聪明才智发生共鸣。她还告诉我，一定要在《圣经》里寻找所有的真理。因此，在这之后的数个月里，我开始认真研读这部伟大的著作。

某天，我正在山野里散步，天气突变，暴风雨就要降临。为了躲雨，我找到了一个隐蔽的地方。天空的云层越来越厚，可迟迟不见雨水落下。过了一会儿，一道闪电突然从天空划过，几秒钟后，大雨倾盆而下。这情形让我陷入沉思之中。我想，倾盆大雨和那道闪电之间一定存在着必然的关联，换句话说就是，它们是因果关系。稍许思考之后，我马上就意识到降雨的过程中蕴含着超出人们想象的巨大电能，而闪电就如同一个触发器，将这种巨大能量释放出来。这一认识很有可能引发一项伟大的发明创造。倘若我们能够制造出一种特定质量的电能效应，那么我们的地球就会发生本质性的改变，地球上生活着的一切生灵也会拥有完全不同的生存条件。太阳光让海水蒸腾，风又把水蒸气吹送到远方，并且在这一过程中维持着一种微妙的平衡。假设我们能够在需要的时间、需要的地点，对大自然的这一平衡进行干预的话，那么我们就可以按照自己的意愿对这一强大生命的延续所需要的能量进行控制。这样一来，我们就能灌溉干旱的沙漠，建造人工湖泊与河流，这一技术将为我们提供无尽的动力。对人类而言，这种方法能够最有效地利用太阳能量。要想让这一构想取得成功，最重要的就是我们能否制造出与自然界量级相等的电力。

这项计划看似渺茫，但我还是下定决心努力做一番尝试。1892 年夏季，我和朋友在英格兰沃特福德短暂会晤后就立即返回美国。我对自己的这一

267

设想充满了期待，因为如果我取得了成功，那么无线传输能量的方式将得以实现。

在研究这项技术的同时，我还深入地研读了《圣经》，并且在《启示录》里找到了问题的答案。1893 年春季，经过多次努力，我取得了第一个可喜的进展。我利用圆锥形线圈制造出了 1 亿伏的电压（也就是 100 个百万伏的电压）。在我看来，闪电的产生就需要这么高的电压。这项研究始终进展顺利。然而，1895 年的一场火灾毁掉了我的实验室。你们可以在《世纪杂志》同年 4 月发表的由 T·C·马丁撰写的文章里找到关于那场火灾的资料。这场突发的火灾让我很多方面遭受了惨重的损失，那一年余下的时间里，我不得不重新规划和建造实验室。无论如何，当一切都料理妥当后，我又立即重新投入到了工作中。

虽然我明白，使用大尺寸的设备能够获得更高的电动势，但我的直觉告诉我，如果适当地设计一个体积较小、结构紧密的变压器，同样可以实现这个目标。我用平螺旋绕组次级线圈做实验时，就像我在专利说明里所描述的那样，电子束并没有出现，这让我很是惊讶。很快我就发现，这一现象是由线圈匝的位置，以及匝与匝之间的相互作用导致的。我依据这一发现，重新用较大直径的高压导体来保证匝与匝之间的距离能够充分抑制分布电容。与此同时，还尽可能地避免任何位置出现过度堆积电荷的情况。通过使用这一原理，我制造出了上亿伏的电压，这是在保证安全的前提下，能够获得的最大电压。1899 年 11 月的《电气评论》发表了一张照片，内容是我在休斯敦街实验室里制造发射器的情景。

此后，我意识到自己有必要在户外开阔的空间里进行更加深入的试验。1899 年春季，我为建造无线装置做好了准备，然后就去了科罗拉多。此后一年多，我都停留在那里。在此期间，我再一次对准备工作做了修改和完善，使其可以根据需要制造任意强度的电流。1900 年 6 月，我在《世界杂志》上发表了一篇名为《关于不断增加的人类能源的问题》的文章，这篇文章我在前面的章节里已经提到过。假如你们想要了解我在科罗拉多做的试验，可以查阅那篇文章作为参考。

下面，为了让读者对我的放大变压器有个较为清晰的认识，我将对其进行一番详细的介绍。首先，这是一台带有次级电路的谐振变压器。次级电路中含有电势很高的元件，它们的面积比较大，沿着曲率半径很大的理想型包络面依次排列，彼此间隔着合适的距离，因此可以保证所有地方都具有很低的表面电荷密度。这样一来，即便导体裸露，也不会发生漏电故障。这种装置适用于每秒几周到上万周的任意频率，可以用来制造电流量极大而电压适中的电流，或是安培较小而电动势极大的电流。电压的上限完全由充电元件所在的曲面曲率以及元件的面积所决定。根据以往的经验判断，这一装置能够产生无限制的电压，实现任何一种量级。换个角度来看，我们可以利用天线制造几千安培的电流。我们只需要通过一个尺寸适中的设备就可实现这一目的。从理论上来讲，要想得到这一量级的电动势，只需要一台直径小于 90 英尺的终端设备就足够了。相对来说，只要频率正常，直径 30 英尺以内的天线就能制造出两千到四千安培的电流。从狭义角度来说，一台阻尼因子极小的高性能电容器可以存储大量电荷。因此，与整体能量相比，这种无线发射器里的电磁波就小到完全可以忽略不计了。我们可以通过包括低频脉冲在内的任意脉冲来激发这种电路，而且能够像交流发电机那样制造正弦连续振荡。

但是，从最狭义的角度来讲，这种无线发射器又相当于一台谐振变压器，不仅具备以上特性，还可以进行精确的调整，以此来适应地球的电常数和电学特性。按照这样的设计，它就可以高效、便捷地实现无线能量传输。这样一来，距离就彻底消失了，传输中的脉冲强度也会保持不变。甚至，按照一项精准的数学定律来看，距离发射平面越远，作用的强度也就越高。关于无线传输，我有一系列发明，被命名为"世界系统"，以上介绍的仅仅是其中一项发明。1900 年，我回到纽约，立即开始着手进行这项发明的商业化运作。

当时，为了达到推动企业发展的目的，我在编写技术声明时清晰地概述了这些发明。在这里，我摘录其中一部分给大家看："世界系统是发明者通过长期持续研究和试验获得的几项创新性发现的综合成果。这一系统不但能够通过无线传输的方式将任一类型的信号、信息、文字瞬间精确地传递到世界任一地方，而且在能够在保留现有设备的基础上，实现现有电话、电报及其他信号站点之间的互相通联。例如，某地的一位电话用户可以通过它来呼叫地球上任何一个地方的另一位电话用户。它的使用成本不会比手表接收器更高，但是无论用户在陆地上还是大海上，都可以通过它来接听任意距离以外的演讲或音乐会。"

引用以上实例，仅仅是为了让读者对这一伟大发明的巨大应用前景有个基本的了解。它的出现，能够为人类彻底消除距离，并且使得地球这一完美的天然导体发挥更多的作用。而且，这一切只需要一根电线就能够实现。这个系统影响深远的一项应用就是，在不增加人工导体，但功能和精确度保持不变的前提下，只要不超过地球物理空间的限制，无论距离多远，所有可以通过一根或多根电线进行操作的设备（电线的长度显然是有限的）都可以投入使用。所以，有了这种理想的传输技术，无论是商业活动还是传统应用，都会获得新的发展。世界系统的开发利用建立在以下重要发明和发现基础之上：

1. 特斯拉变压器：这一装置是电磁振动方面具有革命性的发明，它的价值之大不亚于火药在战争方面的划时代意义。发明者利用这种装置制造了超越普通技术手段很多倍的电流，并且生成了一百多英尺长的人工闪电。

2. 放大发射器：这是特斯拉最好的发明，是一种特殊的变压器，其作用是为了激发地球的电磁场，主要用于传输电能，其传输距离只能通过天文望远镜才看得到。特斯拉本人利用这一奇妙装置制造出一种电力效应，它的强度比闪电还要高，通过的电流足够点亮环绕地球的二百盏白炽灯。

3. 特斯拉无线系统：这一系统使用了一系列新技术，是当今唯一利用无线手段和廉价成本远程传输电能的方法。发明者在建立于科罗拉多的试验站里完成了这项发明，经过严谨的研究和测算，已经可以证明这一系统能够传输任意规模的能量，且在传输过程中只会产生几个百分比的损失。

4. 个性化艺术：如果将原始调谐比喻为含糊不清的表达，那么特斯拉的这一发明就如同精致发达的语言。它能够严格保密信号或报文的内容，并且无论从积极方面还是被动方面来讲，都具有绝对的排他性。换句话说就是，信号在传输过程中不会受到任何干扰，也没有人能够对其进行干扰。每一个信号都如同一个身份明确的个人，当它们彼此不存在哪怕一丁点干扰时，就可以同时操作无数台设备和信号站。

5. 陆地驻波：通俗来讲，这个伟大的发现指的是地球能够对有限波长的电力振动做出反应，就像音叉能够对音波做出反应一样。这些电力有着极大的震动强度，足以将地球的电磁场激发出来，能够在商业等领域发挥重要作用。只需不到 9 个月，"第一世界系统"电站就可以投入使用。我们可以利用这个电站制造出 1000 万马力的功率，并且以极低的成本服务于无数技术活动，包括：

1）全球范围内现有的电报交换机或交换站之间的互相通联；

2）建立一种无干扰的、机密的政府电报服务系统；

3）全球范围内现有的电话局和电话站之间的互相通联；

4）新闻界利用电报或电话广泛传播一般性新闻；

5）建立个人专用的信息传输"世界系统"；

6）全球股票行情系统的互联和操作；

7）建立传播音乐等用途的"世界系统"；

8）用廉价钟表显示时间，无须任何管理，就可实现时间精确度达到天文级别；

9）在全球范围内传递打印或手写字符、信件、支票等文件；

10）建立全球海上服务系统，让轮船脱离指南针，确定准确航向；精确测定船只的位置、时间等信息；防止发生船只碰撞等灾难；

11）初步建立全球范围内的印刷系统；

12）在全球范围内复制、传输各种照片、图画或记录。

我曾经提议进行小范围无线电力传输演示，其效果很有说服力。除此以外，如果时间合适，我会将我的发明在其他方面极其重要的应用做个介绍。我们在长岛建造了一座塔高 187 英尺的发电站，塔顶上设置了一个 68 英尺直径的球状框架。全部这些设计都适用于各种级别能量的传输。我们一开始只使用了 200 到 300 千瓦的功率，但将来会逐渐增加到几千马力。这种发射机能够发射性质特殊的综合波，我已经发明了一种通过电话控制一切能量活动的特殊方法。1917 年，试验塔惨遭破坏，然而我的项目并没有中止，另一座更加先进的试验塔也即将竣工。

我希望在这里澄清一件事，此前有谣言说政府出于备战原因把我的试验塔拆掉了。这个谣言会加深某些人心中的偏见，但他们不知道，政府早在 30 年前就已经授予我美国公民身份，我一直将那份文件锁在保险柜里。除此以外，政府还曾颁发给我诸多奖状、证书、学位、奖章，这些荣誉证明都被我锁在一个旧箱子里。如果谣言属实，那么政府将给我一笔巨额赔偿，因为我已经投入了大量资金用来建造试验塔。相反，政府为了维护自己的利益，必将精心保护这座试验塔。它的重要价值仅通过一个例子就可以证明：政府可以利用它来确定一艘潜艇在世界任何一个角落的位置。长久以来，我的全部发明都在为官方所用。欧洲爆发战争后，我为了国家利益，暂时搁置了这个项目的研究工作，集中精力进行航空导航、轮船动力、无线传输等方面的发明，这些对美国而言都是极其重要的。在美国，众多行业都依靠我的发明获得了革命性发展。这一点，是所有消息灵通人士都清楚的。从这个角度来看，似乎没有一位发明家能够比我更幸运，特别是美国国防事业广泛地应用了我的发明。

在此之前，我始终提醒自己不要针对这个问题发表意见。当全世界都陷入严重危机时，我觉得过于在意个人利益是非常不适宜的。有关那些谣言，我还有两句话要说。有人说，约翰·摩根先生资助了很多专家，唯独对我的研究不感兴趣。其实，他早就承诺过要资助我的研究，并且慷慨地履行了全部承诺。如果我再索取更多，就显得很不合情理了。他非常尊重我的工作，并且绝对信任我的所有发明项目。我的工作绝对不会受到满心嫉妒、思想狭隘的人的阻挠，我也绝对不会让他们的阴谋得逞。在我看来，这些人非常令人厌恶，就像会带来传染病的细菌一样。我的项目仅仅是暂时搁置了，因为当前的世界尚未做好准备迎接它，这种做法是符合自然法则的。当前的时代还无法追赶上它，但是自然法则必将取得胜利，我的项目必将获得成功。

自动遥控的艺术

在我研究的所有项目中，花费精力最多的就是以放大发射机为基础的系统。它几乎耗尽了我全部的脑力，我甚至怀疑自己纤细的脑神经会因绷得太紧而受到损害。在研究和开发旋转磁场的过程中，我投入了自己全部的精力和体力，但是它早期的工作性质却和现在不太一样。那时的工作虽然也很累，但是无须像现在一样进行大量缜密的思考和分析，也不会让人如此的疲倦，而且当时的工作也不涉及关于无线电科学的各种问题。

在那段时间，我虽然体力超常，但是神经已经极度疲劳，陷入了崩溃之中。而此时，我已经在这场艰难的工作中看到了希望的曙光。幸好上天赐予了我一个安全的工具，而且随着时间的推移，这个工具越发完善。当我即将耗尽自己的创造力时，它就会立即运转，让我避免承受更多的折磨，

273

以免中断我的发明事业。只要它还能够正常运转，我就不会因疲劳过度而陷入危险。除此以外，我也无须像大部分人那样必须定时休假。因为我的创造力是源源不断的，从来不会枯竭。每当疲惫的时候，我一躺下就能马上入睡，不会受到失眠的折磨。

在对新的理论进行尝试时，我的体内或许会逐渐积累起一些"毒素"，使我渐渐进入迷迷糊糊的状态，但这种状态最多只会持续30分钟。清醒过来以后，我会感觉刚才发生的事情已经过去很长时间了。假如我试着重新思考刚才的问题，就会感觉头晕目眩。因此，即使很不情愿，我也必须转向别的工作。而一旦我这么做了，思路就会立即清晰起来，之前的难题也会轻松地得到解决。几个星期或是几个月以后，我对原先暂时中止的发明重新有了兴趣，并且轻而易举地摆平了所有问题。为了说明这一点，我想讲述一段特殊的经历，这或许能够引起心理学家的兴趣。

我曾用地面发射机观察到了一个不可思议的现象，并试图弄清这种现象是否与地下电流有重要关系。这项工作似乎很难完成，我用了一年多时间努力探索，却没有任何进展。这个非常复杂的问题吸引了我的全部注意力，让我没有心思去考虑其他事情，甚至忽略了自己的身体状况。最终，我到了崩溃边缘，出于自我保护的本能，我的身体开始进入睡眠状态。当我的思考能力重新恢复后，我诧异地发现，自己的记忆中只剩下幼年时期的场景，也就是我最初记事时的一些事情。令我不解的是，那些画面是如此的清晰，让我混乱的大脑得到了彻底的放松。

接下来的很多个夜晚，在进入睡眠之前，我都会不断地思考，过去的经历纷纷涌入我的脑海。我的母亲始终是画面中的主角，她的形象在我的头脑中越来越清晰，我也越来越渴望她的出现。这种感觉是如此的强烈，我甚至要放下全部工作来专注于这样的想象。然而我发现，离开实验室让我非常痛苦。我花了几个月的时间回忆自己的全部经历，一直回忆到1892年的春天。由于大脑长期处于紧绷状态，我再一次进入了迷迷糊糊的状态中。

接下来，在天马行空般的想象中，我看到自己站在巴黎和平大酒店里，这时，邮差送来了一封急件，通知我母亲快要去世了。我感到悲痛欲绝，一刻都不敢耽搁，立即往家里赶。此后，母亲忍受了几周的痛苦煎熬，最终离开了人世。

让我诧异的是，在回忆了这些已然模糊的经历后，我的思路变得极其清晰，并且轻易地解决了项目中的所有难题。我可以清楚地回忆起实验中的所有细枝末节，以及那些容易被忽略的现象，甚至可以背诵出大段大段的文字和一系列复杂的数学公式。

我始终坚信发明的过程会遵循公平的原则，付出多少劳动和牺牲，就会得到多少回报。也是由于这个原因，我对自己的全部发明都满怀信心。我坚信放大发射机将是举世瞩目的一项发明，将会造福人类后代。当然，我并不能确定它一定会引发商业革命和工业革命，但是我确定它一定能够让人类在很多方面取得新的进步。与单纯的应用价值相比，更高层次的文明进步显然更加重要。要想解决我们所面临的问题，不可能仅仅通过改善物质文明的方式，哪怕再丰富的物质文明也不可能做到。相反，单纯的物质文明进步会带来更多的风险和阻碍，它所引发的问题甚至比物质匮乏所引发的问题更加严重。倘若我们能够释放电子的能量，或是在地球某处开发出成本低廉但规模无限的能量，那绝非一件喜事，反而会让人类陷入危险的境地。最终，人类会被反对力量所统治。

技术创新的伟大之处应该在于能够让人类更加的团结与和谐，我的无线发射器就是以此为目标的。利用这种装置，人类发出的所有声音都可以在任意地方得到还原；千里之外的水电站能够为工厂提供动力；空中机械可以一刻不停地绕着地球飞行；人类可以把太阳能转化为动能，用来开辟湖泊和河流，并且把荒芜的沙漠改造成肥沃的田地；它可以推动电报、电话等设备的发展，隔绝静电等干扰。要知道，这些干扰在当前严重限制了无线电技术的应用。这个问题需要进行具体探讨，只言片语是解释不清楚的。

曾经有很多人在过去的十年中宣称自己已经解决了这个问题。然而，他们所描述的那些内容和试验方法，早在他们尚未公布自己的发现时，我就已经研究过了，结果全都是失败。美国海军近期发表的官方声明或许教会了那些随心所欲的新闻编辑怎样去评判科学发现的真实性。通常来讲，那些人的科学发现都是建立在不可靠的理论基础之上的。因此，我根本不会过于关注。最近，又有一个新发现被大肆宣扬，然而结果又不过是匆匆收场。这让我想起我在一年前利用高频电流做试验的事。

　　当时，史蒂夫·布罗迪刚刚从布鲁克林大桥上跳下去。很多人纷纷模仿他的这一壮举，也不可避免地将其庸俗化了，但当媒体第一次报道此事时，还是在纽约市引起了极大的轰动。当时，此事让我非常震撼，我经常会谈论这位书商的勇敢无畏。在一个夏日的午后，天气闷热，我决定出门走走，放松一下。这座城市有3万家酒吧，我来到其中之一，要了一杯酒精含量20%的解渴饮料，这种饮料现在只能在欧洲极度贫困的国家才找得到。

　　那家酒吧里有很多人，但是我一个都不认识。当时，人们正凑在一起聊着某个话题，我随意地插了句嘴："我知道他从桥上跳下去的时候说了什么。"所有人都震惊了。我感觉自己的语气就像席勒诗中所写的提摩太面对追随者的态度。刹那间，场面混乱起来，几个人大声叫道："他就是布罗迪！"我在柜台上丢了一枚25美分的硬币，然后闪电般往门口冲去。可是，人们蜂拥而来，嚷嚷着："快把他拦住，他是史蒂夫！"他们肯定是误会了，我只好拼了命地逃跑，躲过一次又一次的阻拦。我跑进了一个消防通道，然后拐了几个弯，终于到达了实验室。我赶忙把外衣脱掉，把自己假扮成正在努力干活的铁匠。然而，事实证明我是多虑了，因为我早已把那些追踪者都甩掉了。此后很多年，我的睡前想象中都会出现这段小插曲。我经常想，如果那天我被抓住了，他们认出我不是史蒂夫·布罗迪，那么，我的命运将会怎样呢？

　　继续说之前那个被大肆宣扬的新发现。那位工程师在一个学术团体中做演讲，说他根据"一个无人知晓的原理"，做出了一个能够处理静电的新方案。他说，静电是以上下方式传播扰动的，同时，发射器的电流则是沿着地面传播的。他的行为在我看来比我声称自己是布罗迪还要疯狂。按照他的观点来看，包裹着大气层的地球相当于一个巨大的电容器，不仅能够充电，还能够放电，它的作用方式违背了所有基础物理教材中所描述的基本原理。即便是在富兰克林生活的时代，这种假定也会被视为谬论，因为事实早已证明，大气层中的电流与机器所产生的电流没有任何区别。所以，无论是在地下还是空中，自然电流与人工电流的传播方式都是完全相同的，无论从水平方向还是垂直方向，都能够形成电动势。按照那位工程师所说的方案，是无法避免电磁干扰的。实际上，空气中的电势会以大约每英尺五十伏的幅度增加。所以，天线的头尾之间会产生两万伏或是四万伏的电压差。带电气团始终保持运动，向导体随机而非连续地释放电量。这样一来，如果电话接收器的敏感度较高，那么就会出现摩擦噪音。传导终端位置的高度与电线所含的空间大小以及产生的效果成正比，但重要的是，这种现象只会在当地出现，不会涉及到整个系统。

1900 年，我对自己的无线系统进行了多次改进，那个设备安装了 4 根天线。我仔细校准了每根天线，让它们的频率相同，并且彼此连接，确保无论从哪个方向接收到信号，都能够把信号放大。我还将每对成对角线布置的天线按照先后顺序连接起来，通过一个初级线圈激发检测被传输脉冲的回路，以确定其来源。在前一种方案中，电话里是有声音的。但是在第二种方案中，电话里却没有声音，这是由于两根天线互相影响产生了抵消作用。然而，实际上，无论是哪种方案，静电都会起作用，我必须设计出具体的结构来体现不同的原理。

我早就提出过，如果把接收器与地面上的两点连接起来，那么当前结构中由带电空气所引起的严重问题就会得到解决。而且，所有的干扰强度都会因电路的方向性而降低一半左右。这其实是个简单的道理，但还是能够启发某些愚笨的无线电从业人员的，他们只知道一些装置形式，以为拿把斧头就能改进装置的效果。他们对待问题的方式非常混乱，就好像还没有把狗熊杀死，就开始处理它的皮毛。倘若天线干扰的确会导致这些不正常的现象，那么无天线的接受方式就可以避免这种情况。然而，这就要求埋在地下的电线必须是完全绝缘的。实际上，与暴露在空气中的天线相比，地下电线对某些外部脉冲的敏感度要强得多。公平而言，稍许的改进还是有的，但这种改进并非体现在具体的方法或是装置上，而仅仅是深入了解复杂结构后得出的结果，这个结构所产生的传输效果非常差，完全不适合用来接收信号，也无法改进得更为合适。就像我在前文中说过的，只有尽早彻底改造这个系统，才能根除这个问题。

事实上，如果研究还处于初级阶段，包括专家在内的大部分人或许还无法确定其最终结果，立法机构却匆忙通过方案，使其成为政府的专权，那么后果将会不堪设想。这个建议是由丹尼尔斯部长于几个星期前提出来的，他已经迫不及待地向参议院和众议院递交了方案。然而，各种事实已经表明，只有健康的商业竞争环境才能造就最优秀的结果。除此以外，从其他一些角度来看，无线电技术也应该被赋予最大自由的发展空间。首先，它给人类带来的影响是其他任何发明和发现都不可比拟的，最重要的是，它改善了人类的生活质量。除此以外，人们有必要了解到，这项伟大的技术从头到尾都是在美国发明的，可以称得上是"美国制造"。因此，相比电话、电灯或是飞机，美国在这项技术上拥有的权利和专利应该更多。

野心勃勃的出版商和证券交易商总是擅于传播错误信息，即便是《科学美国人》这么出名的杂志也将主要功劳归功于国外。当然，赫兹波的确是由德国人首创的，然后很快由俄罗斯人、英国人、法国人和意大利人将其实际应用到了信号控制方面。但是，它显然应用了新的介质，是利用原有的、未改进的感应线圈实现的，完全不同于新型的反光通信法。它的传播范围非常有限，得到的效果也没有太大的价值。而在传输信息方面，声波完全可以取代赫兹振荡技术，甚至能够取得更好的效果。这个观点，我在 1891 年就已经提出来了。除此以外，所有这些都是在无线系统基本原理提出三年后才进行尝试的。而且，美国对能够采取的开发手段也已经有了清晰的描述和深入的研究。

然而，这些以赫兹理论为基础的应用和方法现在都已经完全消失了。我们的研究方向则与之相反，取得的成果都要归功于美国人民的智慧和努力。我们申请的原始专利已经过了保护期，所有人都可以在它的基础之上进行发明创造。丹尼尔斯部长的主要观点是以干扰理论为基础的。我在 1900 年已经通过试验证明了这一点，因此美国根本无须在这方面加以限制。

我想通过最近发生的一件事情来说明一下这个问题。一位相貌奇怪的先生找到我，邀请我参加一个在遥远的地方建造世界发射机的工程。他说："我们没有钱，但是我们有大批的黄金，你将得到你应得的那一份。"我告诉他，我想先在美国完成自己的发明，这件事便不了了之。但我还是很高兴一些力量正在暗地里从事着此类工作。随着时间的流逝，维持持续的通讯将面临更多的困难。只有建造一个不受干扰的系统，才能解决这些问题。这个系统已经存在，并且得到了完善，现在只须将其投入运行。

人们最关注的事情依然是战争冲突，放大发射机很可能会被开发成武器，用于进攻或防守。实际应用时，可能会配合远程自动控制机来使用。在完成这项发明之前，我进行了一系列的观察。事实上，我从儿童时期就开始思考，并且持续思考了一辈子。我的第一批研究成果曾被《电气评论》称为"人类文明发展过程中最强大的推动力"。过不了多久，这个预言就会完全成为现实。1898 年和 1900 年，我向政府提出了一项建议，在我看来，它很有可能会被采纳。如果他们渴望获得亚历山大的恩惠，那么我愿意义务去寻找亚历山大的牧羊人。

当时，在我看来，这项技术真的能够消灭战争，因为它有着毁灭性的杀伤力，并且不需要人力。然而，虽然我依然坚信它的发展潜力是无限的，但是我的观点已经改变了。要想根除战争，首先必须消除会导致战争发生的物质因素。从本质上来讲，地球上的大部分地区都是由于这个原因才产生冲突的。只有消除了种种的分歧和隔阂，发展信息传递、旅客运输、能源供应与传输的水平，才能保证人与人之间永远和平相处。如今的当务之急是促进人与人、国家与国家之间更加深入地接触以及彼此理解，消除种族歧视和民族冲突等现象，让整个世界远离原始的野蛮和厮杀。没有任何同盟条约和议会法案能够阻止这些灾难的发生，而这些新装备只会进一步成为强者欺凌弱者的工具。

我在 14 年前就已经提出过这一观点。当时，几个颇有影响力的国家联合组建了"神圣同盟"。已故的安德鲁·卡内基积极推动这一观点，甚至算得上是这一思想的创始人。总统也曾宣传和倡导这一思想，并且起到了前所未有的推动力。必须承认的是，这些努力或许有益于某些弱势民族，但根本无法实现我们的本质目的。只有全人类的文明发展和全世界的民族融合才能自然而然地带来和平，但是要想实现这个伟大理想，我们还有漫长的路要走，因为几乎没有人会承认上帝按照自己的模样创造了人类。换句话说就是，几乎没有人会承认世界上的每一个人都是相同的。其实，即使有着不同的肤色，但全人类都同属于一个种族。基督不仅仅是一个人，更是全人类。那么，某些人的优越感究竟从何而来呢？

当我看到当前世界存在的巨大矛盾，我坚信美国应该把自己的优良传统坚持下去，把自己对上帝的信仰坚持下去，不要"与任何联盟有瓜葛"，只有如此才能造福人类。由于美国在地理位置上有着特殊的优势，因此始终与各种激烈冲突保持着距离，不会涉及任何领土问题。它有着丰厚的资源，人们拥有自由和权利。因此，美国在世界上有着独特的优势，完全可以发挥自己强大的实力和道德力量造福全人类。这是任何联盟都无法做到的。

我始终在回忆自己的早年经历，在某种痛苦的迫使下，我不得不持续地想象和自省。一开始，这种意识活动因病痛的折磨而自然产生，但它逐渐演变为我的第二种性格。最终，我发现这是自由意志在缺乏思想和行动的情况下的一种自发行为，是对环境作用做出的自然反应。我们的身体结构极其复杂，我们的行为方式数不胜数，我们的感官从外界事物中受到的影响极其微妙且不可捉摸。因此，普通人很难认清这一事实。但是，生命机械理论却能够让经验丰富的调查者们信服。笛卡尔在 300 年前就提出了这个理论的一部分内容，并且对其进行了分析。在那个时代，人们尚未了解人体的诸多重要功能，特别是光的本质、人眼的结构以及运动方式，哲学家们只能在黑暗中摸索。

近年来，由于这些领域的科学研究发展迅速，许多专著纷纷面世，人们也不再有那么多的质疑了。菲利克斯·勒·丹泰克或许是其中能力最强、口才最佳的倡导者了，他曾经做过巴斯德的助手。雅克·洛布教授已经在向日性方面做过一系列著名的试验，深入地解释了出现在低端生物体中的光线控制现象，他近期出版的《作用力下的运动》在这方面很有启示性。虽然科学界像承认其他公认理论一样承认了这一发现，然而没有人能够像我一样对此感同身受，我的所有行为和思想都在时时刻刻地展现着它。我身体和思维的各种活动都是由对外部影响的认识引发的，而且我的头脑中始终会出现这种认识。只有在极少数精神高度集中的情况下，我才会无法确定那种最初的冲动。

大部分人完全无法意识到自己的周围和内心正在发生着什么，数百万人因此患病甚至死亡。他们觉得那些日常现象是如此的神秘和难以捉摸。有些人或许会突然悲痛欲绝，但怎么都找不出原因。事实上，他们本该认识到，这仅仅是由于一朵乌云把阳光遮挡住了而已。当他们在路上遇到了一个朋友或是在某处看到了他的照片，他们或许会觉得对方的行为很奇怪，但其实对方只不过是在表达友好而已。他们会因为衣服上掉了一颗扣子、无法记起以前做过的事情、找不到需要的物品而勃然大怒，一个劲儿地咒骂。观察上的缺陷直接引发了诸多常见的病态观念和愚蠢思想，完全是一种无知的表现。每 10 个人中大约只有 1 个人不相信心灵感应、唯灵论和其他灵异现象，那么又有谁会对有意或无意的欺骗完全不感兴趣呢？

人们的头脑中已经深深地植入了这种思想倾向，甚至连那些头脑极其清醒的美国人都是如此，我想讲述一个很有趣的事情来说明这个问题。就在战争开始之前，我设计的涡轮机在这座城市得到了公开展示的机会，技术性刊物对其发表了种种评论。我猜想很多制造商将会激烈争夺这项发明的使用权。我为此特意为那个来自底特律的敛财天才设计了一个方案。我自信满满地认为他总有一天会来找我，甚至毫不怀疑地将这个想法告诉自己的秘书和助手。果然不出我所料，一个晴朗的上午，福特汽车公司的一群工程师找到我，要和我商量合作一个重要项目。我得意地对自己的员工说："我没说错吧？"他们中的一位回答道："特斯拉先生，你真是太神了。所有事情都逃不过你的预想。"

当这些头脑冷静的人一落座，我就迫不及待地向他们介绍起自己发明的涡轮机。然而，我还没说几句，就被一位代表打断了："你说的这些我们早就知道了，今天我们来是为了别的事情。我们组建了一个专门研究意识现象的心理学研究会，邀请你加入这个组织。"也许他们永远都不会知道，当时我有多么想把他们轰出去。

曾经有一位赫赫有名的科学大师对我说，我有一个不同寻常的大脑，从此我便全身心地投入到了研究工作中，把解决难题视为自己的使命。多年来，我不知疲惫地致力于破解死亡的秘密，并且热切地关注一切思想灵异现象。然而，直到现在，我只经历过一次超自然事件，而且持续时间相当短。这件事是在我母亲去世时发生的。

由于悲伤过度，以及长时间的失眠，我撑不住了，彻底垮掉了。有一天晚上，我被带到距离我家两个街区远的一座建筑中。我躺在那里，感觉非常无助。我想，如果我母亲死时我不在她身边，她肯定会给我提示。两三个月前，我和我的朋友威廉·克鲁克斯一起待在伦敦，我们在聊天时谈到了唯灵论，并且都坚信与之相关的说法。其实我对任何人都不会过多关注，但却深受他的影响，我在上学时曾读过他写的关于放射性物质的专著，因此才会从事电力相关工作。我觉得当时很适合进行幻想，因为我的母亲是个极富天赋的女性，有着罕见的觉知能力。那天晚上，我大脑里的所有细胞都异常活跃，渴望接受到某种启示。然而，一直到次日早上都没有发生任何事情。然后，我昏迷过去，我看到一群美丽的天使站在一朵云彩里，其中一个天使慈祥地看着我，然后渐渐地变成了我母亲的样子。没过多久，她就从房间里飘走，消失不见了。接着，传来了美妙的歌声，伴随着歌声，我清醒过来。那一瞬间，我意识到母亲刚刚去世了，那种感觉无法描述。后来，我证实了此事。我无法确切表达出这种预感带给我的巨大痛苦，迫于情绪和身体状况的压力，我给威廉·克鲁克斯写了一封信。当我康复之后，我花了很长时间寻找导致这种奇怪现象的外因。一开始，我没有任何进展，但是好几个月之后，我终于找到了。

我曾看过一幅画，是一位知名画家的作品，画的是在某个季节里，一群天使站在一朵云彩中。那朵云彩就好像真的飘在半空中一样，让我非常震撼。这幅画和我梦见的情景一模一样，只是没有我的母亲。当时，附近的一座教堂正在举行复活节祷告活动，唱诗班带领着人们合唱，我的耳膜被清晰的歌声撞击着。这一切都完美地证明了所有问题都符合科学道理。

这件事已经过去很久了。从此，我虽然没有什么确切的证据，但是对灵异理论和灵异精神现象深信不疑。这样的信念是由智慧的发展自然形成的。人们在理解宗教教义时，不再只是解释经典，而是相信存在着某种至高无上的强大力量。

我们要想控制自己的行为，获得心灵上的满足感，就必须拥有理想。这种理想必须是非物质形式的，比如宗教、科学、艺术等具有非物质力量的东西。要想实现世界和平，最关键的就是要让全人类都拥有一个共同的信念。虽然我无法对心理学家和唯灵论学家的思想进行论证，但是我已经完美地证明了生命是无意识的、自动的行为。这不仅是通过持续观察人们的行为得出的结论，更是通过归纳和概括某些普遍现象得出的结论。在我看来，这一发现对整个人类社会有着极其重要的意义，接下来我将做一个简单的介绍。

当我还非常年轻的时候，第一次发现了这个令人震惊的真理，多年来，我始终把这些现象视为巧合。换句话说就是，如果我或者与我相关的人，又或者是我所做的工作，受到了其他人的某种伤害或破坏，这种情况通常被认为是极不公平的，我就会感受到一种不可言说的痛苦。为了定义这种经历，我找到了一个非常合适的词——"宇宙的疼痛"。那些伤害或破坏的制造者们过不了多久就会遭遇失败。在经过了多次此类事件之后，我向一些朋友描述了自己的这个发现，他们也因此相信了我总结出来的一套理论。这套理论简单来说就是：我们有着相似的身体结构，并且所处的外部环境也是相同的，因此，我们做出的反应也是相似的，在总体上有着一致的表现。我们所有的社会规则和法律都是建立在这一基础之上的。我们是一种无意识的自动结构，被媒介力量完全支配着，就如同被随意扔在水面上的软木塞，外在的影响通常会被误认为是自由意志的结果。我们的一切活动都是以维持生命正常运转为目的的，虽然从表面上来看，每个人都是不同的，但事实上，所有人都被某些无形的链条联结着。只要机体的状态正常，那么它就会精确地对媒介的刺激做出反应。但是，倘若一个人出现某种精神错乱，那么他的自我保护能力也就会随之降低。

众所周知，一个人的身体如果发生了残疾或是损伤，那么他的生命力就会减弱。除此以外，还有一个事实，也可以说是真理：人的大脑负责驱动无意识的自动反应，如果大脑出现了缺陷，那么生命就会更快地结束。如果一个人有着敏锐的感觉能力，非常善于观察，并且能够依据环境变化准确地采取行动，那么他的机械感知能力就会非常完美，而且可以轻易地避开那些难以直接感知的危险。如果他接触到那些控制器官严重受损的人，那么这种感知能力就会发挥作用，让他感受到那种"宇宙"般的痛苦。

无数事实已经验证了这个真理，我也向很多研究自然学的学生提出了建议，希望他们能够关注这个课题。在我看来，通过系统化的联合努力，我们一定会得到一个对整个世界有着无限价值的伟大发现。我由此产生了建造自动机的打算，想要以此来证明我的理论。我很早就有了这个打算，但是直到 1895 年，我开始研究无线电时，才正式进行了一些有效尝试。在此后的两三年中，我建造了很多能够遥控的自动机械，并且在实验室里展示给人们看。

1896 年，我设计了一台机器，能够进行多项任务。直至 1897 年末，我才完成这台机器的改进工作。

1900 年 6 月，我在《世纪杂志》上发表了一篇文章，展示并且说明了这台机器的结构。很多媒体都转载了这篇文章。1898 年，当我第一次公布这台机器时，曾引起了极大的轰动，这是我的发明生涯中前所未有的。1898 年 11 月，这台机器所使用的新技术获得了基本专利，然而总审查官是在前往纽约并且亲眼目睹了难以置信的效果之后才把专利颁发给我的。此后，我在华盛顿拜访了当地的一位官员，他希望我能够把这项发明转让给政府。可是，当我向他介绍了我的发明之后，他竟然笑着说这根本不可能。当时，没有一个人相信这样的机器能够被发明出来。可惜，在为这项发明申请专利的过程中，我在律师的建议下，表示它是由单独的电路和极其普通的检测器来实现控制功能的。因此，我始终没能保护自己的设计方法和构造形式。其实，我的遥控船是由几个电路联合控制的，并且所有干扰都被排除掉了。

最重要的是，我把包括电容器在内的所有接收电路设计成了环形，因为实验室内的空气在高电压发射器的作用下发生了电离现象，所以即使天线特别小，也能够接连几个小时吸收空气里的电量。

例如，我发现，如果将一个 12 英寸、只有一个终端的废旧电灯泡与一根很短的电线连接起来，它在耗尽实验室中电离空气电量之前，会连续闪烁一千多次。虽然环状接收器对这种干扰并不敏感，但有趣的是，如今人们已经普遍接受了这一装置。其实，与天线或者长接地线相比，环状接收器能够接收的能量要低得多，但它的确可以弥补现有无线电设备中的各种不足。

在展示发明时，我要求观众向这个自动装置提出各种各样的问题，它会以信号的方式一一作答。当时，人们觉得这种事情非常神奇。事实上，这是个简单的现象，那不过是我在利用这个装置回答问题罢了。

那段时期，我还建造了另一艘具有更高规格的遥控船，它的照片于1919 年 10 月刊登在《电学实验者》上。这艘船的船体中绕了几圈电线，并且由这些线圈控制。它完全防水，因此可以放在水里。这个装置与前一个极其相似，只有少部分的区别。例如，这次我用的是白炽灯，这样一来，装置的运转情况就能够清晰地展现在人们面前。在启动它时，操作者要在视线范围内进行控制，事实上，它是我所构想的远程自动机的简陋雏形。

接下来，我要实现在视线范围外控制它，让它距离控制中心更远。从一开始，我就希望能够把它制造成一种可以替代枪炮的武器。媒体曾对它发表过一些随意的评论，例如说它是相当特别但毫无新意的发明等等，我由此得知它已经获得了一定的关注度。虽然它尚不完美，但的确有其实用价值。用现有的无线设备可以操控飞机起飞，使其向着一个大致的路线飞行，并且在几百英里外完成一些任务，等等。还可以通过很多种机械方式来操纵这个装置。我相信它将在战争中发挥极大的作用。然而，据我了解，当前的技术尚且无法进行非常精准的控制。对此，我研究了很多年，找到了一些方法，可以轻易地制造出这个装置以及更先进的设备。

我在前文中已经说过，当我还在上学时，就已经构想了一种完全不同于现有飞机的飞行机器。它有着绝佳的基本原理，但因缺少一种足够功率的发动机而无法实现。近几年，我终于解决了这个问题，设计出了一种"无机翼、无副翼、无螺旋桨、无其他外部装置的飞机"。它有着极高的飞行速度，很有可能在不久以后造福于人类的和平。这种飞机的续航功能和驱动功能是"完全通过反作用"来实现的，我曾在一份报告中对此进行了展示，使其可以通过机械和无线双重方式来控制。只要安装了某些装置，它就可以发射这种导弹，并且精准地击中几千英里以外的目标。

但是，我们不会止步于当前的成就。远程自动机有着巨大的开发潜力，它可以具备智能功能，并且将会掀起一场新的革命。早在1898年，我就曾经向一家大型制造公司的代表提出了建造自动运载装置的建议。它可以自动完成类似判断动作等大量操作。然而，他们觉得我的提议是天方夜谭，因此根本没有采纳。

如今，有很多非常聪明的人正在试图避免理论上本应结束的更大冲突的重复出现。事实上，我早已于1914年12月在《太阳报》上发表了一篇准确预测这些过程和主要问题的文章。在很多聪明人看来，正在讨论中的国际联盟并不能起到真正的作用，其结果很可能会违背初衷。

让人非常遗憾的是，和平条款在确立时采取了一种惩罚性政策。我之所以感到遗憾，是因为用不了多长时间，国与国之间的战争或许再也不会使用军队、军舰和枪炮，而是使用具有毁灭性的、杀伤范围无限的武器。任何一座城市都有可能被远距离毁灭，而且根本无力阻止这种情况的发生。如果我们希望这样的灾难不要发生，希望地球永远不会变成地狱，那么我们就应该抓紧一切时间，调动整个国家的人力和资源，推动飞行器和无线能量传输的发展。